I0752065

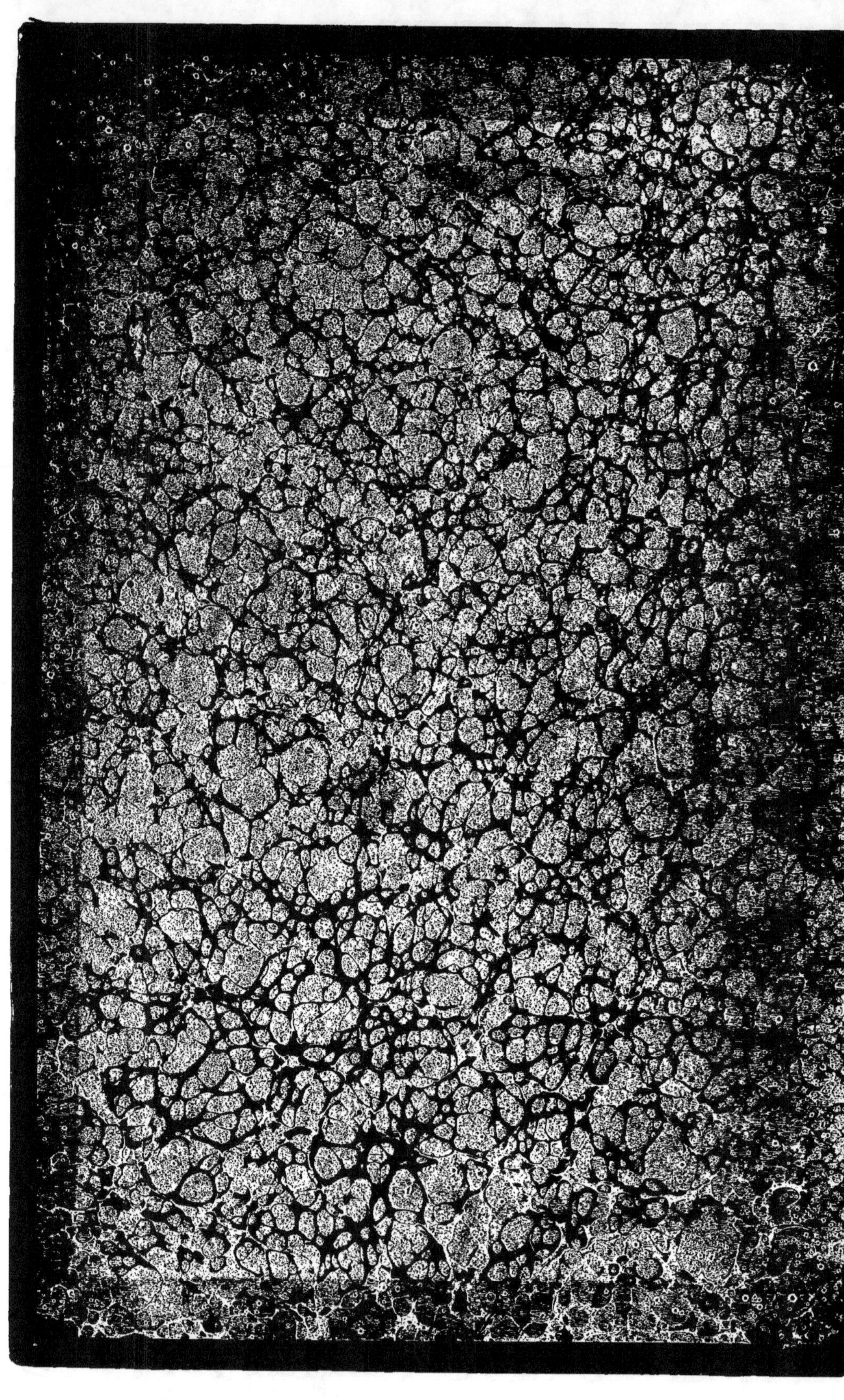

L'ITALIE

CONFÉDÉRÉE

PARIS. — IMPRIMERIE SIMON RAÇON ET COMP., RUE D'ERFURTH, 1.

OFFICIERS FRANÇAIS

Cuirassier de la Garde Impl^e · Porte-Drapeau · Voltigeur de la Garde · Artilleur de la Ligne

L'ITALIE

CONFÉDÉRÉE

HISTOIRE POLITIQUE, MILITAIRE ET PITTORESQUE

DE LA

CAMPAGNE DE 1859

PAR

AMÉDÉE DE CESENA

ILLUSTRÉE

DE PORTRAITS ET BATAILLES GRAVÉS SUR ACIER

ET DE TYPES MILITAIRES COLORIÉS

DES ARMÉES FRANÇAISE, PIÉMONTAISE ET AUTRICHIENNE

IV

PARIS

GARNIER FRÈRES, LIBRAIRES-ÉDITEURS

6, RUE DES SAINTS-PÈRES, ET PALAIS-ROYAL, 215

L'ITALIE

CONFÉDÉRÉE

I

ENTREVUE DES EMPEREURS

J'ai enregistré sommairement deux faits considérables : l'armistice du 8 juillet, qui avait préparé la paix, et l'entrevue de Villafranca, qui l'a faite.

Avant de commencer le récit des négociations qui ont suivi le retour de Napoléon III et la rentrée de l'armée d'Italie, je dois revenir sur les circonstances qui ont accompagné ces deux faits, afin d'en préciser le caractère.

Villafranca est une petite ville de la Lombardie située à trois lieues de Vérone. Elle compte environ sept mille âmes.

On sait que la veille de la bataille de Solferino, François-Joseph Ier avait passé la nuit à Villafranca, dans une maison située au milieu de la Grande-Rue et appartenant à M. Charles Gandini-Morelli. Cette maison se compose d'un corps de bâtiment faisant façade sur la rue et de deux ailes qui se replient à l'intérieur et encadrent la cour. Au-dessus de la porte cochère se trouve un salon avec balcon. L'ameublement en est des plus simples : il se compose de deux canapés et de douze chaises d'une modeste étoffe de laine verte, et d'une table carrée, recouverte également d'un tapis vert. C'est dans ce salon que furent arrêtées, le 11 juillet 1859, les bases préliminaires du traité de paix de Zurich, trois jours après la conclusion de l'armistice du 8, qui avait été décidé dans la même ville.

Pourquoi l'armistice?

Pourquoi la paix?

L'Empereur Napoléon III l'a dit à Saint-Cloud, lorsqu'il reçut dans cette résidence souveraine les grands corps de l'État, à son retour d'Italie. Il l'a dit dans une allocution qui se trouve à la fin du précédent volume.

Qu'ajouterai-je à ces raisons d'ordre supérieur qui sont exprimées dans cette allocution?

On affirme pourtant que les sentiments d'humanité entrèrent pour une part dans la brusque résolution de Napoléon III de faire une paix honorable et prompte. L'aspect déchirant du champ de bataille de Solferino, avec ses nombreux cadavres et ses blessés plus nombreux encore, l'avait vivement impressionné, fortement ému. D'ailleurs on touchait à la saison des grandes chaleurs et il était inévitable que de fortes agglomérations d'hommes n'engendrassent pas des épidémies que les fatigues de la guerre devaient rendre plus sensibles et plus meurtrières.

On assure encore que l'Autriche avait réuni dans la Vénétie cent cinquante mille hommes de troupes fraîches, composées des hommes de la réserve et des bataillons de grenadiers; qu'elle avait échelonné cent mille autres combattants sur le chemin de Trieste à Vienne.

Rien n'eût résisté à la fougue et à la bravoure françaises. Mais des flots de sang allaient encore être répandus, sans qu'il en dût revenir à la France autre chose que la gloire d'avoir délivré l'Italie du joug de l'Autriche.

Napoléon III jugea, comme il l'a fait comprendre, que le résultat n'était plus à la hauteur du sacrifice, surtout dans la prévision où on était alors d'une intervention armée de la confédération germanique et de la généralisation de la lutte, prête à devenir européenne.

Dans cette lutte, la France se serait trouvée seule, car l'empereur Alexandre II avait envoyé un de ses aides de camp, le général Souvaloff, à Valeggio, auprès de Napoléon III, pour lui faire savoir que le cabinet de Saint-Pétersbourg ne seconderait pas le cabinet de Paris dans une guerre qui deviendrait fatalement révolutionnaire, en devenant générale.

Toutefois il fallait une occasion pour que les vagues dispositions de Napoléon III prissent un corps, se formulassent en projet, devinssent une décision.

La mort du colonel prince Windischgraetz, tombé, à la tête de son régiment, sur le champ de bataille de Solferino, fut cette occasion, en servant de point de départ aux premières relations directes qui eurent lieu entre les deux empereurs et qui datent du 2 juillet. Voici le récit authentique des circonstances qui ont marqué ces relations, d'après la

Gazette de Vienne, qui reçut à ce sujet une communication du quartier général de Vérone :

Le 2 de ce mois, le capitaine Urban, porteur d'une lettre du lieutenant-feld-maréchal Grünne, premier aide de camp général de l'empereur, fut envoyé au quartier général de l'ennemi à Valeggio, près du maréchal Vaillant, pour se faire remettre le corps du colonel Windischgraetz resté sur le champ de bataille de Solferino. Le capitaine Urban fut reçu de la façon la plus cordiale, et l'on fit de suite droit à la prière adressée par le comte de Grünne. L'empereur Napoléon lui-même chargea le capitaine de remercier de sa part l'empereur d'Autriche pour la manière chevaleresque dont étaient traités les prisonniers français.

Si j'en crois des informations sûres, quatre jours après, le 6 juillet, l'empereur Napoléon III envoyait à l'empereur François-Joseph Ier, qui était alors à Vérone, le général Fleury, son aide de camp, accompagné du capitaine d'état-major de Verdière ; le général Fleury était chargé de remettre aux mains de l'empereur d'Autriche une lettre autographe de son souverain, qui prenait l'initiative d'une proposition d'armistice. La lecture de cette lettre produisit une profonde impression sur l'empereur d'Autriche, qui, après avoir accueilli le général Fleury et son aide de camp avec l'empressement le plus flatteur, les invita tous deux à sa table.

Le lendemain, à dix heures, le général Fleury revenait au quartier impérial de Valeggio, pour annoncer à l'empereur des Français qu'il allait être suivi d'un officier d'état-major autrichien, porteur de la réponse autographe de Sa Majesté Apostolique.

C'est ce qui eut lieu. L'envoyé de l'empereur d'Autriche arrivait aux portes de Valeggio, le 7, à deux heures de relevée. C'était un aide de camp de Sa Majesté Apostolique, le lieutenant général baron de Zobel. Il fut immédiatement introduit auprès de l'Empereur des Français.

François-Joseph Ier accueillait avec empressement les propositions d'armistice de Napoléon III. Dans le message dont le baron de Zobel était porteur, Sa Majesté Apostolique désignait le quartier maître général baron de Hess et le général Mensdorff-Pouilly en qualité de commissaires autrichiens, pour le règlement des conditions de l'armistice. Le choix du lieu où ces conditions devaient être débattues et signées était laissé à l'initiative du vainqueur de Magenta et de Solferino.

Napoléon III ayant désigné Villafranca, qui, à ce moment, pouvait être considérée comme un terrain neutre, le maréchal Vaillant, major général de l'armée française, et son aide major, le général de Martimprey, tous les deux en grand uniforme, revêtus de leurs insignes et décorations, escortés d'un escadron de chasseurs de la garde, se rendirent, le 8 juillet, dès cinq heures du matin, de Valeggio à Villafranca, où étaient arrivés de leur côté les commissaires autrichiens et le premier aide de camp du roi Victor-Emmanuel II, le comte Morozzo della Rocca, commissaire sarde.

A la suite d'une conférence d'environ trois heures, on convint d'une suspension d'armes immédiate jusqu'au 15 août suivant. Les conditions en furent réglées par une Convention en sept articles, dont voici le texte :

CONVENTION D'ARMISTICE

ENTRE L'ARMÉE AUTRICHIENNE, D'UNE PART, ET LES ARMÉES FRANÇAISE ET SARDE, D'AUTRE PART.

ARTICLE PREMIER.

Il y aura suspension d'armes entre les armées alliées de Sa Majesté le roi de Sardaigne et de Sa Majesté l'Empereur des Français, d'une part, et les armées de Sa Majesté l'empereur d'Autriche, d'autre part

ART. II.

Cette suspension d'armes durera à dater de ce jour jusqu'au quinze août sans dénonciation. En conséquence, les hostilités, s'il y avait lieu, recommenceraient sans avis préalable le seize à midi.

ART. III.

Aussitôt que les stipulations de cette suspension d'armes auront été arrêtées et signées, les hostilités cesseront sur toute l'étendue du théâtre de la guerre, tant par terre que par mer.

ART. IV.

Les armées respectives observeront strictement les lignes de démarcation suivantes qui ont été définies pour toute la durée de la suspension d'armes. L'espace qui sépare les deux lignes de démarcation est déclaré neutre, de sorte qu'il sera interdit aux troupes des deux armées. Lorsqu'un village sera traversé par la limite, l'ensemble de ce village sera à la jouissance des troupes qui l'occupent.

Les frontières du Tyrol, le long du Stelvio et du Tonale, forment une délimitation commune aux autorités belligérantes.

La ligne de démarcation franco-sarde part de la frontière du Tyrol, passe par Bagolino, Lavenone et Isco, traverse la crête qui sépare le val

Degagna du val de Roscolano, et aboutit à Maderno sur la rive occidentale du lac de Garda.

Les troupes piémontaises stationnées dans les localités de Rocca-d'Anfo garderont les positions qu'elles occupent présentement.

Entre la rive orientale du lac de Garda et l'Adige, il y aura une ligne de démarcation tracée au sud de Lazise, depuis Vallona par Saline jusqu'à Pastrengo; cette ligne marquera la limite des positions franco-sardes.

Depuis Pastrengo, la ligne de démarcation franco-sarde suivra la route qui mène à Sommacampagna et de là passera par Pozzo-Moretto, Prabiano, Quaderno et Massimbono à Goïto.

La ligne de démarcation autrichienne s'étendra depuis la frontière du Tyrol, près de Ponte-del-Caffaro, jusqu'à Rocca-d'Anfo, où les troupes garderont les positions qu'elles occupent présentement, et prendra la route qui communique entre ces deux points. Se détachant ensuite de la pointe nord-est du lac d'Iseo, la ligne de démarcation autrichienne suivra la frontière du Tyrol, et le ruisseau nommé Toscolano, jusqu'à la localité du même nom, située sur les bords du lac de Garda.

La route qui conduit de Lazise à Pontone servira de délimitation aux troupes autrichiennes, entre la rive orientale du lac de Garda et l'Adige.

Les bateaux de la flottille autrichienne du lac de Garda communiqueront librement entre Riva et Peschiera ; toutefois, dans la partie méridionale du lac en dessous de Maderno et de Lazise, ils ne pourront aborder qu'à Peschiera, et dans cette partie du parcours ils éviteront de s'écarter de la côte orientale.

En s'appuyant sur l'Adige à Bussolengo, la ligne de démarcation autrichienne se dirigera ensuite sur Mantoue par Dossobuono, Isolalta, Nogarole, Bagnolo, Canedole et Drasso.

Villafranca et tout le terrain compris entre les deux lignes de démarcation sont déclarés neutres.

A partir de Goïto, la ligne de démarcation franco-sarde, restant toujours sur la rive droite du Mincio, passera par Rivalta, Castellucchio, Gabbiana, Cesole, et touchera le Pô à Scorzarolo.

La ligne de démarcation autrichienne se dirigera de Mantoue sur Curtatone et Montanara, et ensuite le long de la Valle à Borgoforte.

En aval de Borgoforte, le Pô forme une ligne de démarcation naturelle entre les armées belligérantes jusqu'à Ficarolo, et de là jusqu'à son embouchure à Porto di Garo.

Au delà du Pô, la ligne de démarcation est naturellement tracée par les côtes autrichiennes de l'Adriatique, y compris les îles qui en dépendent, et jusqu'à la dernière pointe méridionale de la Dalmatie.

ART. V.

Les chemins de fer de Vérone à Peschiera et à Mantoue pourront, durant la suspension d'armes, servir à l'approvisionnement des places fortes de Peschiera et de Mantoue, à la condition expresse que l'approvisionnement de Peschiera soit terminé dans l'espace de deux jours.

ART. VI.

Les travaux d'attaque et de défense de Peschiera resteront, durant la suspension d'armes, dans l'état où ils se trouvent actuellement.

ART. VII.

Les bâtiments de commerce, sans distinction de pavillon, pourront librement circuler dans l'Adriatique.

Fait et arrêté, sauf ratification, entre nous soussignés, chargés de pleins pouvoirs de nos souverains respectifs :

Le général d'artillerie baron de Hess, chef d'état-major de l'armée autrichienne, et le comte Mensdorff-Pouilly, général de division de l'armée autrichienne, d'une part ;

Et le maréchal Vaillant, major général de l'armée française ; le général de division L. de Martimprey, aide-major général de la même armée, et le lieutenant général Morozzo della Rocca, premier aide de camp de Sa Majesté le roi de Sardaigne, d'autre part.

Villafranca, le 8 juillet 1859.

Signé : Général d'artillerie Hess ;
Général Mensdorff-Pouilly ;
Maréchal Vaillant ;
Général de Martimprey ;
Lieutenant général della Rocca.

Cette convention dont on fit trois expéditions fut, le jour même, approuvée par les souverains intéressés ; les ratifications de cet acte furent échangées au quartier général de Valeggio.

Le mot de paix cependant n'avait pas même été prononcé. Ce fut encore Napoléon III qui eut l'initiative de cette pensée. Il écrivit à François-Joseph Ier une seconde lettre autographe. Cette lettre renfermait des offres de paix directes. Napoléon III indiquait, comme moyen d'arriver à

OFFICIERS AUTRICHIENS.

une entente préliminaire, l'envoi d'une personne ayant toute la confiance de François-Joseph Ier. L'empereur d'Autriche chargea le prince Alexandre de Hesse de cette mission délicate. Voici, d'après M. Debrautz, le récit exact de l'entrevue de Napoléon III avec l'ambassadeur de François-Joseph Ier.

« Le prince de Hesse était personnellement connu de l'empereur des Français, à qui, deux années auparavant, il avait rendu visite à Paris, en accompagnant son frère le grand-duc régnant de Hesse-Darmstadt. Le rang élevé de sa famille et sa qualité de beau-frère du czar Alexandre II lui avaient valu aux Tuileries l'accueil le plus distingué. Napoléon III témoigna une vive satisfaction en revoyant le prince investi de la confiance entière de l'empereur d'Autriche. La négociation en devenait bien plus aisée, à raison de la franchise avec laquelle on pouvait aborder les difficultés de part et d'autre. L'empereur des Français, résumant avec clarté et netteté la situation réciproque des puissances belligérantes, chercha à établir combien la paix qu'il offrait se recommandait à l'acceptation du chef de la maison de Habsbourg, tant sous le rapport politique qu'au point de vue stratégique. Il insista particulièrement sur les dangers que la prolongation de la guerre créerait à l'intérieur de la monarchie autrichienne, menacée qu'elle était à la fois par le mouvement des populations slaves et de la nation magyare ; il ne cacha point son propre désir de voir la guerre terminée pour n'être pas contraint de s'appuyer sur le concours de la Révolution.

« Après avoir écouté religieusement Napoléon III, sans oser une seule fois l'interrompre jusqu'à ce qu'il eût achevé de parler, le prince de Hesse demanda la permission de réduire, par quelques réflexions, à leur juste valeur les dangers que l'empereur des Français entrevoyait dans les aspirations d'une partie de la population des États d'Autriche. Il démontra comment, par des réformes déjà arrêtées en principe dans l'esprit de François-Joseph Ier, l'on était sûr de contenir les efforts de la Révolution ; il donna pour preuve que jamais le patriotisme et le dévouement au trône ne s'étaient manifestés dans toute l'étendue de l'empire, même en Hongrie, d'une manière aussi éclatante qu'à l'occasion de la guerre actuelle. Il ajouta qu'il ne se croyait pas assez autorisé pour discuter les propositions de paix qui venaient de lui être faites, sans en avoir préalablement référé à l'empereur François-Joseph Ier.

« C'est alors que Napoléon III fit remarquer combien une entrevue personnelle des deux souverains serait préférable à toute correspondance pour arriver à une entente facile et complète : il exprima la conviction qu'une heure d'entretien direct avancerait plus cette entente que ne le pourraient faire plusieurs semaines de négociations conduites autrement.

Il chargea donc le prince de Hesse de témoigner à François-Joseph Ier combien pour sa part il serait désireux de faire la connaissance personnelle d'un souverain pour lequel il avait toujours éprouvé autant d'estime que de sympathie.

« De retour à Vérone, le prince de Hesse écrivit le lendemain à Napoléon III qu'ayant essayé de pressentir les dispositions de François-Joseph Ier il n'avait pas osé communiquer à Sa Majesté Apostolique, dans leur véritable teneur, les propositions de paix telles qu'elles avaient été formulées au quartier général de Valeggio, attendu qu'après un plus mûr examen il les considérait comme incompatibles avec la dignité de l'empereur d'Autriche, et ne pouvait donc s'attendre qu'à les voir péremptoirement repoussées. Ces propositions indiquaient formellement l'abandon de Peschiera et de Mantoue.

« L'empereur d'Autriche adressait en même temps une lettre autographe à Napoléon III. Il y disait que, n'ayant tiré l'épée que pour la défense de ses droits légitimes, garantis au moyen de traités solennels par l'Europe entière, il appréciait trop les bienfaits de la paix pour ne pas s'associer de tout cœur aux dispositions pacifiques que Sa Majesté l'empereur des Français avait manifestées au prince de Hesse ; afin de témoigner de la sincérité de ses sentiments, pour ne pas verser inutilement le sang de ses soldats et ne plus imposer à ses peuples de nouveaux sacrifices, il se déclarait prêt à subir les conséquences d'une guerre malheureuse, pourvu que la dignité de sa couronne restât intacte, étant inébranlablement résolu à ne souscrire à aucune concession qui pourrait, aux yeux du monde, faire déchoir l'Autriche du rang élevé que depuis tant de siècles elle occupait dans l'histoire des peuples.

« L'empereur d'Autriche terminait sa lettre par l'assurance que lui aussi désirait vivement se rencontrer avec l'auguste souverain à qui la France avait confié ses destinées ; mais qu'à son plus grand regret il se voyait forcé de renoncer pour le moment à cette entrevue, parce qu'il lui serait trop pénible, après lui avoir serré la main, de se trouver de nouveau face à face avec lui sur le champ de bataille.

« Napoléon III fut touché du langage de la lettre de François-Joseph Ier. Dès ce moment, il arrêta dans sa pensée, non-seulement la prompte conclusion de la paix, mais aussi le rétablissement d'une alliance cordiale avec Sa Majesté Apostolique. De retour à Paris, Napoléon III montra cette lettre à plusieurs hommes d'État, en avouant hautement la profonde impression qu'elle avait produite sur son esprit.

« Décidé à ménager à François-Joseph Ier les moyens d'un arrangement honorable, Napoléon III poursuivit les négociations avec le prince de Hesse par correspondance. Il écrivit à ce dernier, dans la soirée du 9 juillet, une longue lettre motivée, dans laquelle, après avoir modifié ses premières propositions, afin de les rendre plus acceptables par l'Autriche, il passait en revue les motifs qui devaient nécessairement engager cette puissance à conclure la paix, dont la France facilitait le rétablissement par autant de modération que de condescendance.

« Le prince de Hesse ayant donné, dans la matinée du 10 juillet, communication à François-Joseph Ier de la missive dont l'avait honoré l'empereur des Français, Sa Majesté Apostolique fit aussitôt savoir à Napoléon III combien elle serait heureuse de pouvoir se rencontrer avec lui, pour s'entendre directement sur les bases préliminaires de paix. »

Il fut immédiatement décidé, d'un commun accord, que le lendemain, 11 juillet, les deux empereurs se verraient à Villafranca. Voici, d'après M. Debrautz, le récit de cette entrevue :

« C'est à un kilomètre de distance de Villafranca, sur la chaussée qui s'étend du côté de la porte de Vérone, que le 11 juillet dernier, à neuf heures et demie du matin, en plein soleil, François-Joseph Ier et Napoléon III se sont rencontrés.

« Des témoins oculaires de cette scène imposante ont assuré que les deux souverains, pénétrés de la solennité du moment, étaient très-émus en se tendant et en se serrant affectueusement la main; leur brillant et nombreux cortége subissait naturellement l'influence de leur émotion.

« Les augustes chefs des armées autrichienne et française étaient en tenue de campagne; l'état-major à la suite portait l'uniforme de gala; l'escorte la grande tenue.

« Les premiers compliments échangés, François-Joseph Ier se plaça courtoisement à la gauche de Napoléon III, et le cortége reprit aussitôt le chemin de la ville, les états-majors autrichien et français marchant pêle-mêle derrière Leurs Majestés.

« Napoléon III avait fait poster aux abords de la porte de Vérone des batteries de l'artillerie de la garde, pour saluer l'arrivée de François-Joseph Ier de cent et un coups de canon, pendant que les cloches sonnaient à grande volée.

« Leurs Majestés descendirent de cheval à l'entrée de la maison de M. Gandini-Morelli et montèrent immédiatement au salon du premier étage, où elles s'enfermèrent seules après avoir congédié leur suite. Deux sentinelles des cent-gardes se tenaient dans l'antichambre et deux autres sur le palier, pour empêcher l'approche de toute oreille indiscrète.

« Les augustes négociateurs prirent place l'un en face de l'autre, autour de la table sur laquelle, à côté d'un vase de fleurs fraîchement cueillies, se trouvaient la carte du royaume lombardo-vénitien, un encrier, des plumes et quelques feuilles de papier blanc.

« Sur l'une de ces feuilles allaient être consignés les arrangements qui devaient fixer le sort de l'Italie et décider de la paix du monde.

« La négociation directe des deux empereurs, agissant dans la plénitude de leur pouvoir suprême, devait imprimer nécessairement aux stipulations signées par eux un caractère définitif et absolu, que les traités internationaux, contractés par les agents diplomatiques ordinaires, n'assument qu'après avoir obtenu la ratification voulue.

« Entre l'armistice signé le 8 juillet par les commissaires des puissances belligérantes et la paix préliminaire conclue trois jours après par François-Joseph Ier et Napoléon III, il y a dans la forme une différence essentielle qu'il importe de faire ressortir.

« La convention du 8 juillet subordonne expressément la valeur et l'exécution des arrangements intervenus à la ratification des gouvernements contractants. Rien de pareil ne pouvait être formulé dans la paix de Villafranca, que les deux monarques rendaient de fait exécutoire par leur seule signature, attendu qu'ils y intervenaient non comme simples mandataires, tels que le sont tous les plénipotentiaires sans distinction, mais comme souverains indépendants, engageant irrévocablement leur parole impériale.

« C'est ce qui explique pourquoi la paix préliminaire de Villafranca est devenue le pivot autour duquel devaient strictement rouler les conférences de Zurich. Il ne pouvait être permis aux plénipotentiaires de s'écarter en rien de ce que les deux empereurs ont entendu se promettre et de ce qu'ils ont arrêté à Villafranca. Le texte de la paix préliminaire n'étant que le résumé très-succinct de l'entrevue que Leurs Majestés ont eue dans la journée du 11 juillet à Villafranca, il en est résulté que les plénipotentiaires ont été à chaque instant obligés d'avoir recours aux explications directes des deux empereurs, afin de pouvoir rendre complétement leur pensée, et de réaliser leurs intentions souveraines, dans l'instrument de la paix que la conférence de Zurich a été chargée de rédiger.

« Voilà la véritable cause des lenteurs inévitables qu'ont éprouvées les travaux de la conférence à laquelle on a trop légèrement lancé le reproche d'impuissance.

« La nécessité d'entourer la conférence de Zurich de renseignements et de lumières capables de lui faire apprécier au juste la nature et la portée des engagements pris à Villafranca ; l'opportunité de combattre les fausses rumeurs et de rectifier les nouvelles exagérées colportées par la presse périodique ; l'urgence de rassurer l'Europe, dont les intérêts demeurent depuis si longtemps en souffrance ; tout s'est réuni pour faire jaillir le jour sur ce qui s'est passé à Villafranca entre les deux empereurs. Ceux-ci, d'ailleurs, se sont séparés trop satisfaits, trop charmés l'un de l'autre, pour avoir eu besoin d'envelopper leur conversation de ce mystère derrière lequel la diplomatie a l'habitude d'abriter surtout les négociations malheureuses. Le lendemain, dans l'entourage intime des deux monarques, l'on connaissait presque tous les détails de leur entrevue.

« Il n'y a donc aucune indiscrétion à reproduire les renseignements intéressants qu'il a été possible de recueillir à des sources très-authentiques sur l'un des faits les plus importants que l'histoire aura à enregistrer.

« La négociation directe entre François-Joseph Ier et Napoléon III s'ouvrit naturellement sur la base de la dernière lettre que l'empereur des Français avait adressée l'avant-veille au prince de Hesse.

« Il y avait quatre points essentiels dont le règlement devait amener la conclusion de la paix.

« Sur le premier point, concernant la cession formelle du territoire conquis, l'empereur d'Autriche se montra on ne peut plus accommodant. « La fortune des batailles a décidé contre moi, — aurait-il dit, — j'en « subirai les conséquences ; je vous donne la Lombardie, et je suis prêt « à en confirmer par traité la cession. Vous en disposerez, Sire, comme « il vous plaira. Vous devez cependant comprendre les motifs impérieux « qui me défendent d'intervenir directement, si, comme il semble cer- « tain, vous entendez en faire don au Piémont. »

« François-Joseph Ier, malgré les instances de Napoléon III, persista néanmoins à refuser l'abandon de Peschiera et de Mantoue, comme une concession incompatible avec l'honneur des armes autrichiennes. Ayant admis, en faveur de la France, le principe *uti possidetis*, il en invoqua à son tour les bénéfices, par rapport à la portion du territoire lombard qui se trouvait encore entre les mains de la maison de Habsbourg. Il fut donc convenu que le célèbre quadrilatère, n'ayant pas été entamé par les puissances coalisées, resterait intact entre les mains de l'Autriche.

« Il s'agissait de marquer la délimitation du territoire cédé. On prit pour point de départ la forteresse de Peschiera et son extrême rayon, et on traça simplement avec le doigt sur la carte une ligne droite le long du Mincio jusqu'au Pô.

« En passant au second point, l'empereur d'Autriche, qui avait consulté préalablement le comte de Rechberg, son nouveau ministre des affaires extérieures, lequel se trouvait auprès de Sa Majesté Apostolique au quartier général de Vérone, apporta dans la discussion des moyens de réaliser le projet d'une Confédération italienne des idées nettes et arrêtées. Après avoir protesté de son intention sincère de prêter la main à toute tentative sérieuse et efficace qui aurait pour objet d'amener et de consolider la pacification de l'Italie, l'empereur François-Joseph Ier, confirmant ses paroles par les faits, proposa de son chef la combinaison d'après laquelle l'Autriche assumerait, à l'égard de la Vénétie, les mêmes obligations fédérales que le royaume des Pays-Bas remplit, d'après les traités publics, vis-à-vis du grand-duché de Luxembourg. Cette combinaison enlevait à l'Autriche toute possibilité d'entraver la création et le développement de la Confédération italienne.

« Quiconque, dit M. Debrautz, prendra la peine de réfléchir un instant à la situation actuelle de l'Italie reconnaîtra aisément de combien de difficultés est entouré le projet de constituer dans la Péninsule une confédération générale.

« L'œuvre dont la France a pris l'initiative ne rencontre pas seulement pour obstacles la confusion des idées, la division des esprits, les tiraillements et les haines de parti. La politique envahissante du Piémont n'est point de nature à inspirer au saint-siége et au roi de Naples la confiance qui seule pourrait les déterminer à donner au projet de confédération un concours franc et sérieux, et sans laquelle toute pression morale demeure inefficace. Quant à une autre pression, il n'en saurait être question vis-à-vis d'États souverains et indépendants. Aussi, dans le texte de la convention de Villafranca, les deux monarques contractants se sont-ils gardés d'employer aucune expression d'où l'on pût inférer l'intention de leur part d'exercer une contrainte quelconque sur les souverains de la Péninsule; ils se sont bornés à échanger la promesse de *favoriser* l'établissement d'une confédération italienne.

« Le Piémont, de son côté, ne dissimule guère son peu de sympathie pour toute combinaison qui ne doit pas aboutir à lui assurer au delà des Alpes une suprématie sans partage. La politique d'annexion que le cabinet de Turin poursuit avec tant d'opiniâtreté, malgré les recommandations et les avis de la France, est habilement calculée pour atteindre ce double but : grandir démesurément la Sardaigne, contre l'intérêt manifeste de l'équilibre italien, par l'absorption des riches contrées de l'Italie centrale, et faire avorter, du même coup, la confédération, dont le chef devait être le souverain pontife et non pas Victor-Emmanuel II.

« La docilité dont l'empereur François-Joseph Ier a fait preuve à Villafranca, en embrassant avec autant de franchise que de promptitude l'idée d'une confédération italienne, a enlevé d'avance aux ennemis de l'Autriche le droit de s'en prendre à cette puissance si la réalisation de ce projet difficile éprouvait des retards ou aboutissait à un avortement. Dans la pensée des deux empereurs, la confédération, pour devenir une œuvre sérieuse et durable, devait reposer sur l'entente cordiale et la confiance mutuelle des princes italiens. Pour arriver à ce premier résultat, il était nécessaire d'imprimer une direction plus sûre au mouvement politique de la Péninsule. On ne pouvait s'attendre à réussir en se mettant à la remorque de la Révolution, qui se préoccupait uniquement de renverser les trônes et d'accumuler les ruines. Il fallait, au contraire, reconstituer partout le pouvoir sur des bases solides, en satisfaisant aux aspirations libérales et aux vœux légitimes du pays, mais en prévenant ces bouleversements incessants qui conduisent tôt ou tard les peuples fraîchement émancipés au despotisme ou à l'anarchie.

« Ce troisième point de la négociation provoqua entre Napoléon III et François-Joseph Ier les explications les plus franches et les plus catégoriques, et les amena à un examen approfondi de leur situation mutuelle.

« Il est incontestable que, dans la guerre contre l'Autriche, la France s'est appuyée au delà des Alpes sur la Révolution. L'Empereur lui-même l'a reconnu implicitement, lorsqu'il a dit, à Saint-Cloud, dans sa réponse aux discours des présidents des grands corps de l'État, que, pour continuer la guerre, « il aurait fallu partout se fortifier franchement du concours de la Révolution. » Ce concours était une arme à deux tranchants que la sagesse commandait de remettre au fourreau dès que la paix dispensait de l'employer.

« Voici quel fut le langage tenu, à ce sujet, par l'empereur François-Joseph Ier à Napoléon III dans l'entrevue de Villafranca :

« Sire, permettez-moi de vous exprimer là-dessus ma conviction sans « détours. Si l'alliance avec la Révolution est dangereuse pour tout mo- « narque, elle l'est bien davantage pour le fondateur d'une nouvelle « dynastie. Vous et moi, nous sommes tous deux pères ; préoccupons- « nous moins de nos intérêts personnels que de l'avenir que nous légue- « rons à nos futurs héritiers, et nous tomberons bien plus facilement « d'accord. Quant à moi, je vous en donne l'assurance la plus solennelle, « je ne me prêterai jamais à aucune coalition destinée à favoriser un chan- « gement de dynastie en France ; l'Autriche n'y a aucun intérêt, et moi « aucune disposition, libre comme je suis de tout engagement. »

« Prononcées avec l'accent de la vérité, ces paroles produisirent une impression visible sur Napoléon III, qui en reconnut ouvertement la justesse.

« Continuée sur ce ton cordial, la négociation progressa rapidement sur le troisième point, qui avait trait au retour des archiducs dans leurs États.

« La restauration des anciennes maisons souveraines était, aux yeux de l'Autriche, une mesure indispensable pour élever une digue contre la Révolution, qui menaçait d'envahir toute l'Italie. Mais, de plus, l'empereur François-Joseph, en sa double qualité de chef de la maison de Habsbourg et d'allié du grand-duc de Toscane et du duc de Modène, regardait comme une *affaire d'honneur* de couvrir d'une protection efficace les princes qui s'étaient compromis pour lui.

« Je puis, disait-il, renoncer à la Lombardie, parce qu'elle m'appartient; « mais je ne dois à aucun prix abandonner à la merci des partis les droits « légitimes des membres de ma famille, droits que l'Europe entière a ga- « rantis et que moi-même, en montant sur le trône, j'ai juré de sauve- « garder et de défendre. »

« L'empereur des Français ne fit aucune objection au rétablissement de la maison de Lorraine, envers laquelle il professait une sincère gratitude pour l'hospitalité généreuse qu'elle avait accordée jadis à sa propre famille pendant les épreuves de l'exil. Il fit observer néanmoins l'impossibilité où il se trouvait de tourner les armes de la France contre le gouvernement provisoire de Toscane, devenu aussi son allié par le fait de sa participation à la guerre.

« Cette dernière circonstance l'empêchait également de consentir à ce que le grand-duc de Toscane fût ramené dans ses États par une force étrangère.

« Sur l'observation de François-Joseph Ier qu'il s'agissait moins de concerter les mesures d'exécution que de régler la question de droit et d'établir un principe, l'on tomba d'accord que Sa Majesté Apostolique emploierait son influence personnelle pour amener le grand-duc de Toscane à abdiquer en faveur du prince héréditaire, l'archiduc Ferdinand.

« Ce qui déterminait les deux empereurs à faire aussi explicitement acte de déférence pour les vœux du parti libéral toscan, c'était la conviction que l'abdication du grand-duc Léopold II en faveur de son fils serait une transaction honorable pour les deux partis ; qu'en ouvrant largement la voie à un rapprochement entre le souverain et son peuple cette mesure apaiserait les esprits, et, avec le retour de la tranquillité publique, assurerait la prospérité de la Toscane. Les augustes négociateurs avaient compté sans les intrigues ténébreuses d'une ambition insatiable, qui cherche dans les agitations et les souffrances de l'Italie la satisfaction de ses convoitises.

« Lorsque les deux monarques, dans la persuasion que la France avait acquis assez chèrement le droit de se faire écouter, soit à Turin, soit à Florence, engageaient réciproquement leur parole impériale de travailler loyalement à la restauration des anciennes dynasties, ils ne se sont peut-être pas assez préoccupés des obstacles que les passions politiques allaient leur susciter de toutes parts.

« Le droit de grâce n'est pas seulement la prérogative la plus douce et la plus précieuse des princes ; c'est celle qui constitue par excellence l'essence de la souveraineté. Aussi l'exercice de ce droit ne figure-t-il presque jamais dans les traités publics à l'état de stipulation expresse, tant les souverains sont jaloux de le conserver intact entre leurs mains. Lorqu'après la bataille de Novare des négociations de paix s'ouvrirent à Milan entre l'Autriche et la Sardaigne, le cabinet de Vienne repoussa péremptoirement la demande du Piémont, tendant à insérer dans le traité la clause d'une amnistie politique à accorder par l'Autriche à tous les habitants du royaume lombardo-vénitien, qui s'étaient compromis avant et pendant la guerre. La cour de Vienne se déclarait prête à jeter sur le passé le voile de l'oubli ; mais elle entendait agir dans la plénitude de sa souveraineté, sans devoir compte de sa clémence à aucune puissance étrangère, et surtout sans être exposée à une pression diplomatique de la part d'un ennemi vaincu.

« La Sardaigne essaya en vain d'amener la France et l'Angleterre à appuyer sa demande en leur qualité de puissances médiatrices. Les cabinets de Paris et de Londres se rangèrent du côté de l'Autriche, qui, retranchée derrière son indépendance souveraine, aimait mieux rompre les négociations plutôt que de céder sur un point si délicat.

« On doit comprendre maintenant que le quatrième point arrêté dans l'entrevue de Villafranca, si simple et si naturel qu'il puisse paraître, impliquait de la part de l'Autriche une immense concession de principe. Ce que l'Autriche, il y a dix ans, n'avait voulu à aucun prix accorder au roi de Sardaigne, elle l'accordait aujourd'hui à Napoléon III, en consentant à ce que sa promesse d'une amnistie pleine et entière fût consignée dans le traité préliminaire de Villafranca. En outre François-Joseph Ier, en sa qualité de chef de la maison de Habsbourg, prit le même engagement au nom du grand-duc de Toscane et du duc de Modène.

« Lorsque les quatre points qui servaient de base à la négociation, conduite en personne par les deux empereurs, eurent été réglés, Napoléon III désira ajouter un cinquième point. Il exprima la pensée que les deux grandes puissances catholiques devraient adresser au saint-siége des conseils collectifs, relativement aux réformes indispensables à opérer dans les États de l'Église.

« La question était des plus délicates. Que l'administration des États de l'Église réclame des améliorations, personne ne le conteste. L'auguste pontife qui occupe aujourd'hui la chaire de saint Pierre a témoigné assez souvent et assez haut de son constant et sincère désir de réaliser la plupart des réformes que les grandes puissances avaient recommandées à Grégoire XVI en 1831.

« D'après le témoignage de lord Palmerston lui-même, le *motu proprio* de 1849 renferme les bases d'un système administratif en harmonie avec l'esprit du siècle, et capable d'assurer le bien-être des sujets pontificaux.

« Dans la discussion parlementaire qui s'engagea, le 15 juillet 1856, à la Chambre des communes, sur la motion de lord John Russell, relativement aux affaires d'Italie, lord Palmerston, en sa qualité de premier ministre, s'exprima ainsi :

« J'ai en ce moment à la main la proclamation du pape, celle qui pré- « céda son retour en 1849, et dans laquelle se trouve complétement « exposé un meilleur système judiciaire.

« Je crois que, si le pape avait mis à exécution ce qu'il avait proposé « dans ce document, tout ce que désire mon noble et docte ami pour « l'administration de la justice se trouverait accompli. »

« Lord Palmerston ajoutait :

« On ne saurait imaginer qu'un gouvernement comme celui du pape, à « la tête duquel est un homme qui nous a donné, dans le passé, des « preuves suffisantes de ses intentions généreuses et de ses vues éclairées, « soit incapable de diriger l'administration de ses affaires, de manière à « détruire les causes de mécontentement qui seules engendrent les con- « vulsions dans l'État. »

« Si Pie IX avait été abandonné à ses propres inspirations, il n'est pas douteux que le *motu proprio* de Gaëte ne fût aujourd'hui une vérité.

« Fort de la conscience d'avoir constamment poursuivi le bonheur de son peuple avec une sollicitude vraiment paternelle, Pie IX s'est fermement refusé à tout acte qui aurait pu faire croire que la pression morale du dehors avait sur lui plus de force que le sentiment du devoir. Accueillant avec déférence les conseils que l'Autriche et la France lui adressèrent après le congrès de Paris, il se déclara prêt à accomplir, et au delà, les promesses de Gaëte, dès que la situation intérieure des États de l'Église permettrait la retraite des troupes étrangères et assurerait par là aux réformes qu'il projetait le mérite de la spontanéité.

« La note écrite que le cardinal Antonelli fit remettre, le 11 mars dernier, au comte Colloredo et au duc de Grammont, pour leur communiquer le vœu émis par le saint-père, que l'évacuation des troupes étrangères, autrichiennes et françaises s'accomplît dans le courant de l'année 1859, se rattachait à la détermination prise par Pie IX d'aborder franchement les réformes qui répondissent aux véritables besoins du pays, tout en étant compatibles avec la constitution organique du gouvernement pontifical.

« La guerre vint arrêter la mise à exécution de cette noble et féconde pensée. Napoléon III voulut la reprendre en sous-œuvre, à Villafranca, en invitant l'empereur d'Autriche à se joindre à lui pour presser le saint-père de réaliser immédiatement les réformes indispensables.

« Il était toutefois à présumer que les conseils des deux grandes puissances catholiques, quelque amicaux qu'ils fussent, demeureraient inefficaces aussi longtemps que la Romagne ne serait pas replacée sous l'autorité de la souveraineté papale. Pie IX avait manifesté la ferme résolution de reprendre le chemin de l'exil, et de demander, s'il le fallait, l'hospitalité à l'Amérique, plutôt que de se laisser arracher de nouveau des concessions par la Révolution.

« En revendiquant, dans l'intérêt de la pacification de l'Italie, le droit de donner des conseils au gouvernement pontifical, les deux empereurs s'engageaient implicitement à remplir les obligations qu'ils avaient ouvertement et hautement contractées envers lui, à la face du monde, lorsqu'avant l'ouverture des hostilités ils avaient garanti la neutralité, l'indépendance et l'intégrité des États de l'Église. Le saint-père était donc fondé à leur dire : « Je veux bien écouter vos conseils; mais, en retour, « vous allez vous charger de rétablir l'ordre qui a été si profondément « troublé dans les Légations par la guerre que vous venez de vous faire. »

« La promesse mutuelle, que les deux empereurs échangeaient à Villafranca, d'unir leur influence à Rome pour amener des réformes dans l'administration pontificale constituait donc au fond, de la part de tous les deux, l'engagement tacite de maintenir le saint-père dans la possession intacte des droits que lui assurent les traités.

« C'est ainsi, en effet, que le saint-siége a interprété, en ce qui le concerne, la convention de Villafranca. C'est pour cette raison qu'il y a trouvé un motif puissant de prendre en très-sérieuse considération les conseils et les suggestions de Sa Majesté Apostolique et du Fils aîné de l'Église.

« Dans la conférence de Villafranca, l'empereur Napoléon III tenait la plume et notait à mesure les points sur lesquels les deux souverains tombaient d'accord. Il fut convenu entre eux que la convention préliminaire ne réglerait que les questions politiques renfermées dans les cinq points qui viennent d'être exposés. Quant aux arrangements accessoires qui découlaient des premiers, l'empereur des Français se réserva de traiter ultérieurement avec le comte de Rechberg, au quartier général de Valeggio.

« Lorsque François-Joseph Ier et Napoléon III eurent ainsi arrêté les bases de la paix préliminaire, ils se serrèrent étroitement la main et s'embrassèrent affectueusement en signe de leur pleine et parfaite réconciliation.

« Ils descendirent ensuite pour passer en revue l'escadron de hulans qui avait servi d'escorte à l'empereur d'Autriche et qui se tenait devant la maison où avait eu lieu l'entrevue de Leurs Majestés.

« Napoléon III examina dans les moindres détails l'uniforme et l'équipement des soldats, le harnachement des chevaux, fit descendre de cheval plusieurs hommes, inspecta la forme des selles, et parut émerveillé de l'aspect élégant de ce beau corps qui rivalise avec les hussards hongrois. L'empereur des Français adressa à son auguste interlocuteur les éloges les mieux sentis sur l'aspect vraiment martial de l'armée autrichienne et sur son admirable tenue.

« Les deux monarques se séparèrent à onze heures, en échangeant des protestations d'amitié réciproque; l'un reprit avec sa suite le chemin de Vérone; l'autre rentra avec son état-major au quartier général de Valeggio.

« La nouvelle de la trêve militaire, conclue le 8 juillet, fut connue le même jour à Turin par le télégraphe. Frappé de ce que la durée en avait été stipulée pour cinq semaines, le comte de Cavour, avec la sagacité qui lui est propre, devina aussitôt les dispositions pacifiques de Napoléon III; il se hâta de quitter la capitale du Piémont le 9 juillet, à quatre heures de l'après-midi, pour aller au quartier général. Lorsqu'il y arriva, l'entrevue des deux empereurs était déjà décidée. M. de Cavour essaya de persuader au roi Victor-Emmanuel II qu'il ne pouvait pas ratifier la paix de Villafranca, ainsi que Napoléon III le lui demandait. L'insuccès de ses efforts amena nécessairement la démission du comte de Cavour.

« Dans l'entrevue de Villafranca, les deux empereurs s'étaient bornés à coucher sur le papier les bases préliminaires de la paix. L'expédition de la convention en double exemplaire n'eut lieu qu'ensuite. L'exemplaire destiné à l'Autriche, revêtu de la signature de l'empereur des Français et de la ratification du roi de Sardaigne fut, comme on sait, le lendemain, à Vérone, apporté par le prince Napoléon, chargé de rapporter le second exemplaire muni de la signature de François-Joseph Ier.

« Cependant le comte de Rechberg, accompagné du prince Richard de Metternich, était arrivé au quartier général de Valeggio, pour soumettre à l'examen de Napoléon III, dans un mémoire motivé, les questions dont le règlement avait été ajourné au lendemain.

« Le mémoire du comte de Rechberg embrassait dix-neuf points, dont voici les principaux :

« La quote-part de la dette publique de l'Autriche, qui devait être assumée par la Sardaigne, par suite de la cession de la Lombardie ;

« La restitution des navires de commerce capturés par les croiseurs français durant la guerre ;

La mise en liberté des équipages de ces bâtiments et de tous les prisonniers de guerre ;

« Le renvoi des régiments lombards au service de l'Autriche ;

« Les conditions auxquelles la faculté d'émigrer serait accordée aux habitants du territoire lombard cédé par le traité ;

« La situation à faire aux sujets mixtes ;

« L'apurement des comptes relatifs aux chemins de fer lombards, construits aux frais de l'Autriche et cédés par elle à une compagnie privée ;

« La libre navigation du Pô.

« Le comte de Rechberg réclamait enfin la levée du séquestre dont les autorités sardes, après la retraite de l'Autriche, avaient frappé les propriétés léguées par feu le marquis Fassoni au profit de certains établissements d'instruction publique.

« Napoléon III parcourut attentivement le mémoire élaboré par le comte de Rechberg ; après avoir échangé avec lui des explications sur chaque sujet, il apposait en marge quelques indications sommaires. L'étiquette ne permettait pas qu'un souverain traitant avec le mandataire d'un autre souverain revêtît le mémoire de son parafe, ainsi que cela se pratique entre agents diplomatiques.

J'ai emprunté à M. Debrautz les détails matériels de l'entrevue des deux empereurs à Villafranca ; d'une part, parce que je sais que ces détails sont exacts ; d'autre part, parce qu'ils indiquent quelles étaient à ce moment-là les dispositions d'esprit dans lesquelles se trouvaient ces deux souverains. Mais je suis loin d'accepter les vues et les idées de cet écrivain dont les sympathies autrichiennes et les tendances réactionnaires sont visibles. Les faits vont se charger du reste d'en démontrer l'inanité, et les obstacles qui s'opposeront, soit au maintien de l'intégrité du territoire appartenant au saint-siége en vertu des traités de 1815, soit à la restauration des dynasties de Lorraine, à Modène et à Florence, seront de telle nature, que les deux empereurs eux-mêmes se verront contraints de renoncer à cette illusion.

Mais, avant de poursuivre le récit des faits diplomatiques et politiques postérieurs à la paix de Villafranca, je dois noter les faits qui intéressent l'armée d'Italie et qui ont un caractère spécialement militaire.

II

RETOUR EN ARRIÈRE

L'empereur n'avait pu récompenser, avant de quitter le sol de l'Italie, tous les actes de courage des généraux, des officiers et des soldats de son invincible armée. Il n'avait pas tout connu. Aussi, à son retour de Paris, informé des oublis qui avaient pu être commis, s'empressa-t-il de les réparer, et, le 13 août, la veille même du jour où les vainqueurs de Magenta et de Solferino devaient faire leur entrée dans Paris, il signa le décret suivant pour de nouvelles et dernières nominations et promotions dans l'ordre de la Légion d'honneur, en souvenir de la campagne de Piémont et de Lombardie :

Au grade de grand officier.

État-major général. — MM. comte Partouneaux, général de division, commandant la division de cavalerie du troisième corps de l'armée d'Italie, commandeur du 10 mai 1852 : 42 ans de service effectif, 2 campagnes ; Fleury, général de brigade, aide de camp de l'Empereur ; commandeur du 19 mars 1858 : 21 ans de service effectif, 14 campagnes, 3 blessures.

Au grade d'officier.

Intendance militaire. — MM. Curnier de Lavalette, sous-intendant militaire de 2e classe, employé au grand quartier général, chevalier du 25 juin 1855 : 26 ans de service effectif, 3 campagnes.

GÉNIE.

MM. Doutrelaine, lieutenant-colonel, chevalier du 27 juillet 1849 : 24 ans de service effectif, 3 campagnes ; Mondain, chef de bataillon, chevalier du 24 octobre 1848 : 30 ans de service effectif, 5 campagnes.

Au grade de chevalier.

Génie. — *État-major.* — M. Peaucellier, capitaine de 2e classe : 11 ans de service effectif, 4 campagnes.

Au grade de commandeur.

GARDE IMPÉRIALE.

Artillerie. — M. Lefrançois, colonel, officier du 14 avril 1855 : 35 ans de service effectif, 4 campagnes.

2e *régiment de grenadiers.* — M. Chardon de Chaumont, colonel, officier du 15 avril 1856 : 34 ans de service effectif, 8 campagnes.

Au grade d'officier.

Garde impériale. — 1er *régiment de grenadiers.* — MM. Verdier, capitaine, chevalier du 26 juin 1851 : 30 ans de service effectif, 9 campagnes.

2e *régiment de grenadiers.* — M. Le Roy de Dais, lieutenant-colonel, chevalier du 10 décembre 1849 : 27 ans de service effectif, 10 campagnes, 1 blessure.

1er *régiment de voltigeurs.* — M. Paris, chef de bataillon, chevalier du 13 août 1857 : 22 ans de service effectif, 12 campagnes.

3e *régiment de voltigeurs.* — M. Denis, capitaine, chevalier du 10 décembre 1852 : 32 ans de service effectif, 16 campagnes, 1 blessure.

Régiment de lanciers. — M. Tanier, chef d'escadron, chevalier du 3 août 1853 : 23 ans de service effectif, 1 campagne.

Régiment de guides. — M. Latheulade, chef d'escadron, chevalier du 13 août 1857 ; 22 ans de service effectif, 2 campagnes.

Régiment d'artillerie à pied. — M. Moulard, lieutenant-colonel, chevalier du 21 juin 1851 : 30 ans de service effectif, 4 campagnes.

Au grade de chevalier.

Aumôniers. — M. l'abbé Maurin, aumônier : 5 ans de service effectif, 1 campagne.

GARDE IMPÉRIALE.

1er *régiment de grenadiers.* — MM. Butez, lieutenant : 17 ans de service effectif, 4 campagnes ; Wickel, lieutenant : 15 ans de service effectif, 5 campagnes.

2e *régiment de grenadiers.* — MM. Duveau, sous-lieutenant, 17 ans de service effectif, 4 campagnes ; Rodde, lieutenant : 17 ans de service effectif, 2 campagnes.

3e *régiment de grenadiers.* — MM. de Bigault du Granrut, lieutenant : 18 ans de service effectif, 3 campagnes ; Meyer, lieutenant : 16 ans de service effectif, 4 campagnes.

1er *régiment de voltigeurs.* — MM. Serradelle, sous-lieutenant porte-aigle :

Voltigeurs de la Garde.

(Tenue de Guerre.)

11 ans de service effectif, 5 campagnes, 2 blessures; Anner, sous-lieutenant : 5 ans de service effectif, 1 campagne, 1 blessure.

2e *régiment de voltigeurs.* — MM. Puech, lieutenant : 19 ans de service effectif, 5 campagnes; Vauve, lieutenant : 11 ans de service effectif, 8 campagnes, 1 blessure; Chasseloup de Laubat, lieutenant : 11 ans de service effectif, 2 campagnes.

3e *régiment de voltigeurs.* — MM. Parent, sergent : 25 ans de service effectif, 14 campagnes; Tristan, lieutenant : 17 ans de service effectif, 2 campagnes, 1 blessure.

4e *régiment de voltigeurs.* — MM. Marentie, lieutenant : 17 ans de service effectif, 5 campagnes; Orrière, sergent : 25 ans de service effectif, 6 campagnes.

Bataillon de chasseurs à pied. — M. Monteiller, caporal : 9 ans de service effectif, 6 campagnes.

Régiment de zouaves. — MM. Garrigues, sergent : 19 ans de service effectif, 15 campagnes; Schwartz, 18 ans de service effectif, 12 campagnes, 3 blessures.

1er *régiment de cuirassiers.* — M. Fagel, maréchal des logis : 20 ans de service effectif, 6 campagnes.

2e *régiment de cuirassiers.* — M. Clairin, capitaine : 18 ans de service effectif, 5 campagnes.

Régiment de dragons de l'Impératrice. — MM. Porteret, lieutenant : 17 ans de service effectif, 4 campagnes; Marquier, dit Madelaine, sous-lieutenant : 15 ans de service effectif, 10 campagnes.

Régiment de lanciers. — MM. Gayaut de Maubranches, lieutenant-colonel : 22 ans de service effectif, 2 campagnes; Oreille, capitaine : 19 ans de service effectif, 1 campagne.

Régiment de chasseurs. — MM. Féline, chef d'escadron : 15 ans de service effectif, 1 campagne; Parassols, sous-lieutenant : 18 ans de service effectif, 8 campagnes.

Régiment des guides. — MM. De Montesquiou-Fezensac, lieutenant : 16 ans de service effectif, 2 campagnes; Andraud, lieutenant : 19 ans de service effectif, 7 campagnes.

ARTILLERIE.

M. Mul, ouvrier d'état : 25 ans de service effectif, 9 campagnes, 1 citation.

Régiment d'artillerie à pied. — MM. Defurnes, capitaine : 24 ans de service effectif, 5 campagnes; Belleveaux, maréchal des logis : 11 ans de service effectif, 3 campagnes. Médaillé; Montillet, maréchal des logis : 11 ans de service effectif, 4 campagnes, 1 blessure. Médaillé.

Régiment d'artillerie à cheval. — MM. Blin, aide-major de 1re classe : 10 ans de service effectif, 3 campagnes; Moulines, adjudant : 22 ans de service effectif, 2 campagnes. Médaillé; Favrot, maréchal des logis : 16 ans de service effectif, 2 campagnes. Médaillé; Peting de Vaulgrenant, lieutenant en 1er : 9 ans de service effectif, 1 campagne; Paccouret, sapeur : 20 ans de service effectif, 4 campagnes. Médaillé.

Escadron du train des équipages. — M. Castaing, lieutenant : 15 ans de service effectif, 12 campagnes.

PREMIER CORPS.

Au grade de commandeur.

ÉTAT-MAJOR GÉNÉRAL.

M. Anselme, général de brigade, chef de l'état-major général du 1er corps; officier du 19 juillet 1849 : 33 ans de service effectif, 13 campagnes.

INFANTERIE.

34e *régiment d'infanterie de ligne.* — M. Pinard, colonel; officier du 1er mai 1851 : 34 ans de service effectif, 7 campagnes, 3 blessures.

CAVALERIE.

3e *régiment de chasseurs d'Afrique,* — M. de Mésange de Saint-André, colonel; officier du 29 décembre 1854 : 39 ans de service effectif, 8 campagnes.

Au grade d'officier.

INFANTERIE.

34e *régiment d'infanterie de ligne.* — M. Henrion-Berthier, chef de bataillon; chevalier du 14 septembre 1855 : 21 ans de service effectif, 6 campagnes, 2 blessures.

78e *régiment d'infanterie de ligne.* — M. James, lieutenant-colonel; chevalier du 10 décembre 1849 : 35 ans de service effectif, 3 campagnes.

91e *régiment d'infanterie de ligne.* — M. Abbatucci, colonel; chevalier du 22 décembre 1852 : 19 ans de service effectif, 9 campagnes.

100e *régiment d'infanterie de ligne.* — M. Doyen, chef de bataillon; chevalier du 25 juin 1849 : 28 ans de service effectif, 10 campagnes.

1er *régiment de zouaves.* — M. Ollivier, capitaine ; chevalier du 14 septembre 1855 : 13 ans de service effectif, 9 campagnes. Amputé.

1er *régiment de chasseurs d'Afrique.* — M. Sensier, chef d'escadron ;

chevalier du 2 décembre 1850 : 28 ans de service effectif, 14 campagnes.

ARTILLERIE.

5ᵉ *régiment.* — M. Vautré, chef d'escadron; chevalier du 8 octobre 1852 : 31 ans de service effectif, 4 campagnes.

Au grade de chevalier.

Corps d'état-major. — M. Smet, chef d'escadron, employé à la division de cavalerie du 1ᵉʳ corps de l'armée d'Italie : 22 ans de service effectif, 2 campagnes.

INFANTERIE.

15ᵉ *régiment d'infanterie de ligne.* — MM. Geoffroy, capitaine : 17 ans de service effectif, 3 campagnes; Martin, sous-lieutenant : 24 ans de service effectif, 3 campagnes.

21ᵉ *régiment d'infanterie de ligne.* — Courechelongue, capitaine : 16 ans de service effectif, 5 campagnes, 2 blessures; Michot, médecin aide-major de 1ʳᵉ classe : 16 ans de service effectif, 6 campagnes; Quenot, capitaine : 9 ans de service effectif, 5 campagnes, 2 blessures.

34ᵉ *régiment d'infanterie de ligne.* — MM. Le Bouffy, capitaine : 26 ans de service effectif, 3 campagnes; Peyrot, capitaine : 25 ans de service effectif, 1 campagne; Pottier, capitaine : 17 ans de service effectif, 5 campagnes.

37ᵉ *régiment d'infanterie de ligne.* — MM. Belot, capitaine : 20 ans de service effectif, 2 campagnes; Humblot, capitaine : 13 ans de service effectif, 2 campagnes; Guillermier, sous-lieutenant : 15 ans de service effectif, 2 campagnes, 1 blessure grave.

43ᵉ *régiment d'infanterie de ligne.* — M. Meyret, lieutenant : 12 ans de service effectif, 2 campagnes.

61ᵉ *régiment d'infanterie de ligne.* — MM. Poux, capitaine : 17 ans de service effectif, 2 campagnes; Scotto, sous-lieutenant : 7 ans de service effectif, 3 campagnes, 4 blessures; Voirin, capitaine : 22 ans de service effectif, 1 campagne.

74ᵉ *régiment d'infanterie de ligne.* — MM. Dufour, lieutenant : 15 ans de service effectif, 19 campagnes; Moracchini, sergent : 14 ans de service effectif, 4 campagnes, 1 blessure.

78ᵉ *régiment d'infanterie de ligne.* — MM. Desongny, capitaine : 22 ans de service effectif, 11 campagnes; Doussau, capitaine : 28 ans de service effectif, 8 campagnes.

84 *régiment d'infanterie de ligne.* — MM. de Ricouart, sous-lieutenant :

7 ans de service effectif, 4 campagnes, 1 blessure; Corru, sergent : 10 ans de service effectif, 2 campagnes, 1 blessure ; Hamel, sergent : 9 ans de service effectif, 9 campagnes, 3 blessures.

91e *régiment d'infanterie de ligne.* — MM. Foubert, capitaine : 12 ans de service effectif, 9 campagnes ; Cochu, médecin aide-major de 1re classe : 10 ans de service effectif, 3 campagnes.

100e *régiment d'infanterie de ligne.* — MM. Barbier, capitaine : 11 ans de service effectif, 5 campagnes, 1 blessure ; Demougin, capitaine : 19 ans de service effectif, 3 campagnes ; de Jaubert-Noël, lieutenant : 18 ans de service effectif, 7 campagnes, 1 blessure.

10e *bataillon de chasseurs à pied.* — MM. Harcaut, capitaine : 19 ans de service effectif, 10 campagnes, 1 blessure; Vialatte, lieutenant : 8 ans de service effectif, 4 campagnes. Amputé.

17e *bataillon de chasseurs à pied.* — M. Ferran, médecin aide-major : 14 ans de service effectif, 3 campagnes.

CAVALERIE.

2e *de chasseurs.* — M. Bertrand de Lavaux, capitaine : 18 ans de service effectif, 1 campagne.

5e *régiment de hussards.* — MM. Traullé, lieutenant : 13 ans de service effectif, 8 campagnes; Pellissier de Féligonde, sous-lieutenant : 11 ans de service effectif, 5 campagnes.

1er *régiment de chasseurs d'Afrique.* — MM. Demolins, lieutenant : 11 ans de service effectif, 12 campagnes, 1 blessure; Lacôme, dit Choulou, adjudant sous-officier : 18 ans de service effectif, 13 campagnes.

2e *régiment de chasseurs d'Afrique.* — MM. Mégras, sous-lieutenant : 20 ans de service effectif, 19 campagnes ; Bonvoust, chef-d'escadron : 21 ans de service effectif, 8 campagnes.

3e *régiment de chasseurs d'Afrique.* — M. Poissonnier, capitaine : 14 ans de service effectif, 5 campagnes.

4e *régiment de chasseurs d'Afrique.* — MM. Pailhès, capitaine adjudant-major : 25 ans de service effectif, 8 campagnes; Lelong, sous-lieutenant : 19 ans de service effectif, 10 campagnes.

ARTILLERIE.

11e *régiment.* — MM. Prunot, lieutenant : 11 ans de service effectif, 6 campagnes; Lemoyne, capitaine : 17 ans de service effectif, 6 campagnes.

12e *régiment.* — M. Constant, maréchal des logis : 18 ans de service effectif, 5 campagnes.

16e *régiment.* — M. Robert, lieutenant : 11 ans de service effectif, 1 campagne.

Service de santé. — M. François, médecin-major de 1re classe : 23 ans de service effectif, 5 campagnes.

DEUXIÈME CORPS.

Au grade d'officier.

CAVALERIE.

4e *régiment de chasseurs.* — M. Gniot, chef d'escadron ; chevalier du 15 octobre 1852 : 21 ans de service effectif, 9 campagnes.

ARTILLERIE.

11e *régiment.* — M. Petitpied, chef d'escadron; chevalier du 10 août 1853 : 27 ans de service effectif, 5 campagnes, 1 blessure.

13e *régiment.* — M. Guillemard, capitaine; chevalier du 24 octobre 1848 : 23 ans de service effectif, 5 campagnes.

Au grade de chevalier.

INFANTERIE.

45e *régiment d'infanterie de ligne.* — MM. Vincent, capitaine : 15 ans de service effectif, 6 campagnes; Chapelot, capitaine : 16 ans de service effectif, 6 campagnes.

65e *régiment d'infanterie de ligne.* — MM. Lafond, sous-lieutenant : 5 ans de service effectif, 3 campagnes, 1 blessure; Schuster, sous-lieutenant : 4 ans de service effectif, 2 campagnes, 1 blessure.

70e *régiment d'infanterie de ligne.* — MM. Boulet, capitaine : 20 ans de service effectif, 2 campagnes; Carbon, lieutenant : 15 ans de service effectif, 6 campagnes.

71e *régiment d'infanterie de ligne.* — MM. Gardin, sous-lieutenant : 8 ans de service effectif, 3 campagnes, 1 blessure; Braggio, sapeur : 15 ans de service effectif, 14 campagnes, 1 blessure.

72e *régiment d'infanterie de ligne.* — MM. Ménage capitaine : 18 ans de service effectif, 2 campagnes, 4 blessures; Roybier, caporal : 6 ans de service effectif, 4 campagnes, 1 blessure. Amputé d'une jambe.

11e *bataillon de chasseurs à pied.* — Le Cacher de Bonneville, capitaine : 16 ans de service effectif, 6 campagnes.

2e *régiment de zouaves.* — MM. Pepin, lieutenant : 11 ans de service effectif, 8 campagnes, 3 blessures; Grazietti, médecin aide-major de 1re classe : 15 ans de service effectif, 11 campagnes, 1 blessure; de Simonneau, capitaine : 12 ans de service effectif, 8 campagnes.

1er *régiment étranger*. — MM. Bosquillon de Frescheville, capitaine : 17 ans de service effectif, 4 campagnes; Rembert, capitaine : 15 ans de service effectif, 7 campagnes.

2e *régiment étranger*. — MM. Lefébure de Sancy de Parabère, sous-lieutenant : 5 ans de service effectif, 3 campagnes, 1 blessure; Legout, lieutenant : 11 ans de service effectif, 7 campagnes, 1 blessure; Vigneaud, capitaine : 12 ans de service effectif, 3 campagnes, 1 blessure.

Régiment provisoire de tirailleurs algériens. — MM. Mohamed bel Cacem, lieutenant : 19 ans de service effectif, 20 campagnes, 1 blessure; Levy, sous-lieutenant : 11 ans de service effectif, 8 campagnes, 3 blessures; Carré de Busserolle, sergent : 9 ans de service effectif, 8 campagnes, 1 blessure.

CAVALERIE.

4e *régiment de chasseurs*. — MM. Roques, capitaine : 14 ans de service effectif, 7 campagnes; Bonnet, sous-lieutenant : 5 ans de service effectif, 3 campagnes, 3 blessures; Bressy, sous-lieutenant : 15 ans de service effectif, 10 campagnes, 3 blessures.

7e *régiment de chasseurs*. — MM. Vernazobres, lieutenant : 18 ans de service effectif, 2 campagnes; de Beaumont, capitaine adjudant-major : 10 ans de service effectif, 2 campagnes.

ARTILLERIE.

État-major. — M. Rouillon, garde d'artillerie : 23 ans ans de service effectif, 11 campagnes.

5e *régiment*. — M. Andruetan, capitaine : 17 ans de service effectif, 6 campagnes.

7e *régiment*. — M. Vincenot, capitaine : 12 ans de service effectif, 3 campagnes.

10e *régiment*. — M. Massenet, capitaine : 20 ans de service effectif, 6 campagnes.

15e *régiment*. — MM. Faivre, capitaine : 10 ans de service effectif, 1 campagne; Larquet, sous-lieutenant : 15 ans de service effectif, 6 campagnes, 1 blessure.

TROISIÈME CORPS.

Au grade de commandeur.

INFANTERIE.

88e *régiment d'infanterie de ligne*. — M. Sanglé-Ferrière, colonel; officier du 16 avril 1856 : 23 ans de service effectif, 12 campagnes.

Au grade d'officier.

Corps d'état-major. — M. Capitan, capitaine, aide de camp de M. le général Trochu; chevalier du 14 septembre 1855 : 9 ans de service effectif, 5 campagnes.

INFANTERIE.

41e *régiment d'infanterie de ligne.* — M. de la Mariouse, chef de bataillon; chevalier du 11 août 1855 : 21 ans de service effectif, 9 campagnes.

46e *régiment d'infanterie de ligne.* — M. Lacombe, chef de bataillon; chevalier du 10 mai 1842 : 27 ans de service effectif, 7 campagnes, 2 blessures.

90e *régiment d'infanterie de ligne.* — M. Guilhem, colonel; chevalier du 26 avril 1846 : 25 ans de service effectif, 16 campagnes, 1 blessure.

CAVALERIE.

4e *régiment de lanciers.* — M. Frémicourt, chef d'escadron ; chevalier du 1er mai 1854 : 28 ans de service effectif, 7 campagnes.

ARTILLERIE.

9e *régiment monté.* — M. Soleille, chef d'escadron; chevalier du 10 mai 1852 : 28 ans de service effectif, 6 campagnes, 1 blessure.

GÉNIE.

M. Jahan, chef de bataillon; chevalier du 3 mai 1849 : 29 ans de service effectif, 8 campagnes.

Au grade de chevalier.

INFANTERIE.

11e *régiment d'infanterie de ligne.* — MM. Cantat, capitaine : 26 ans de service effectif, 5 campagnes; Bourthoumieu, dit Dubois, capitaine adjudant-major : 22 ans de service effectif, 3 campagnes.

14e *régiment d'infanterie de ligne.* — MM. Gosse, capitaine : 28 ans de service effectif, 4 campagnes; Barbe Descroisettes, capitaine : 20 ans de service effectif, 4 campagnes.

23e *régiment d'infanterie de ligne.* — MM. Dumas de Rauly, lieutenant : 15 ans de service effectif, 4 campagnes, 1 blessure; Rouvreau, sous-lieutenant : 12 ans de service effectif, 4 campagnes, 2 blessures.

41e *régiment d'infanterie de ligne.* — MM. Chalopin, capitaine : 17 ans de service effectif, 11 campagnes; Champetier, sergent-major : 17 ans de service effectif, 11 campagnes.

43e *régiment d'infanterie de ligne.* — M. Ramarony, capitaine : 17 ans de service effectif, 8 campagnes.

44e *régiment d'infanterie de ligne.* — MM. Douard, capitaine : 19 ans de service effectif, 9 campagnes; Engerran, capitaine : 20 ans de service effectif, 7 campagnes.

46e *régiment d'infanterie de ligne.* — MM. Bigault de Maisonneuve, chef de bataillon : 17 ans de service effectif, 3 campagnes, 1 blessure; Grand, lieutenant : 19 ans de service effectif, 3 campagnes.

56e *régiment d'infanterie de ligne.* — M. Audouy, capitaine : 19 ans de service effectif, 13 campagnes.

59e *régiment de ligne.* — Guigou, capitaine adjudant-major : 19 ans de service effectif, 4 campagnes; Girard, lieutenant : 19 ans de service effectif, 5 campagnes.

64e *régiment de ligne.* — M. Pededieu, lieutenant : 19 ans de service effectif, 5 campagnes.

88e *régiment d'infanterie de ligne.* — M. Joppé, capitaine adjudant-major : 18 ans de service effectif, 6 campagnes.

90e *régiment d'infanterie de ligne.* — M. Clair, capitaine : 28 ans de service effectif, 5 campagnes.

8e *bataillon de chasseurs à pied.* — M. Rozier, sergent : 15 ans de service effectif, 6 campagnes, 1 blessure grave.

18e *bataillon de chasseurs à pied.* — M. Bréart, capitaine adjudant-major : 16 ans de service effectif, 3 campagnes.

19e *bataillon de chasseurs à pied.* — M. Deschars, capitaine : 15 ans de service effectif, 7 campagnes, 1 blessure.

CAVALERIE.

1er *régiment de lanciers.* — M. Lecorney, dit Duboisset, capitaine : 22 ans de service effectif, 2 campagnes.

2e *régiment de hussards.* — MM. Pierson, lieutenant : 21 ans de service effectif, 4 campagnes; de Novion, lieutenant : 11 ans de service effectif, 1 campagne.

7e *régiment de hussards.* — M. Martin de Lagarde, capitaine : 10 ans de service effectif, 5 campagnes.

ARTILLERIE.

8e *régiment.* — M. Desbœuf, capitaine : 22 ans de service effectif, 1 campagne.

GÉNIE.

2e *régiment.* — M. Peltier, capitaine : 19 ans de service effectif, 10 campagnes.

3e *régiment.* — Dubeaux, capitaine : 10 ans de service effectif, 7 campagnes.

ÉQUIPAGES MILITAIRES.

2ᵉ *escadron.* — M. Fizel, maréchal des logis : 21 ans de service effectif, 7 campagnes.

QUATRIÈME CORPS.

Au grade de commandeur.

INFANTERIE.

76ᵉ *régiment d'infanterie de ligne.* — M. Bechon de Caussade, colonel ; officier du 7 juin 1850 : 34 ans de service effectif, 8 campagnes.

Au grade de chevalier.

Corps d'état major. — M. Cœuret de Saint-Georges, capitaine aide de camp de M. le général Vinoy : 7 ans de service effectif, 2 campagnes.

Intendance militaire. — M. Puffreney, adjoint de 1ʳᵉ classe : 18 ans de service effectif, 5 campagnes.

Aumôniers. — M. l'abbé Cambier, aumônier de la 1ʳᵉ division du 4ᵉ corps : 9 ans de service effectif, 2 campagnes.

INFANTERIE.

2ᵉ *régiment d'infanterie de ligne.* — M. Paillier, capitaine adjudant-major : 22 ans de service effectif, 6 campagnes, 2 blessures.

6ᵉ *régiment d'infanterie de ligne.* — MM. de Beausire, capitaine : 19 ans de service effectif, 3 campagnes ; Colié, lieutenant : 14 ans de service effectif, 6 campagnes, 1 blessure.

8ᵉ *régiment d'infanterie de ligne.* — MM. Garol, sergent-major : 24 ans de service effectif, 12 campagnes, 2 blessures; Alabonne, voltigeur : 5 ans de service effectif, 1 campagne, 2 blessures.

30ᵉ *régiment d'infanterie de ligne.*— Nicod, capitaine adjudant-major : 18 ans de service effectif, 2 campagnes, 1 blessure; Péré, dit Peyrot, capitaine : 25 ans de service effectif, 2 campagnes.

49ᵉ *régiment d'infanterie de ligne.* — Pérette, lieutenant : 14 ans de service effectif, 11 campagnes, 4 blessures.

52ᵉ *régiment d'infanterie de ligne.* — MM. Razouls, lieutenant : 8 ans de service effectif, 4 campagnes, 1 blessure; Moulinier, lieutenant : 9 ans de service effectif, 4 campagnes, 1 blessure.

53ᵉ *régiment d'infanterie de ligne.* — MM. Gentil, capitaine adjudant-major : 11 ans de service effectif, 4 campagnes ; Eynaud, médecin-major de 1ʳᵉ classe : 18 ans de service effectif, 9 campagnes.

55ᵉ *régiment d'infanterie de ligne.* — MM. Lelièvre, capitaine : 12 ans de service effectif, 5 campagnes, 1 blessure ; Jacquart, lieutenant : 6 ans de service effectif, 1 campagne, 1 blessure; Chabot, sergent : 8 ans de service effectif, 1 campagne, 1 blessure. Amputé d'une jambe.

73e *régiment d'infanterie de ligne.* — MM. Deshayes, capitaine : 19 ans de service effectif, 3 campagnes, 2 blessures; Marchand, capitaine : 19 ans de service effectif, 1 campagne, 1 blessure.

76e *régiment d'infanterie de ligne.* — M. Macaire, capitaine : 20 ans de service effectif, 1 campagne.

85e *régiment d'infanterie de ligne.* — MM. Sébenlou, sergent : 9 ans de service effectif, 1 campagne; Ollier, sous-lieutenant : 8 ans de service effectif, 3 campagnes, 1 blessure.

86e *régiment d'infanterie de ligne.* — MM. Dis, lieutenant : 16 ans de service effectif, 9 campagnes, 1 blessure; Grieb, capitaine : 16 ans de service effectif, 5 campagnes, 1 blessure.

5e *bataillon de chasseurs à pied.* — M. Martin, capitaine : 21 ans de service effectif, 1 campagne, 1 blessure.

6e *bataillon de chasseurs à pied.* — Ouradou, médecin-major de 2e classe ; 17 ans de service effectif, 10 campagnes, 1 blessure; Sieffert, sous-lieutenant : 12 ans de service effectif, 4 campagnes, 1 blessure.

15e *bataillon de chasseurs à pied.* — M. Thibaudin, capitaine adjudant-major : 17 ans de service effectif, 7 campagnes.

CAVALERIE.

10e *de chasseurs.* — MM. Plassiard, capitaine : 17 ans de service effectif, 4 campagues ; Meiffrein, lieutenant : 18 ans de service effectif, 2 campagnes.

ARTILLERIE.

5e *régiment.* — M. de Noue, capitaine en 2e : 12 ans de service effectif, 5 campagnes.

9e *régiment.* — MM. Genty, capitaine en second : 14 ans de service effectif, 5 campagnes ; Monjardet, lieutenant en premier : 27 ans de service effectif, 1 campagne.

12e *régiment.* — M. Pic, lieutenant en premier : 14 ans de service effectif, 3 campagnes.

13e *régiment.* — M. Banvais, lieutenant en premier : 12 ans de service effectif, 6 campagnes.

Grenadier et Clairon de Voltigeurs
(Tenue de Guerre)

CINQUIÈME CORPS.

Au grade de commandeur.

Intendance militaire. — M. Moizez, intendant militaire du cinquième corps, officier du 8 août 1847 : 38 ans de service effectif, 15 campagnes.

Au grade d'officier.

ARTILLERIE.

11e *régiment.* — M. Michaut, capitaine, chevalier du 20 décembre 1845 : 27 ans de service effectif, 9 campagnes, 1 blessure.

Au grade de chevalier.

Aumônier. — M. l'abbé Doussot, aumônier du cinquième corps : 3 campagnes.

Artillerie. — 6e *régiment.* — M. Xenot, capitaine : 18 ans de service effectif, 3 campagnes.

7e *régiment.* — MM. Kœhler, capitaine : 22 ans de service effectif, 2 campagnes; Lasserre, lieutenant : 15 ans de service effectif, 8 campagnes.

2e *régiment.* — M. Bénier, capitaine en premier : 17 ans de service effectif, 5 campagnes.

DIVISION D'OCCUPATION A ROME.

Au grade d'officier.

Corps d'état-major. — M. Sumpt, chef d'escadron, chevalier du 10 décembre 1851 : 25 ans de service effectif, 16 campagnes.

Au grade de chevalier.

Corps d'état-major. — M. Vertray, capitaine : 20 ans de service effectif, 4 campagnes.

INFANTERIE.

25e *régiment d'infanterie de ligne.* — M. Fouque, capitaine : 28 ans de service effectif, 8 campagnes.

40e *régiment d'infanterie de ligne.* — M. Thiraubois, capitaine : 24 ans de service effectif, 9 campagnes.

Génie. — 2e *régiment.* — Vieille, capitaine : 20 ans de service effectif, 8 campagnes.

Service de santé. — MM. Meunier, médecin major de 2e classe : 17 ans de service effectif, 9 campagnes; Rodemaker, pharmacien major de 1re classe : 23 ans de service effectif, 9 campagnes.

SERVICES ADMINISTRATIFS.

M. Hénault, officier d'administration comptable de 2e classe du service des hôpitaux : 28 ans de service effectif, 15 campagnes.

Service de la trésorerie. — MM. Dudor, payeur principal du grand quartier général de l'armée d'Italie : 28 ans de service effectif, 17 campagnes; Laffage, payeur principal de la garde impériale à l'armée d'Italie : 25 ans de service effectif, 24 campagnes.

Le chiffre des souscriptions destinées aux blessés de l'armée d'Italie a dépassé toutes les prévisions ; il s'élève à près de six millions. Le 19 décembre 1859, le comité de souscription chargé de la répartition de cette somme s'est réuni, sous la présidence de Sa Majesté l'Impératrice, pour en décider l'emploi. Voici, d'après le *Moniteur*, le procès-verbal de cette séance.

COMITÉ DE SOUSCRIPTION POUR L'ARMÉE D'ITALIE

Séance du 19 décembre 1859.

Présidence de Sa Majesté l'Impératrice.

MEMBRES DU COMITÉ.

Son Altesse Impériale la princesse Marie-Clotilde Napoléon.
Son Altesse Impériale la princesse Mathilde.
Madame la maréchale comtesse Vaillant.
Madame la maréchale duchesse de Malakoff.
Madame la maréchale comtesse Randon.
Madame la maréchale duchesse de Magenta.
Madame la maréchale comtesse Regnauld de Saint-Jean-d'Angély.
Madame la maréchale Niel.
Madame l'amirale Perseval-Deschênes.
Madame l'amirale Hamelin.
Son Éminence le cardinal archevêque de Paris.
M. le comte de Germiny, gouverneur de la Banque de France.
M. le baron Barbier, intendant général.
M. Davenne, directeur de l'assistance publique.

RAPPORT A L'IMPÉRATRICE

Madame,

Le 18 juin dernier, Votre Majesté a institué un comité chargé de centraliser le produit des sommes offertes dans le but de venir en aide aux blessés et aux familles des militaires et marins tués ou blessés à l'armée d'Italie, et de diriger l'emploi de ces dons.

Le 26 du même mois, il a été annoncé que la souscription serait close le 1er septembre; une décision du 13 août en a prorogé la clôture au 31 décembre.

Un sous-comité a été chargé de surveiller les recettes, de les centraliser, de réunir et de classer les demandes.

Quelle est l'importance des versements effectués? Par quel système et dans quelle proportion convient-il de distribuer les secours?

Daignez permettre qu'il vous soit rendu compte de l'état de la souscription, du degré d'instruction des demandes et d'un système de répartition en rentes, dont la raison d'être sera, le sous-comité incline à le croire du moins, la conséquence des considérations qu'il vient soumettre à la haute appréciation du comité.

Tant en France qu'en Algérie et à l'étranger, plus de trois millions de souscripteurs ont tenu à honneur de s'inscrire; cinq millions six cent quatre-vingt mille francs environ, d'abord encaissés par les soins des comptables du Trésor, sont aujourd'hui centralisés à la Banque de France et placés en bons du Trésor productifs d'intérêts.

Si au nombre des souscripteurs on ajoute les noms de ceux qui ont envoyé des dons en nature, il ne devient pas moins difficile de compter les offrandes que leurs auteurs; les sympathies ont été unanimes; le chiffre, comme la nature de la souscription, sont d'incontestables preuves de sa popularité.

Le *Moniteur* avait commencé la publication de ces listes, devenues si nombreuses, et dont le dernier résumé sera prochainement publié; il consacrera le souvenir de toutes les libéralités.

C'est donc, sous réserve de quelques dépenses peu importantes, une somme de cinq millions six cent quatre-vingt mille francs qui est aujourd'hui disponible.

Quels sont les ayants droit? le décret du 18 juin les a qualifiés:

Blessés et familles de militaires et de marins tués ou blessés à l'armée d'Italie.

Deux mille cent soixante-douze demandes sont parvenues.

Après avoir fait l'instruction des quatorze cent quatre-vingt-dix demandes auprès des autorités militaires et civiles, le sous-comité a procédé à un premier classement par catégories.

Toutes les demandes produites ne sont pas admissibles, ou du moins n'ont pas paru telles au sous-comité. Voici celles dont l'admission est proposée:

1° Blessés qui ne peuvent plus pourvoir à leur subsistance. (Lois du 11 avril 1831 et du 26 avril 1856).

2° Blessés que leurs blessures empêchent temporairement de se livrer au travail. (Décision impériale du 3 janvier 1857.)

3° Veuves de militaires tués ou morts de blessures.

4° Veuves de militaires morts de maladies contagieuses ou endémiques.

5° Enfants de veuves des deux catégories.

6° Ascendants de militaires tués.

7° A défaut de veuves, les orphelins mineurs des militaires tués ou morts des suites de leurs blessures.

8° A défaut de veuves, les orphelins mineurs des militaires morts à l'armée de maladies contagieuses ou endémiques.

9° Ascendants de blessés retraités, quand ceux-ci ne peuvent plus pourvoir à leur subsistance.

10° Ascendants de blessés, quand ceux-ci sont temporairement empêchés de se livrer au travail.

11° Frères et sœurs mineurs restés orphelins de militaires tués ou blessés.

Ne sont point admis à participer aux secours :

1° Les militaires blessés qui ont été pourvus d'emplois publics salariés.

2° Les militaires blessés qui reçoivent de la munificence de l'Empereur des suppléments de pension sur sa cassette.

3° Les veuves de militaires pourvues de débits de tabac ou de bureaux de poste.

4° Les militaires blessés restés sous les drapeaux qui peuvent continuer à servir, et aux besoins desquels l'État n'a pas cessé de pourvoir.

5° Leurs ascendants.

6° Les frères et sœurs, majeurs ou mineurs, non orphelins, des militaires tués ou blessés.

Pour parvenir à traiter chacun le plus équitablement possible, le sous-comité a pensé que la législation sur les pensions militaires et la décision impériale relative aux gratifications de réforme pouvaient servir de guide, que les proportions qu'elles déterminent devaient être en principe, par assimilation ou analogie, la mesure de la proportionnalité à observer.

Un exemple, si Votre Majesté le permet, justifiera cette opinion.

Lorsque, dans une circonstance donnée, un soldat a droit à une pension de trois cent soixante-cinq francs, un caporal à une pension de trois cent quatre-vingt-quatre francs, si leur situation est identique, la différence entre les deux pensions n'a pour motif que la différence de grade.

Or, pour payer ces deux pensions, que dépense l'État? sept cent quarante-neuf francs.

En d'autres termes, il a donné au soldat les quarante-neuf centièmes de sept cent quarante-neuf francs, et au caporal cinquante et un centièmes de la même somme.

Le même calcul, appliqué à tous les grades, conduit à des différences non moins précises, qui sont l'expression de la distance que le législateur a entendu maintenir entre les militaires dans leurs situations respectives. Il est donc facile d'apercevoir que, si au lieu d'une pension à liquider, on doit répartir sept cent quarante-neuf francs ou toute autre somme produit d'une souscription, le même mode de distribution donnera les mêmes proportions.

Le sous-comité est donc d'avis que les admissions doivent être accueillies par assimilation quand elle existera, par analogie quand l'assimilation n'existera pas.

La souscription s'élève à la somme de cinq millions six cent quatre-vingt mille francs. La législation sur les pensions agit équitablement lorsqu'elle donne tant de centièmes, de millièmes ou de dix-millièmes d'un tout à certains grades ; appliquer aux pétitionnaires la même règle de proportion, c'est aussi rendre justice à tous, puisque cette règle conservera, entre les grades ou entre les positions fixées par comparaison, les distances que la loi a consacrées.

Dans cet ordre d'idées, Madame, une répartition en rentes trois pour cent, d'après le nombre de demandes actuellement instruites et le montant des encaissements connus, a été étudiée, mais seulement à titre d'épreuve du mode proposé, car l'état de choses résultant des quatorze cent quatre-vingt-dix demandes instruites à ce jour variera nécessairement par l'annexion des demandes qui restent à classer ou qui peuvent se produire, tant qu'une décision de n'en plus admettre n'aura pas été prise.

Ce n'est pas tout, Madame : si les développements qu'a pris la souscription font qu'on se demande comment il sera équitable de la répartir, il importe encore d'en perpétuer les effets et le souvenir. Celui-ci est impérissable et vivra dans les familles des militaires de l'armée d'Italie, comme l'a déjà fondé dans tous les cœurs votre inépuisable charité. Mais le secours à distribuer, pour que son action reste bienfaisante, de quelle nature doit-il être?

Une donation de rentes à capital réservé, nous le pensons du moins.

La souscription, par son développement, par l'élan dont elle a été l'occasion, est devenue une éclatante manifestation ; ce serait manquer de justice envers les sentiments qu'elle représente, si, par la diffusion de ses résultats, il n'en devait survivre que l'effet d'un secours passagèrement utile.

Que resterait-il de sommes une fois payées, ou d'une distribution de rentes viagères à capital perdu ? de bien faibles traces.

Il n'en sera pas de même si Votre Majesté consent à donner des rentes viagères, à capital réservé, faisant retour à une masse ou plutôt à une de ces institutions tutélaires qui rappellent à toujours les bienfaits d'un grand règne.

Votre décret du 28 juin, Madame, a délégué au comité le pouvoir de diriger l'emploi des sommes offertes à l'armée.

L'exercice de ce pouvoir doit naturellement assurer au premier degré le service de la répartition, mais il y a mieux à faire. Daignez permettre que votre généreuse idée s'élève à la hauteur d'une institution d'utilité publique dont la permanence perpétuera les effets du bien qu'elle peut faire.

Réglementée par les pouvoirs publics, elle aura son grand-livre, elle possédera la somme de rentes perpétuelles dont le capital souscrit peut la doter; ces rentes seront divisées en titres viagers, et, lorsqu'à la mort des ayants droit elles redeviendront disponibles, elles seront la source de nouveaux secours dont les armées de terre et de mer vous devront le bienfait.

En attendant, les blessés et les familles de militaires tués et blessés vont être admis au partage de la souscription.

Ennoblis par la gloire, ils seront illustrés encore par leur participation au secours exceptionnel dont l'heureuse initiative de votre bonté leur a préparé le bénéfice.

† F. N., cardinal archevêque de Paris ;
Comte CH. DE GERMINY, gouverneur de la Banque de France, secrétaire délégué du comité ;
Baron BARBIER, intendant général ;
DAVENNE, directeur de l'assistance publique.

RÉSOLUTIONS DU COMITÉ.

Il sera créé, avec l'approbation du gouvernement, une institution nationale d'utilité publique destinée à perpétuer le souvenir comme les bienfaits de la souscription.

Elle portera le nom de : *Caisse des offrandes nationales en faveur des armées de terre et de mer.*

Elle aura un conseil de surveillance présidé par l'Impératrice.

En feront partie : les princesses de la famille impériale ; mesdames les maréchales et amirales ; monseigneur Morlot, cardinal archevêque de Paris ; le comte de Germiny, gouverneur de la Banque ; le baron Barbier, intendant général ; M. Davenne, directeur de l'assistance publique.

Un règlement d'administration publique déterminera l'organisation de la caisse.

Elle pourra recevoir des dons et legs et centraliser d'autres souscriptions ayant une destination analogue à celle dont la guerre d'Italie vient d'être l'occasion.

En attendant, le sous-comité chargé jusqu'à ce jour de surveiller et de centraliser les recettes, d'instruire et de classer les demandes, liquidera la souscription entre les catégories et conformément à la proportionnalité déterminée dans le rapport.

La répartition aura lieu en titres de rentes à capital réservé.

Aucune demande de secours ne sera admise au delà du 16 janvier 1860.

Chaque ayant droit recevra un titre de rente viagère avec jouissance du 22 décembre 1859.

Considérant l'urgence des besoins, une somme une fois payée, équivalant à un semestre d'arrérages, et en sus de ces arrérages, sera comptée le plus prochainement possible, à partir du 1er janvier, aux ayants droit, au fur et à mesure de l'instruction des demandes.

La quotité de ces arrérages ne pouvant être appréciée avant la clôture de la souscription, une somme de cent dix mille francs, prélevée sur le capital, sera affectée au service de cette première distribution entre le nombre des demandes instruites à ce jour, augmenté d'un tiers.

En d'autres termes, si le sous-comité a inscrit mille cinq cents demandes avant le 1er janvier 1860, il supposera que deux mille peuvent être admises et répartira en conséquence.

Prélèvement fait du montant des frais généraux de la souscription et de sa liquidation et de la somme de cent dix mille francs à destination de répartition immédiate, le capital sera employé en achat de rente 3 p. 100.

Pour la réalisation de cet achat, tous pouvoirs nécessaires sont donnés à M. le gouverneur de la Banque de France, secrétaire délégué du comité.

EUGÉNIE.

Ce rapport ferme le passé.

L'avenir n'appartiendra sans doute qu'à l'organisation et au développement de l'Italie.

Cependant bien des questions restaient à résoudre qui n'avaient pu être qu'indiquées dans le traité de Villafranca.

La transmission de la Lombardie au Piémont se trouvait accomplie de fait, avant même que le droit de la maison de Savoie eût été consacré. Mais enfin cette transmission n'était pas encore régularisée et d'ailleurs les soldats autrichiens sont toujours sous les armes, à l'abri des forteresses du quadrilatère.

La prudence ordonnait donc de laisser en Italie une armée d'occupation, qui devait être cantonnée plus spécialement dans la Lombardie.

C'est ce que fit l'Empereur, qui mit à la tête de cette armée formant environ cinquante mille hommes Son Excellence le maréchal comte Vaillant.

Voici la composition de ce corps de troupes :

ARMÉE D'ITALIE.

Commandant en chef : maréchal VAILLANT

Chef d'état-major général : général de brigade Jarras

Sous-chef d'état-major général : lieutenant-colonel Hartung.

Commandant de l'artillerie : général de brigade Mazure.

Chef d'état-major; lieutenant-colonel Baudoin.

Réserve d'artillerie : colonel Chautan de Vercly.

Directeur des parcs d'artillerie : lieutenant-colonel Ferri-Pisani ; Jourdan de Saint-Anasthase.

Équipage de ponts : chef d'escadron Marulat.

Commandant du génie : général de brigade Chauchard.

Chef d'état-major, colonel le Brettevillois.

Intendant : intendant militaire Pagès.

Grand prévôt : colonel de gendarmerie Damiguet de Vernon.

Prévôt adjoint : chef d'escadron de gendarmerie Mancini.

1re DIVISION D'INFANTERIE.

Commandant : général de division d'Autemarre.

Chef d'état-major : colonel Desusleau de Malroy.

Commandant de l'artillerie : chef d'escadron Saunier

Commandant du génie : chef de bataillon Fervel.

Sous-intendant militaire : sous-intendant de 1re classe, le Creurer.

1re BRIGADE. — Commandant : général de brigade Neigre, 3e de zouaves, 75e et 89e de ligne.

2e BRIGADE. — Commandant : général de brigade Corréard, 93e et 99e de ligne.

Artillerie. — 15ᵉ batterie du 7ᵉ régiment; 13ᵉ batterie du 8ᵉ régiment.

Génie. — 2ᵉ compagnie du 1ᵉʳ bataillon du 2ᵉ régiment.

Train des équipages militaires.

2ᵉ DIVISION D'INFANTERIE.

Commandant : général de division Uhrich.

Chef d'état-major : colonel Regnard.

Commandant de l'artillerie : chef d'escadron Legros.

Commandant du génie : chef de bataillon de Courville.

Sous-intendant militaire : adjoint de 1ʳᵉ classe, faisant fonctions, Méry.

1ʳᵉ BRIGADE. — Commandant : général de brigade Grandchamp, 14ᵉ bataillon de chasseurs à pied, 18ᵉ et 26ᵉ de ligne.

2ᵉ BRIGADE. — Commandant : général de brigade Cauvin de Bourguet, 80ᵉ et 82ᵉ de ligne.

Artillerie. — 5ᵉ et 6ᵉ batteries du 9ᵉ régiment.

Génie. — 3ᵉ compagnie du 1ᵉʳ bataillon du 3ᵉ régiment.

Train des équipages militaires.

3ᵉ DIVISION D'INFANTERIE.

Commandant : général de division Bazaine.

Chef d'état-major : colonel Letellier-Valazé.

Commandant de l'artillerie : chef d'escadron Picot de Lapeyrouse.

Commandant du génie : chef de bataillon Martin (Gustave).

Sous-intendant militaire : adjoint de 1ʳᵉ classe faisant fonctions, Liais.

1ʳᵉ BRIGADE. — Commandant : général de brigade Goze, 1ᵉʳ de zouaves, 33ᵉ et 34ᵉ de ligne.

2ᵉ BRIGADE. — Commandant : général de brigade Dumont, 37ᵉ et 78ᵉ de ligne.

Artillerie. — 12ᵉ batterie du 12ᵉ régiment; 9ᵉ batterie du 13ᵉ régiment.

Génie. — 6ᵉ compagnie du 2ᵉ bataillon du 1ᵉʳ régiment.

Train des équipages militaires.

4ᵉ DIVISION D'INFANTERIE.

Commandant : général de division de Failly.

Chef d'état-major : lieutenant-colonel du Fresnel.

Commandant de l'artillerie : chef d'escadron Boutelorg.

Commandant du génie : chef de bataillon Worms de Romilly.

Sous-intendant militaire : adjoint de 2e classe faisant fonctions, Iratsoquy.

1re BRIGADE. — Commandant : général de brigade O'Farrel, 15e bataillon de chasseurs à pied, 2e et 53e de ligne.

2e BRIGADE. — Commandant : général de brigade Saurin; 55e et 76e de ligne.

Artillerie. — 7e batterie du 10e régiment, 12e batterie du 13e régiment.

Génie. — 3e compagnie du 2e bataillon du 3e régiment.

Train des équipages militaires.

3e DIVISION D'INFANTERIE.

Commandant : général de division Bourbaki.

Chef d'état-major : lieutenant-colonel Martenot de Cordoue.

Commandant de l'artillerie : chef d'escadron Soleille.

Commandant du génie : chef de bataillon Jahan.

Sous-intendant militaire : adjoint de 1re classe faisant fonctions, Puffeney.

1re BRIGADE. — Commandant : général de brigade Vergé, 18e bataillon de chasseurs à pied, 11e et 14e de ligne.

2e BRIGADE. — Commandant : général de brigade Ducrot, 46e et 59e de ligne.

Artillerie. — 7e batterie du 9e régiment; 12e batterie du 11e régiment.

Génie. — 1re compagnie du 1er bataillon du 2e régiment.

Train des équipages militaires.

BRIGADE DE CAVALERIE.

BRIGADE DE CHASSEURS. — Commandant : général de Rochefort, 2e et 10e régiments de chasseurs.

Artillerie. — 6e batterie du 13e régiment.

BRIGADE DE HUSSARDS. — Commandant : général de Lapeyrouse, 6e et 8e régiments de hussards.

Artillerie. — 4e batterie du 14e régiment.

RÉSERVE D'ARTILLERIE.

15e batterie du 11e régiment. — 15e batterie du 13e régiment. — 1re batterie du 14e régiment. — 5e batterie du 17e régiment.

PARC DE RÉSERVE.

13e batterie principale du 3e régiment. — 18e batterie principale du

Chasseur d'Afrique.

(Tenue de Guerre)

4e régiment. — 1 détachement d'artillerie à pied. — 1 détachement d'ouvriers.

ÉQUIPAGE DE PONTS.

8e compagnie du 6e régiment (pontonniers). — 10e compagnie du 6e régiment (pontonniers). — 17e batterie *bis* du 4e régiment. — 13e batterie principale du 1er régiment.

RÉSERVE DU GÉNIE.

1re compagnie du 2e bataillon du 3e régiment. — Détachement de sapeurs conducteurs du 2e régiment.

III

L'EUROPE APRÈS LA PAIX

L'Europe fut comme la France : à la nouvelle de la paix de Villafranca, elle éprouva peut-être autant de surprise que de joie.

La puissance qui fut le moins étonnée de ce dénoûment inattendu, ce fut sans doute la Russie.

J'ai déjà dit dans le chapitre sur le rôle des neutres, au premier volume, que le cabinet de Saint-Pétersbourg redoutait tout incident qui pouvait produire une guerre générale et ne se montrait disposé qu'à une action passive, mais que sa neutralité était bienveillante pour la France, malveillante pour l'Autriche, par opposition à celle du cabinet de Londres, qui, au début de la guerre, était malveillante pour Napoléon III et bienveillante pour François-Joseph Ier.

Ces dispositions de la Russie résultent clairement de deux dépêches écrites avant la guerre et au temps des négociations entamées par le gouvernement anglais, pour l'empêcher d'éclater, avec le concours de son ambassadeur à la cour de Russie. Ces dépêches sont adressées au ministre des affaires étrangères d'alors de la reine Victoria Ire. En voici le texte significatif :

SIR J. CRAMPTON AU COMTE DE MALMESBURY.

Saint-Pétersbourg, le 26 janvier.

A la réception de la dépêche de Votre Seigneurie, en date du 12, j'ai saisi la première occasion qui s'est présentée pour communiquer au prince Gortschakoff les vues et les opinions du gouvernement de la reine, telles qu'elles me sont connues par cette dépêche, au sujet des relations peu satisfaisantes qui existent entre la France et l'Autriche. J'ai eu plusieurs conversations avec Son Excellence à ce sujet avant et après la réception de vos instructions officielles.

Après avoir mis Son Excellence complétement au courant des motifs et des considérations qui ont amené le gouvernement de la reine à s'adresser aux gouvernements de France, d'Autriche et de Sardaigne dans les circonstances actuelles, j'ai dit à Son Excellence que Votre Seigneurie, se fiant à l'assurance que Son Excellence m'avait donnée de son constant désir de maintenir la paix de l'Europe, m'avait ordonné de m'assurer jusqu'à quel point le gouvernement russe serait disposé à aider l'Angleterre à recommander la prudence et la modération à ces gouvernements. « La politique du gouvernement anglais, ai-je dit, est uniquement la conservation de la paix par le fidèle maintien des traités aujourd'hui en vigueur, et le gouvernement anglais espère que la Russie, mettant de côté tout sentiment favorable ou défavorable qu'elle pourrait avoir pour l'une ou l'autre des deux grandes puissances en question, se joindra à l'Angleterre pour arriver au but qu'il est de l'intérêt de tous d'atteindre. »

Le prince Gortschakoff a écouté avec attention toutes les observations que je me suis permis de lui faire sur ce sujet ; il a répondu de la manière suivante : « Vous n'avez certainement pas faussement interprété mes vues, en rapportant à votre gouvernement que je désire voir la paix conservée. La Russie désire la paix et même elle en a besoin pour le développement des grandes mesures d'amélioration intérieure qu'elle a entreprises. Mais j'ai remarqué que vous avez employé la phrase « qu'elle devrait mettre à « part tout sentiment favorable ou défavorable envers les parties en ques- « tion. » Je me départirais de la franchise que vous me demandez, si je vous laissais supposer que nous pourrons nous associer à aucune action commune sous une pareille condition. En un mot, nous ne pouvons peser la France et l'Autriche dans la même balance. Nos relations avec la première de ces puissances sont cordiales ; avec la seconde, elles sont loin de l'être, et je ne vois aucun espoir qu'elles s'améliorent. Cela ne pourrait résulter que d'un changement complet de système de la part du gouvernement autrichien, et je ne vois ni le commencement ni la probabilité d'un pareil changement. »

Le prince Gortschakoff a ensuite énuméré en détail les griefs que la Russie croit avoir contre l'Autriche ; comme Votre Seigneurie les connaît sans doute, il est inutile de les rappeler ici. Il suffira de dire que le langage de Son Excellence a semblé exclure toute perspective d'un rétablissement de l'intimité qui existait autrefois entre les cabinets de Saint-Pétersbourg et de Vienne.

Le prince Gortschakoff en terminant a dit : « La Russie avait autrefois l'habitude d'offrir des conseils amicaux à ceux des cabinets de l'Europe qui lui semblaient devoir apprécier les motifs de sa manière d'agir ; mais dans cette politique elle n'a pas trouvé son compte ; elle n'a donc plus de conseils à donner aujourd'hui. Si toutefois on lui demande son avis, il sera donné volontiers, et il sera en faveur de la paix. Voilà jusqu'où nous pouvons aller, mais pas plus loin. Rappelez-vous toutefois que, quoique sincèrement désireux de voir maintenir la paix, je ne dis pas que, si malheureusement il en était autrement, nous ne prendrions en aucun cas part à la lutte. Nous nous réservons une entière liberté d'action à cet égard.

J. CRAMPTON AU COMTE DE MALMESBURY.

Saint-Pétersbourg, le 15 février.

Bien que nous devions regretter la position que la Russie, l'une des plus grandes puissances de l'Europe, a résolu de prendre dans les circonstances actuelles, et encore davantage les motifs qu'elle a donnés de cette résolution, nous ne pouvons accuser le prince Gortschakoff ou Sa Majesté Impériale de manquer de franchise dans la déclaration de leur véritable manière de penser.

Le motif de la Russie pour rester à part dans la situation actuelle des affaires en Europe n'est pas caché; c'est ouvertement la nécessité de ménager ses ressources, de réparer ses pertes récentes pendant que le reste de l'Europe est engagé dans la guerre. Mais un autre motif qui lui fait encore moins d'honneur est à peine dissimulé par le gouvernement de la Russie, tandis qu'il est hautement proclamé par le public : c'est l'espoir que la guerre aboutira à l'entière humiliation de l'Autriche.

La neutralité proposée par la Russie est ouvertement hostile en ce qui concerne l'Autriche et mérite à peine le nom de neutralité; et la liberté d'action qu'elle se réserve se rapporte évidemment au cas où son aide serait requise pour amener ce résultat. Il est vrai que le prince Gortschakoff a toujours déclaré que le gouvernement russe désire que la paix soit maintenue en Europe ; mais j'induirais Votre Seigneurie en erreur si je lui disais que le prince Gortschakoff presse le gouvernement anglais de prendre des mesures pour empêcher que la paix ne soit troublée.

Le prince Gortschakoff n'a pas mis en question et ne pouvait pas mettre en question la politique ou les motifs du gouvernement anglais, tels que je les lui ai fait connaître ; mais il s'est borné à justifier la Russie de ce que, dans les circonstances particulières où elle se trouve, elle ne s'associe pas activement à cette politique. C'est avec satisfaction que j'ai remarqué que le langage que j'ai tenu au prince Gortschakoff, et que j'ai représenté naturellement jusqu'à présent comme l'expression de mes opinions personnelles, a été identique à celui que Votre Seigneurie a tenu au baron Brunnow au sujet de la situation du gouvernement de la reine dans le cas où la paix serait violée en Italie ou autre part.

Cette attitude de la Russie a eu, à ce moment-là, un heureux résultat, en ce sens qu'elle a neutralisé les sentiments hostiles du cabinet britannique de cette époque.

Tout démontre que si ce cabinet, dont le comte de Derby était l'âme, et dans lequel le comte de Malmesbury remplissait les fonctions de secrétaire d'État pour les affaires étrangères, eût trouvé la Russie disposée à le seconder, il se serait mis, dès le début, en travers des projets de la France, et peut-être eût-il réussi à coaliser l'Europe contre elle, dans l'intérêt de l'Autriche.

Toutefois la Russie se préoccupait bien davantage de ses ressentiments contre l'Autriche que de ses amitiés pour la France.

Aussi qu'arriva-t-il ?

C'est que, satisfaite de l'abaissement de l'Autriche, après les défaites que cette puissance avait essuyées à Montebello, à Magenta et à Solferino, la Russie changea presque immédiatement de point de vue.

Les revers de l'Autriche en Italie étaient autant d'encouragement pour la Hongrie, qui supporte impatiemment la domination de la cour de Vienne.

Déjà l'émigration hongroise s'agitait dans le nord de la Péninsule, se préparant à soulever la nation des Magyars.

Ce mouvement inquiéta la Russie, qui déteste l'Autriche, mais qui hait davantage encore l'esprit d'indépendance et de liberté; car elle aussi pèse de tout le poids de son despotisme sur des millions d'opprimés : elle redoute surtout le réveil de la Pologne.

Pourtant, si la guerre eût continué, qu'allait-il advenir ?

La Prusse allait peut-être intervenir, comme on va le voir, avec toute la Confédération germanique, en faveur de l'Autriche, ou plutôt elle allait chercher à grandir en la protégeant, sous prétexte de la secourir.

Dans quelle nécessité se serait alors trouvé Napoléon III, ayant à combattre une partie de l'Europe, avec la neutralité douteuse de l'Angleterre ? Il lui eût fallu, comme il l'a dit, accepter le concours de la révolution et soulever les peuples pour vaincre les gouvernements.

De telles perspectives devaient effrayer la Russie. C'est ce qui arriva.

Aussitôt après la bataille de Solferino, l'empereur des Français vit arriver à son quartier général de Valeggio un aide de camp de l'empereur de Russie, le général Souwaloff, chargé d'une mission confidentielle.

Cette mission confidentielle consistait à remettre à Napoléon III une lettre d'Alexandre II.

Dans cette lettre, le Czar prévenait le vainqueur de Magenta et de Solferino que la Russie ne pourrait suivre la France dans une guerre qui serait tout à la fois européenne et révolutionnaire.

C'était dire à Napoléon III que, s'il ne s'arrêtait pas, il courait le risque de se retrouver en face d'une coalition nouvelle, car alors l'Angleterre se fût vite rangée du côté des ennemis de la France.

D'un autre côté, M. Pietri, ancien préfet de police, sénateur, esprit large, caractère dévoué, intelligence supérieure, avait accompagné Napoléon III en Italie, avec la mission spéciale d'étudier les mouvements politiques qui pouvaient se produire dans la Péninsule. Le résultat de ses investigations raffermit Napoléon III dans cette conviction qu'il n'y avait pas à douter de l'obligation où il se trouverait de s'allier à des passions révolutionnaires, qui se montreraient exaltées et exigeantes du jour où la lutte sortirait de la Péninsule. Or elle allait en sortir, si elle eût encore duré.

Napoléon III devait-il, pouvait-il, pour délivrer Venise, braver une coalition et déchaîner la révolution?

Personne n'oserait répondre qu'il devait et qu'il pouvait le faire.

L'Autriche ne gagnera rien à ce sursis : elle perdra inévitablement la Vénétie; car, entourée comme elle va l'être, d'États italiens indépendants, cette province péninsulaire trouvera facilement une heure favorable pour secouer le joug de l'étranger.

Mais il n'en est pas moins vrai que la Prusse doit porter la responsabilité morale du retard qu'éprouve la délivrance de la Vénétie. C'est elle, en effet, qui, par ses prétentions d'intervention armée en faveur de l'Autriche, a créé la nécessité d'une paix trop prompte, en évoquant le danger d'une guerre générale et révolutionnaire, et en mettant Napoléon III dans l'alternative d'abandonner Venise ou d'incendier l'Europe.

Ce rôle de la Prusse, à laquelle s'est associée la Confédération germanique tout entière, tient une large place dans la partie politique de l'histoire de la campagne de 1859, et justifiera peut-être plus tard d'autres événements encore plus graves. Il est donc utile de l'expliquer dans tous ses détails et de le montrer sous toutes ses faces, à l'aide des documents officiels qui servent à éclairer la conduite du cabinet de Berlin. Aujourd'hui la politique se fait presque à ciel ouvert; les pièces diplomatiques composent tout le fond de l'histoire des négociations de gouvernement à gouvernement.

Afin d'éclairer cette question du rôle de la Prusse et de la Confédération dans les affaires d'Italie d'un jour complet, je dois revenir en arrière.

J'ai déjà publié deux documents officiels émanés du cabinet de Berlin.

Dans le premier, le gouvernement prussien disait, en s'adressant aux chambres et en demandant des subsides, après le début des hostilités entre la France et l'Autriche, qu'il fallait passer de la médiation diplomatique à la médiation armée. Il blâmait l'Autriche de sa précipitation. Mais enfin il songeait à être prêt à intervenir par la force des armes pour le maintien des traités européens et, par conséquent, dans l'intérêt de sa rivale en Allemagne, sauf à lui faire payer cher le prix de ce service.

Dans le second, le ministre des affaires étrangères du régent de Prusse faisait allusion à une dépêche précédente relative à une mission que le général Willisen était allé remplir à Vienne. Voici cette dépêche :

A SON EXCELLENCE M. LE BARON DE WERTHER, A VIENNE.

I

Berlin, le 14 juin 1859.

Dans vos rapports du 29 et du 31 du mois dernier, Votre Excellence nous a donné les premières nouvelles, attendues avec un grand intérêt, sur l'accueil fait par le cabinet de Vienne aux dernières ouvertures présentées en notre nom par le lieutenant général de Willisen.

Guidé par le désir de faire régner la plus grande clarté dans une affaire aussi importante, j'avais eu soin, dans une lettre au général de Willisen, d'indiquer d'une manière précise notre point de vue, aussi bien par rapport à ce que nous projetions de faire dans certaines circonstances que par rapport aux hypothèses qui devaient nécessairement entraîner notre nation.

Je vois maintenant par le rapport de Votre Excellence que le général de Willisen a lu ma lettre mot pour mot au comte de Rechberg, qu'il lui a donné également connaissance de la dépêche télégraphique du 27 du mois passé, et que de cette manière M. le ministre a été exactement informé de notre opinion. Nous avons été satisfaits que nos démarches aient été appréciées par le cabinet impérial, et que M. le comte de Rechberg ait déclaré être d'accord avec la situation prise par nous.

En même temps nous trouvons fort naturel que la cour impériale, pour écarter tout malentendu possible, attache une importance particulière à voir exprimées encore une fois sous une forme convenable les intentions formulées dans divers entretiens.

Voici donc les projets que nous avons émis dans les conversations qui ont eu lieu à Vienne :

Nous voulons que la guerre qui a éclaté en Italie ne conduise pas à un renversement de l'ordre de choses existant en Europe. Nous voulons, au contraire, obtenir le maintien des possessions territoriales de l'Autriche en Italie, telles qu'elles ont été fixées par les traités de 1815, et rétablir la paix sur cette base.

Rien ne nous fera dévier de ces réclamations. Mais si, par la position qu'elle prendrait dans cette question, l'Autriche empêchait le résultat de la médiation armée que nous projetons ou le rétablissement de la paix, nous nous réserverions complétement la liberté de notre action.

Si, dans les bornes que nous venons d'indiquer, on ne pouvait obtenir la paix pour l'Autriche ; si l'empire était sérieusement menacé par la perte des possessions italiennes et le système européen en danger, notre intention, pour écarter ces éventualités, est d'essayer une médiation armée et d'agir, pour atteindre ce but, ainsi que l'exigent nos devoirs comme puissance européenne et comme nation allemande.

Il est de notre propre intérêt de ne pas nous y prendre trop tard pour notre intervention. Mais le choix du moment, tant pour la médiation que pour l'action ultérieure de la Prusse, doit être réservé au libre arbitre de la cour de Berlin.

Telles sont nos fermes intentions, cependant à la condition expresse que l'Autriche, ainsi que les autres gouvernements allemands, nous laisseront l'initiative de toutes les mesures à prendre dans la Confédération, et qu'il ne sera pas question d'alliances séparées.

Si je comprends bien les renseignements que vous me communiquez, ces intentions et ces hypothèses ont eu le bonheur d'obtenir l'approbation de la cour impériale.

Afin de constater cet accord de vues entre les deux cabinets, le comte de Rechberg désire les voir formulées par écrit, et dans ce but il a proposé un échange de Notes.

Cependant nous ne pouvons nous dissimuler les graves objections qui s'opposent, d'après nous, à cette proposition.

L'intention du comte de Rechberg est sans contredit de voir confirmé par écrit ce que le ministre, dans sa lettre du 29 du mois dernier au général de Willisen, appelle un échange d'idées. Mais c'est en réalité la transformation de nos pensées politiques les plus secrètes, les plus confidentielles, en assurances positives, auxquelles il ne manque plus que la forme du traité, et qui rendraient impossibles pour nous la politique que nous avons declaré vouloir suivre.

Indépendamment de ce que l'échange de Notes proposé pourrait être considéré par la France et la Russie comme un engagement formel et comme une immixtion dans la guerre, il rendrait encore inexécutable toute tentative de médiation.

Mais nous pouvons d'autant moins renoncer à cette dernière, que déjà notre position actuelle en face des grands cabinets nous fait espérer qu'elle ne sera pas sans effet sur leur attitude.

Nous nous croyons autorisés à nourrir la conviction que le gouvernement impérial trouvera parfaitement juste, d'après ces observations, que nous refusions l'échange de Notes qu'il demande.

Sans avoir recours à cette formalité, on atteindra quand même le but de jeter de la clarté sur les projets existants.

A cette fin, Votre Excellence est autorisée à exprimer de vive voix à M. le comte de Rechberg, au nom du gouvernement prussien, la pensée contenue dans cette dépêche, que vous lui lirez.

Quant à nous, nous croyons pouvoir espérer plus encore de rencontrer auprès de la cour impériale une confiance égale à la nôtre. Il s'agit pour la Prusse, dans ses vues qu'elle a fait connaître, non de l'accomplissement d'une obligation à remplir envers l'Autriche, mais plutôt d'une généreuse résolution prise spontanément par Son Altesse Royale le prince-régent. C'est le cas plus que jamais d'avoir en nous une confiance pleine et entière.

Signé : Schleinitz.

Devenu, peu de temps après le commencement de la campagne de 1859, ministre des affaires étrangères de François-Joseph Ier en remplacement du comte de Buol, le comte de Rechberg, alors à Vérone, auprès de son maître, répondit à M. de Schleinitz, par l'intermédiaire du ministre autrichien à Berlin, dans les termes suivants :

DÉPÊCHE DU COMTE DE RECHBERG AU BARON DE KOLLER, A BERLIN.

Avec la dépêche qui nous annonce la mobilisation d'une partie de l'armée prussienne, et à laquelle a répondu ma précédente déclaration, M. l'ambassadeur de Prusse m'a lu encore une dépêche ultérieure du baron de Schleinitz. Cette dépêche expose les considérations qui ont engagé le cabinet de Berlin à prendre cette mesure.

J'ai dû regretter que les instructions du baron de Werther ne lui permissent pas de me laisser copie, selon mon désir, de cette exposition assez détaillée. D'après les conversations que j'avais eues précédemment avec lui et avec le général de Willisen, je n'avais pas cru que maintenant encore le cabinet de Berlin se tiendrait avec nous sur une telle réserve, qu'il évitât même de nous donner aucun document écrit touchant ses intentions. Afin qu'à défaut d'un document de ce genre l'empereur, notre auguste maître, pût au moins avoir verbalement une connaissance exacte et complète des vues de la Prusse, je proposai au baron de Werther de m'accompagner à Vérone près de Sa Majesté. Cependant, en ayant été référé à son gouvernement, il n'obtint pas l'autorisation nécessaire.

Malgré l'importance des déclarations du baron de Schleinitz, je ne pus donc en rendre compte à l'empereur que d'après les impressions que m'avait laissées une audience attentive, et si, dans ma réponse, je n'ai pas suivi d'une manière parfaitement exacte tous les développements de la dépêche du cabinet de Berlin, c'est à cette seule circonstance qu'il faut l'attribuer.

Le cabinet de Berlin expose d'abord comme quoi il n'a pu se décider à l'échange de notes proposé par nous par le motif que cet échange eût produit le même effet qu'une garantie formelle de nos possessions en Italie. Mais il nous semble que le maintien de ces possessions ne peut être considéré comme une affaire exclusivement autrichienne sans que la solidité du système d'États européen n'en reçoive un ébranlement incalculable. Il est vrai que les signataires de l'acte du congrès de Vienne n'ont pas pris de garantie spéciale pour le maintien de la constitution territoriale fondée en Italie; mais cette garantie était plus que remplacée par les principes généraux sur lesquels reposait l'alliance conclue entre les puissances conservatrices de l'Europe. A l'époque qui suivit le congrès de Vienne, et même jusqu'à nos jours, la France ne pouvait pas espérer de ne trouver devant elle qu'un seul adversaire si elle avait voulu renverser une partie importante de l'ordre européen consacré par les traités. La France ne pouvait pas songer à attenter par une guerre localisée aux rapports territoriaux que les puissances alliées avaient établis, non-seulement comme un trophée de leurs victoires, mais encore comme le fondement de leur commune sécurité contre une puissance ambitieuse et envahissante. La défense solidaire de ce qui avait été solidairement conquis était chose si naturelle, qui coulait tellement de source, qu'il fut, on le sait, considéré comme dépendant tout à fait de la convenance particulière de l'Autriche de déclarer la Lombardie partie constitutive du territoire fédéral allemand, et par conséquent aussi du système de défense de l'Allemagne. Si cela n'eut pas lieu, ce fut uniquement parce qu'on ne voulait pas étendre d'une manière inutile les obligations de la Confédération ni s'écarter de l'idée d'une union nationale allemande, attendu que l'alliance entre les principales puissances de la Confédération existait sans cela.

Ces mêmes articles de l'acte final de Vienne, sur lesquels on s'est appuyé si souvent dans ces derniers temps, mais jusqu'ici sans résultat, auraient obligé la Confédération germanique à marcher de concert avec l'Autriche d'une manière bien plus précise que ce n'est le cas maintenant, d'après notre manière de voir, si ces articles eussent été rédigés comme la Prusse le proposait dans le principe.

Est-ce donc par hasard que l'ébranlement du système défensif de 1815, et particulièrement l'isolement d'une des deux puissances allemandes vis-à-vis de la France, semblerait aujourd'hui moins dangereux qu'à toute autre époque antérieure? Nous ne le croyons pas, et nous repoussons bien loin la pensée que le cabinet prussien puisse pour sa part répondre affirmativement à cette question.

D'ailleurs, entre l'échange de notes proposé par nous et une garantie durable et par traité de nos possessions italiennes, il nous semblait qu'il y avait toujours une différence qu'on ne pouvait méconnaître. En faisant notre proposition, nous n'avions d'autre but que de prendre acte d'une série de déclarations que la Prusse aurait faites, en partie publiquement, en partie confidentiellement, par la bouche de ses représentants, et qui, provoquées par les événements du moment, n'auraient pu avoir d'effet que pendant la complication actuelle. Les paroles magnanimes du prince régent nous avaient donné la conviction que la Prusse se trouvait d'accord avec nous sur le terrain des principes, et qu'elle emploierait toutes ses forces à maintenir l'ordre légal existant, la sainteté des traités, la puissance de l'Allemagne et l'équilibre européen. Nos représentants à Berlin avaient reçu les mêmes assurances qui nous avaient été exprimées à Vienne par ceux de la Prusse. Que pouvait-il donc y avoir de plus naturel de notre part que de désirer constater l'accord qui régnait entre les vues des deux puissances? Nous aimons à espérer qu'au fond le cabinet de Berlin approuve complétement ce désir, et nous craindrions de ne pas rendre justice aux sentiments de la puissance allemande notre confédérée si nous ne regardions pas comme bien établi entre elle et nous, sans l'ombre d'un doute, que l'entreprise de la France de troubler l'ordre légal établi par les traités en Italie, sous prétexte d'émanciper la nationalité italienne, doit être repoussée, et que les possessions acquises jadis en commun, aussi bien en Italie que sur le Rhin, doivent être maintenues par l'union de toutes nos forces. Cependant, comme le cabinet royal de Prusse semble ne pas désirer que nous prenions formellement acte de ses déclarations, nous ne franchirons pas la limite que la Prusse trace aux négociations, du moins pour le moment, attendu qu'elle veut que la question de sa conduite future soit strictement traitée comme affaire de confiance entre les deux puissances.

Mais la dépêche du baron de Schleinitz manifeste en outre l'intention, au cas où l'Autriche serait sérieusement menacée de perdre ses possessions italiennes et où l'ordre légal de l'Europe serait ainsi mis en péril, de faire d'abord une tentative de médiation armée pour conjurer ces éventualités.

S'il ne s'agissait que de déterminer le moment où devrait être faite cette tentative, nous pourrions demander si l'ordre légal de l'Europe n'a pas été déjà plus que menacé, s'il n'a pas déjà, en réalité, reçu une grave atteinte, éprouvé un ébranlement profond.

Mais nous devons dire avec toute la franchise dont la gravité de la situation nous fait un devoir d'amis que, dès le début de la soi-disant question italienne, nous n'avons pas cru que le rôle de médiatrice fût celui que la Prusse pouvait choisir et remplir avec succès, non-seulement pour sa propre satisfaction, mais encore, sans parler de nos sentiments et de nos vœux, pour le bien et la paix de l'Allemagne et de l'Europe.

La nature et la portée du débat engagé nous semblaient rendre ce rôle moralement impossible à la Prusse. La lutte que nous soutenons n'a été dès le début rien autre que la lutte pour notre droit contre l'usurpation, pour notre indépendance et celle de l'Europe contre la suprématie de la France. Jamais à cette lutte il ne s'est mêlé une question de droit douteux. Combien étaient creux et nuls les prétextes sous lesquels nos adversaires ont essayé de dissimuler leurs véritables projets jusqu'à ce qu'ils fussent arrivés à maturité : c'est ce qu'a bientôt montré la force convaincante des événements. En présence de ce qui s'est passé, personne ne voudra plus perdre un seul mot à parler de nos traités avec Parme et Modène ou de nos rapports avec les autres États de l'Italie.

Nous-mêmes nous avons déjà presque oublié que c'étaient là autrefois les prétendues causes de la guerre. Mais en fût-il autrement et s'ouvrît-il à un médiateur un champ plus favorable, il y a cependant des raisons faciles à deviner pour que nous ne puissions voir ni avec joie ni avec satisfaction la Prusse se présenter en cette qualité. En outre, notre désir de voir la Prusse prendre *parti pour nous* et combattre à nos côtés est trop vif et, nous semble-t-il aussi, trop légitime. De plus, la Prusse, comme membre de la Confédération germanique, a des obligations qui peuvent d'un instant à l'autre devenir inconciliables avec sa position de médiatrice.

Ces réflexions, que nous avons déjà faites alors qu'il ne pouvait s'agir que de tentatives de médiation pacifique, s'appliquent naturellement avec bien plus de force encore à une médiation formelle et armée de la Prusse.

Une médiation armée, le mot le dit, implique l'idée d'un cas de guerre des deux côtés. Heureusement il n'en existe pas entre l'Autriche et la

Prusse, et en conséquence nous ne pouvons, eu égard aux rapports qui existent entre ces deux puissances, nous figurer la possibilité d'une médiation armée de la Prusse. Le nom comme la chose nous semblent devoir rester toujours étrangers à ces rapports.

Par contre, nous n'avons pas à juger comment la cour de Berlin peut trouver convenable de dessiner dans un autre sens l'attitude imposante qu'elle a prise par la mobilisation de l'armée. Ce que nous devons désirer, c'est que la Prusse se prononce clairement et bientôt contre la France. Mais, si le cabinet de Berlin, à cause du caractère qu'il a conservé jusqu'ici à ses relations avec cette dernière puissance, pense qu'une courte transition soit nécessaire pour préparer une telle décision, si la Prusse croit devoir, vis-à-vis de la France, commencer par donner à cette transition le nom de médiation armée, nous ne pouvons sans doute prêter à cette manière de dessiner son attitude le caractère de vérité complète qu'elle n'a pas à nos yeux, mais nous pouvons attendre avec confiance l'évolution, probablement prochaine, par laquelle la Prusse, déjà d'accord avec nous sur les principes, promet de s'unir aussi avec nous dans l'action.

En même temps nous maintenons complétement ce que nous avons déjà dit dans une précédente dépêche, savoir que nous ne ferions aucune difficulté de communiquer par avance et confidentiellement au cabinet de Berlin notre opinion sur les propositions de paix qu'il croirait pouvoir adresser à la France, en supposant toutefois que ces propositions maintiennent intactes les dispositions territoriales de 1815 et les droits de souveraineté de l'Autriche et des autres princes de l'Italie. Il est bien entendu que du moment où la Prusse serait notre allié actif, il ne pourrait être question de proposer des conditions de paix que d'un commun accord.

A la proposition plusieurs fois mentionnée d'un échange de Notes, nous avions joint l'offre de laisser à la Prusse l'initiative de toutes les mesures que pourrait avoir à prendre la Confédération germanique relativement à la question pendante. Sa Majesté l'empereur se bornera, pour le moment, à appuyer les propositions que s'est décidé à faire le gouvernement prussien ; mais Votre Excellence comprendra que, puisque le cabinet de Berlin n'a pris sous aucun rapport un engagement obligatoire, puisqu'il a reporté au futur, en se réservant son libre choix, même le moment où il passera à des résolutions plus énergiques sous la forme d'une médiation armée, nous ne pouvons, pour notre part, renoncer en rien au plein exercice de nos droits, et que nous devons même sans délai assurer notre liberté de mouvements dans le domaine des affaires fédérales allemandes.

Les observations qui précèdent sont celles que, conformément aux intentions de l'empereur, j'ai à transmettre à Votre Excellence en réponse à la communication verbale qui nous a été faite. Je crois seulement devoir vous charger de donner lecture de la présente dépêche à M. le baron de Schleinitz, sans m'opposer toutefois, si M. le ministre en témoignait le désir, à ce que vous la laissiez entre ses mains pour en faire un usage confidentiel.

Vérone, le 22 juin 1859.

Signé : comte RECHBERG.

On voit, en rapprochant les dépêches prussiennes des 14 et 24 juin de la dépêche autrichienne du 22 juin, que l'Autriche et la Prusse n'étaient rien moins que d'accord par la pensée sur le but et sur le caractère du rôle que la Prusse devrait prendre dans la question italienne.

L'Autriche considérait la Prusse et l'Allemagne comme obligées envers elle, en qualité de confédérées, à un concours purement amical et dévoué, sans prétentions et sans conditions, et uniquement subordonné aux questions d'utilité et d'opportunité, en un mot, aux circonstances.

C'était l'esprit, c'était la tendance d'une proposition que le gouvernement de Hanovre avait présentée à la sanction de la diète germanique dans l'intérêt de l'Autriche. Ce gouvernement voulait comme le cabinet de Vienne, purement et simplement, que la confédération germanique tout entière prît fait et cause, sans réserve, pour sa puissante confédérée impériale.

La Prusse eut l'habileté d'enterrer cette proposition sous l'ensemble des résolutions dont elle prit l'initiative. Voici le sens général de ces propositions qui suivirent la mobilisation d'une portion de l'armée prussienne :

1° La Prusse, eu égard au développement pris par les événements et pour compléter le système militaire qu'elle a déjà adopté avec le consentement de ses hauts confédérés, demande que le neuvième et dixième corps des contingents fédéraux soient réunis à l'armée prusienne proprement dite.

2° La Prusse demande pour elle le commandement général et supérieur des forces fédérales. Elle ne prétend, bien entendu, porter aucune atteinte aux prérogatives du prince Charles de Bavière, qui a le commandement en chef de l'armée fédérale qui doit être échelonnée sur le Rhin ; ni à celle de l'archiduc d'Autriche Albert, qui commandera en chef le corps du contingent fédéral autrichien, ainsi que le cabinet de Vienne l'a fait connaître dans la séance de la Diète du 3 juin dernier.

« 3° La Prusse propose à la haute Assemblée d'ordonner que les contingents fédéraux de réserve soient mis sur le pied de guerre, afin qu'ils puissent être mobilisés au premier appel.

« 4° La Prusse sollicite de la haute Assemblée fédérale une confiance telle, que le commandement en chef lui soit donné, sans aucune instruction qui tracerait et limiterait par avance les mouvements qu'aurait à faire la Prusse et les dispositions qu'elle devrait prendre ultérieurement.

« 5° La Prusse assume sur elle la responsabilité de la défense des intérêts, de l'indépendance et de la dignité de la grande patrie allemande, moyennant les conditions ci-indiquées. »

En réalité, la Prusse n'a jamais voulu aider sincèrement l'Autriche dans l'unique pensée de l'aider. Elle a voulu, au moyen de la question d'Italie, se créer en Allemagne une situation prépondérante. Aussi que fait-elle? Elle exige qu'on s'en rapporte à elle ; elle demande une confiance illimitée au cabinet de Vienne et un blanc seing à la diète de Francfort. Elle ne veut s'engager à rien par écrit vis-à-vis de l'empereur François-Joseph Ier; mais elle entend se mêler de ses affaires, à l'heure et de la manière qui lui conviendront à elle. Elle arme, en dehors des contingents fédéraux, et se dit prête à agir, si le moment vient de le faire, mais sans permettre qu'on lui en crée l'obligation par un vote qui l'engage, en qualité de membre de la confédération germanique. Elle demande ensuite à cette même confédération d'armer à son tour, mais à la condition qu'elle commandera toutes les forces militaires qui seront réunies sous prétexte de sauvegarder l'Autriche et l'Allemagne et qui pourtant n'obéiront qu'à la Prusse, grande puissance européenne. Au fond, cette dictature militaire qui lui fut, du reste, accordée par un vote de la diète de Francfort, la rendait l'arbitre de la paix et de la guerre et mettait l'Autriche à sa merci.

L'Allemagne tout entière n'eût même été qu'un instrument de sa grandeur future, si, dans la prévision d'une médiation plus humiliante et plus funeste encore que sa défaite, l'empereur François-Joseph Ier n'eût brusquement fait avorter les plans du cabinet de Berlin, en traitant directement avec l'empereur Napoléon III.

Cet événement vint surprendre la cour de Prusse au moment où elle travaillait activement, avec l'espoir du succès, à préparer sa médiation armée, médiation qui pouvait allumer la guerre générale, au grand déplaisir peut-être de cette même cour, qui visait bien plus à un effet diplomatique qu'à une action militaire.

Avant de passer à cette question de médiation, je dois mentionner une dépêche du 5 juillet 1859, adressée par M. de Schleinitz à M. de Werther à Vienne, dépêche dans laquelle le cabinet de Berlin combattait de nouveau les vues et les opinions de l'Autriche sur les droits et les devoirs de la Prusse. J'y trouve ce passage significatif relatif aux traités de 1815 :

« Nous ne pouvons pas convenir, de notre côté, que les traités de 1815 sont l'expression de principes généraux et de tendances spéciales, à l'observation desquels la Prusse pourrait être obligée, en dépit de ses intérêts. Si notre manière de voir n'était point partagée par les puissances européennes et par l'Autriche elle-même, comment avec la coopération de l'Autriche des changements auraient-ils pu se faire dans l'ordre de choses établi par les traités de 1815, ainsi que cela s'est fait pour la Belgique, Cracovie et Neufchâtel ? »

Voilà qui est clair. La Prusse n'a plus le droit de faire valoir à son profit les traités de 1815, puisqu'elle convient qu'elle a le devoir, si son intérêt l'exige, de n'en tenir aucun compte.

Du reste, dans cette même dépêche, M. de Schleinitz se récrie contre la prétention du comte de Rechberg de vouloir que le cabinet de Berlin s'oblige formellement à faire respecter l'état *ante bellum* dans le nord et dans le centre de l'Italie. Or ceci était écrit le 5 juillet avant la conclusion de la paix, alors que tout encore était en question. Après avoir tenu ce langage à la date du 5 juillet 1859, elle serait fort mal venue à défendre cet état *ante bellum* après le 1er janvier 1860, et, si elle en abandonne un peu, pourquoi n'en abandonnerait-elle pas beaucoup ; car le droit est ou n'est pas ; il est pour tout ou il n'est pour rien.

Dans un manifeste publié à Laxembourg, le 15 juillet 1859, trois jours après la signature du traité de Villafranca, l'empereur d'Autriche se plaignait amèrement de l'abandon de ses alliés naturels, les confédérés d'Allemagne, et, faisant allusion aux projets de médiation de la Prusse, il disait que ces projets lui eussent été moins avantageux que les conditions qu'il avait obtenues de l'empereur des Français.

C'est à cette occasion que s'est engagée, en face de l'Europe, contre les cours de Vienne et de Berlin, une discussion qui a provoqué la publication de documents officiels propres à montrer sous leur vrai jour ces plans de médiation, et à indiquer quelles étaient à leur égard les dispositions de la Russie et de l'Angleterre. Mais tout d'abord voici le texte d'une dépêche que M. de Schleinitz écrivit, le 23 juillet 1859, à M. de Werther, ministre de Prusse à Vienne, pour se plaindre du manifeste de Laxembourg :

Berlin, le 25 juillet 1859.

J'ai vu par la dépêche de Votre Excellence du 19 de ce mois que, d'après les explications que vous avez données en vertu de mes dépêches du 15 de ce mois au comte de Rechberg, le cabinet impérial d'Autriche ne saurait plus être en doute sur la position qu'a prise le gouvernement du roi vis-à-vis de la question italienne, dans la phase de cette question qui a précédé la signature des préliminaires de paix.

Dans l'intervalle, la manière de voir erronée que le cabinet de Vienne avait adoptée sous ce rapport a trouvé dans des pièces officielles une expression qui jette un jour trop inexact sur l'attitude que nous avons observée, pour que je ne me voie pas obligé à fournir une preuve particulière, et fondée sur des faits incontestables, que de notre côté nous n'avons en aucune manière donné lieu à ces malentendus.

Dans le manifeste de Sa Majesté l'empereur d'Autriche, daté de Laxembourg le 15 juillet, il est dit que Sa Majesté a été amèrement déçue dans son espoir de ne pas se trouver seule dans la lutte qui n'avait pas été entreprise seulement en faveur du bon droit de l'Autriche. En outre, que, malgré les sympathies chaleureuses que la juste cause de l'Autriche avait trouvées dans la plus grande partie de l'Allemagne auprès des gouvernements comme auprès des peuples, ses alliés plus anciens et naturels avaient opiniâtrément refusé de reconnaître la haute signification de la grande question du jour; que, par conséquent, l'Autriche aurait dû faire face toute seule aux événements futurs; enfin que Sa Majesté avait acquis la conviction qu'on pouvait obtenir en tout cas, par une entente directe avec l'empereur des Français, sans aucune immixtion de tiers, des conditions moins défavorables que celles qu'on pouvait attendre par l'intervention dans les négociations des trois grandes puissances, qui n'avaient pas pris part à la lutte, avec leurs propositions de médiation concertées par elles et appuyées par la pression morale de leur entente.

Une circulaire française du comte de Rechberg, que le baron de Koller a eu la bonté de me lire ces jours-ci, ainsi qu'une autre circulaire du 16 de ce mois, adressée aux représentants de l'Autriche près des cours allemandes, et que celles-ci ont portée à la connaissance des cabinets respectifs en en donnant lecture, circulaire dont le contenu essentiel nous a été communiqué de divers côtés, ne permet pas, à mon sincère regret, de douter que dans la dernière des phrases citées du manifeste impérial on avait l'intention aussi d'exprimer un blâme contre l'attitude de la Prusse.

Aux deux pièces est joint un projet de médiation adopté, dit-on, par l'Angleterre, qui est formulé en sept points, et dont l'acceptation eût, en effet, été plus défavorable à l'Autriche que les résultats de l'arrangement direct avec la France.

Le comte de Rechberg prétend, en ce qui concerne ce projet, dans sa dépêche adressée aux représentants de l'Autriche, qu'elle avait été approuvée par la Prusse, la Grande-Bretagne et la Russie, et que ces puissances avaient promis de l'appuyer efficacement.

Les prétendus faits désignés dans les susdites pièces sont arrivés immédiatement à la publicité par les organes nombreux de la presse autrichienne et allemande, et ont fourni matière à des attaques violentes contre la politique prussienne.

Quelque conforme que soit à nos propres sentiments le vœu que le comte de Rechberg a exprimé à Votre Excellence que les cabinets des deux grandes puissances allemandes veuillent s'abstenir de récriminations réciproques, M. le comte de Rechberg ne voudra pas sans doute que ce vœu aille jusqu'à nous faire laisser sans réponse les reproches appuyés sur des faits inexacts qui ont été élevés contre nous auprès de tous les cabinets et ont été lancés dans la publicité, et au contraire il se hâtera de les rectifier de son côté par la même voie et dans la même extension que le cabinet impérial leur avait donnée, sans doute par suite de suppositions erronées.

Nous n'entendons nullement par là mettre en doute le droit du gouvernement impérial de faire la paix avec la France directement et sans l'intervention des autres grandes puissances, ou examiner la question de savoir si l'intervention de ces puissances eût pu amener un résultat plus favorable à l'Autriche que l'entente directe avec l'empereur des Français.

Le cabinet impérial se souviendra combien nous avons déploré la querelle commencée malgré nos conseils, et comment nous avons cherché, en exprimant franchement notre opinion, à prévenir à l'avance une amère déception.

Notre activité médiatrice, nos armements, nos propositions à la Diète germanique, excluent décidément aussi la supposition que nous ayons méconnu la haute signification de la question litigieuse; et quant à la question de savoir jusqu'à quel point l'Autriche eût été obligée de faire face toute seule aux événements à venir, non-seulement ses armements et ses propositions, mais aussi les organes que Sa Majesté l'empereur d'Autriche avait accrédités dans les derniers temps qui ont précédé la signature de la paix auprès de la cour du roi, pourront rendre à cet égard un témoignage que nous ne redoutons pas. Mais nous croyions pouvoir désirer avec raison que la justification publique des conditions de paix concédées par l'Autriche, s'il en était besoin dans l'opinion du cabinet impérial, ne fût pas basée sur des vues, intentions ou actions supposées du gouvernement du roi, mais qu'on eût cherché avant tout à se procurer auprès de ce dernier des éclaircissements que le cabinet de Berlin ne lui aurait certainement pas refusés.

D'après la dépêche de Votre Excellence, mentionnée au commencement de la présente, le ministre impérial des affaires étrangères attribue les erreurs qui ont déterminé l'Autriche à signer les préliminaires de paix à la circonstance que nous ne lui avons pas fait parvenir plus tôt les communications auxquelles Votre Excellence a été autorisée par moi à la date du 15 de ce mois, et que nous n'ayons pas en général cherché à nous entendre avec le cabinet de Vienne sur les tentatives de médiation.

Sous ce dernier rapport, il suffira de rappeler que, d'après la dépêche du comte de Rechberg, en date de Vérone le 22 juin, le cabinet impérial contestait en général à la Prusse le droit de prendre le rôle de médiatrice proprement dite, notamment de concert avec d'autres grandes puissances non allemandes, et qu'il ne s'est déclaré disposé qu'à des pourparlers confidentiels sur des propositions de paix que nous devions adresser à la France et qui devaient maintenir intacts l'état territorial de 1815 et les droits de souveraineté de l'Autriche et des autres princes italiens; qu'il avait, par conséquent, rompu à l'avance toute entente possible entre les deux gouvernements sur des propositions de médiation réalisables. Mais évidemment nous n'avions aucun motif de déclarer que nous n'avions formulé ni accepté des conditions de médiation d'aucune espèce, tant que nous n'avions pas été mis en position de répondre au reproche d'avoir proposé des conditions de médiation défavorables à l'Autriche.

Si, d'après cela, nous étions, d'une part, hors d'état d'empêcher l'Autriche de commettre une erreur dont nous n'avons eu connaissance nous-mêmes qu'après la convention de Villafranca, les renseignements qui lui étaient parvenus sur nos prétendus projets de médiation manquaient, d'autre part, du caractère positif qui eût pu faire paraître superflue une demande qu'on nous aurait adressée à ce sujet.

D'après ce que le comte de Rechberg a dit à Votre Excellence, le cabinet de Vienne aurait eu connaissance par le cabinet français des dispositions des puissances neutres. Il a ajouté que ce que la France a indiqué comme étant les conditions de médiation était à peu près ce que lord John Russell a désigné dans sa dépêche du 22 juin à lord Bloomfield, qu'avec les dispositions connues des cabinets de Londres et de Saint-Pétersbourg on pouvait admettre avec certitude que d'une médiation des trois puissances on aurait eu des conditions plus défavorables que celles que l'empereur Napoléon a concédées à Villafranca.

J'ai à peine besoin de faire remarquer que ladite dépêche du secrétaire d'État d'Angleterre prouve clairement que le cabinet anglais comprenait autrement la question que le gouvernement du roi. Je crois, du reste, pouvoir désigner comme un procédé qui déroge aux rapports habituels dans la guerre qu'une des parties belligérantes se fasse renseigner par son adversaire sur les dispositions des puissances neutres.

Mais, si je suis bien informé, le comte de Rechberg doit avoir la certitude, au moins aujourd'hui, que le projet de médiation en sept points, qu'on disait accepté par les trois puissances neutres, n'était pas un projet anglais, mais un projet français qui avait été repoussé à Londres. En tout cas, nous n'en avons eu la première nouvelle que plusieurs jours après la signature des préliminaires de paix.

Le gouvernement de Son Altesse Royale le prince-régent a conscience d'avoir prouvé par le fait, pendant toute la durée de la lutte, les sentiments les plus amicaux et bien au delà de ce qu'il devait en vertu d'obligations positives. Les faits parlent si haut à cet égard, que nous n'avons pas à craindre sous ce rapport le jugement de nos confédérés allemands des grandes puissances européennes et de l'opinion publique. Mais nous ne pouvons nous taire quand, après la conclusion d'une paix que, de notre côté, nous n'avons pas à juger, on nous rend responsables publiquement de ce qu'elle peut renfermer de préjudiciable pour l'Autriche. Je ne puis, en conséquence, renoncer à l'espoir que le cabinet de Vienne, de son côté, en considérant avec calme le véritable état des choses, saura apprécier nos actions et donner à cette manière de voir l'expression convenable.

Je prie dans ce but Votre Excellence de donner lecture au comte de Rechberg de cette dépêche, et, s'il le désire, de lui en laisser copie.

« *Signé :* Schleinitz. »

Un mot d'abord sur le projet en sept points attribué à la cour de France.

Il n'y a pas eu de projet français dans le sens vrai du mot : il y a eu seulement l'avis donné par Napoléon III à la reine d'Angleterre et au régent de Prusse, par le télégraphe, au moment de l'armistice, de ce même armistice, avec l'insinuation que le moment serait favorable pour l'intervention de tiers officieux en faveur du rétablissement de la paix.

Une indication sommaire des bases possibles d'un traité était jointe à cet avis.

Cette communication fut d'abord faite au cabinet de Londres. Lord John Russell, qui la reçut le premier, se rendit auprès de lord Palmerston. Ces deux conseillers de la reine d'Angleterre n'y virent qu'une lueur d'espérance; mais enfin ils y virent cette lueur, et ils en parlèrent à l'ambassadeur d'Autriche à la cour d'Angleterre. Celui-ci répondit à leurs ouvertures qu'il considérait la paix comme impossible sur ces bases. C'était à peu près le langage du prince Alexandre de Hesse à Valeggio. Toutefois il se disposait à prendre en considération ce commencement de négociation, l'orsqu'on apprit subitement à Londres, par le télégraphe, que cette paix considérée comme impossible était conclue. La communication du gouvernement français n'en avait pas moins suivi son cours régulier, et elle était arrivée de Paris à Berlin comme à Londres, à Pétersbourg comme à Berlin, et enfin elle avait été envoyée à Vienne.

C'est ce qui explique le droit de la Prusse de dire qu'elle n'avait pas conçu ce projet en sept points, et qu'elle l'a même ignoré jusqu'à la conclusion de la paix. Mais enfin à son tour que voulait-elle, que pouvait-elle ?

Le jour même où le comte de Rechberg écrivait de Vienne à M. de Koller, à Berlin, la dépêche que l'on connaît, en réponse à celle du 14 juin, que M. de Schleinitz avait envoyée à M. de Werther, à Vienne, lord John Russell, qui avait remplacé en Angleterre le comte de Malmesbury, en qualité de secrétaire d'État pour les affaires étrangères, rédigeait, de son côté, une autre dépêche qu'il adressait à lord Bloomfield, ministre britannique à Berlin. Datée du 22 juin, cette dépêche avait pour but de demander des explications sur les armements et les agitations de l'Allemagne.

Les débats du parlement d'Angleterre ont appris à l'Europe que lord Palmerston, qui avait remplacé le comte de Derby, en même temps que lord Russell avait succédé au comte de Malmesbury, avait décidé ses collègues à peser sur la Prusse pour empêcher de sa part une intervention qui aurait pu amener une guerre générale. Au surplus, lord Palmerston s'est justifié de cette politique, devant les torys qui la blâmaient, en prouvant que son prédécesseur le comte de Derby avait tenu la même conduite, dans l'intérêt de la paix européenne. Ce fait indique dans quel esprit est conçue la dépêche anglaise du 22 juin.

Deux jours après, ainsi que je l'ai dit jadis, le cabinet de Berlin rédigeait, en même temps que la dépêche connue du 24 spécialement destinée à l'Autriche, une dépêche analogue qu'il envoyait simultanément à Londres et à Pétersbourg.

On sait également que, dans ces deux dernières capitales, les ministres de Prusse recevaient, avec cette dépêche portant la date du 24, une lettre confidentielle. C'est dans ces dernières pièces qu'apparaissait pour la première fois, en termes clairs, l'idée du rôle de puissance médiatrice que la Prusse avait l'intention de prendre.

Voici ces pièces ·

A M. LE COMTE BERNSTORF ET A M. DE BISMARK.

Berlin, le 24 juin 1859.

La rapidité avec laquelle se suivent depuis quelques jours les événements politiques et militaires en Italie, le renversement des gouvernements de Toscane, de Parme et de Modène, les soulèvements qui ont eu lieu dans d'autres parties de la Péninsule, l'incertitude enfin qui existe dans tous les esprits sur la durée et la portée probable d'une lutte dans laquelle sont engagés deux empires puissants, ont déterminé le gouvernement du roi, par des motifs de précaution et pour sa propre dignité, à mobiliser une partie de l'armée prussienne.

L'agitation qui s'est emparée de l'Allemagne, le rapprochement continuel des parties belligérantes des frontières allemandes et les accidents d'une guerre que nous nous étions efforcés de prévenir par nos conseils de la manière la plus loyale et la plus désintéressée, auraient déjà justifié suffisamment par eux-mêmes des armements qui du reste ne font que répondre à ceux de nos voisins.

D'autre part, vous comprendrez, monsieur, que nous devons dès à présent nous mettre en position de surveiller la marche des événements, dont le résultat final pourrait modifier l'équilibre européen en affaiblissant un empire auquel nous unissent les liens de la Confédération germanique, et en portant atteinte aux bases du droit public, à la fondation duquel nous avons contribué, et dont le maintien est dans l'intérêt de la famille des États européens.

L'attitude que nous avons cru devoir prendre ne préjuge en aucune façon la question italienne ni les intérêts divers qui s'y rattachent. Mais il était impossible au prince-régent, avec la conscience de son droit et des obligations que lui imposent sa propre dignité et les intérêts de son pays et de l'Allemagne, de renoncer à exercer l'influence à laquelle il a le droit de prétendre, ni d'approuver à l'avance par une attitude passive les changements que les limites territoriales ont subis ou peuvent subir dans des pays que des liens si nombreux rattachent à la grande famille des peuples européens.

Néanmoins on aurait grand tort d'attribuer au gouvernement du roi l'intention de vouloir empirer par une intervention prématurée et arbitraire une situation déjà si dangereuse et d'essayer isolément, et sans en référer d'abord aux autres puissances, de poser en première ligne telle ou telle solution d'une question qui touche à tant d'intérêts, qu'elle ne saurait, pour le bien général, ne pas devenir l'objet de la sollicitude commune de toutes les grandes puissances. Bien loin de là, la Prusse ne peut poursuivre d'autre but par son attitude, son influence et ses conseils, que celui auquel elle s'efforçait d'atteindre récemment de concert avec l'Angleterre et la Russie, ni former d'autre vœu que celui de revenir sur le terrain des négociations, dans le but de trouver une solution équitable pour tous et offrant des garanties de durée pour une question que des erreurs regrettables ont soustraite à la seule base que l'Europe peut et doit approuver quand il s'agit des grands principes de son ordre public et social.

Nos armements, je le répète, monsieur, n'ont pas d'autre but et n'annoncent pas de notre part une nouvelle politique ni certainement l'intention d'ajouter de nouvelles complications à celles que nous avons espéré prévenir et dont nous avons sans cesse suivi depuis le cours avec inquiétude. Nous désirons la paix, et, partant de là, nous nous adressons avec confiance aux cabinets de Londres et de Saint-Pétersbourg pour trouver, de concert avec eux, les moyens de mettre fin à l'effusion du sang et de rendre le plus tôt possible à l'Europe la paix et la sécurité qu'exigent ses intérêts moraux et matériels.

Tout le monde connaît le profond regret que nous a causé la résolution malheureuse et l'énergie avec laquelle nous l'avons désapprouvée. Cette résolution du cabinet de Vienne, au moment même où les autres puissances cherchaient à trouver les bases d'une solution équitable, provoqua une rupture que nous espérions prévenir par une action commune.

Mais, malgré cette faute, nous sommes néanmoins d'avis que l'Europe et l'Allemagne en particulier ne peuvent assister avec indifférence à l'affaiblissement d'une puissance qui nous a paru toujours, par sa position géographique et sa conformation particulière, être un élément essentiel et un garant naturel de l'équilibre général. En maintenant encore à présent ce principe, nous sommes bien éloignés néanmoins de méconnaître les difficultés qui s'opposeraient au simple rétablissement d'un état de choses qui non-seulement a conduit à une guerre, mais à une suite de soulèvements qui se sont propagés par degrés dans l'Italie du nord et l'Italie centrale ; et nous croyons que des réformes effectives et étendues seront un moyen plus sûr et plus juste de maintenir l'ordre et la tranquillité dans ces pays que ne le pouvaient être ces mesures de violence et le déploiement de forces militaires qui sont aussi onéreuses à l'Autriche qu'elles sont hors de proportion avec les ressources de ses provinces italiennes.

Nous sommes de même d'avis que les traités en vertu desquels l'Autriche exerçait une sorte de protectorat sur quelques États voisins peuvent être remplacés par une combinaison moins opposée aux sentiments des populations, et que le droit et la légalité, sans lesquels l'ordre et un sage progrès sont impossibles, contiennent des garanties plus sûres que celles dont nous venons de voir l'insuccès.

D'après ce qui précède, vous comprendrez, monsieur, que nous ne pouvons avoir l'intention de contribuer pour notre part au retour impossible à un passé qui a produit de si tristes résultats; qu'au contraire, nous accueillerons avec empressement toute proposition qui aura en vue la conciliation des droits de la maison impériale d'Autriche avec une œuvre de réorganisation fondée sur des principes libéraux et conciliants, et qui nous paraîtra propre à satisfaire les vœux légitimes des populations italiennes.

Nous croyons aussi avoir le droit de prendre acte des déclarations non équivoques de l'empereur Napoléon III et de sa résolution de ne désirer ni conquêtes ni agrandissements pour la France. Cette intention, qui dès l'origine a été exprimée clairement et franchement, que des déclarations postérieures n'ont pu que confirmer, nous apparaît comme un gage précieux pour notre espoir d'une solution pacifique, et comme une des données sur le fondement desquelles on pourra parvenir, nous l'espérons, bientôt et d'un commun accord, à la rédaction des propositions que nous désirerions adresser, de concert avec les cours de Russie et d'Angleterre, aux puissances belligérantes. Nous préjugerions jusqu'à un certain point une question que nous désirerions tant ramener sur le terrain d'une entente européenne et des négociations, si nous voulions préciser davantage nos idées sur ce point.

Nous avons dû nous borner à en indiquer les contours extérieurs et le lien intérieur, à faire connaître notre vœu sincère de mettre un terme aux calamités de la guerre, qui, en s'approchant de plus en plus des frontières de la confédération germanique, peut d'heure en heure nous imposer des obligations plus directes et plus pressantes, et à nous adresser avec une confiance et une franchise entières aux grandes puissances qui, étant restées étrangères comme nous jusqu'ici à cette guerre malheureuse, ont intérêt comme nous à intervenir en temps opportun et à prévenir une conflagration générale.

Nous avons l'espoir que vous, monsieur, obtiendrez sans peine du cabinet de Londres (Saint-Pétersbourg) de nous exprimer, avec la même franchise que nous avons cru devoir y mettre, ses vues sur la solution des complications actuelles, et la manière de les rendre acceptables aux parties belligérantes.

Veuillez exprimer en même temps à lord John Russell (prince Gortschakoff) notre espoir et notre vœu de mettre notre action et notre influence en harmonie avec celle du cabinet anglais (russe) pour hâter la conclusion de la paix et la reprise des négociations entre les parties belligérantes, et veuillez ne laisser passer aucune occasion pour placer sur le premier plan la pensée d'une médiation commune, sur la forme et la portée de laquelle nous attendons avec la plus vive impatience les communications que les gouvernements de la reine d'Angleterre et de l'empereur de Russie seront disposés, nous l'espérons, à nous faire.

Signé : SCHLEINITZ.

A SON EXCELLENCE M. LE COMTE DE BERNSTORFF.

Berlin, le 27 juin 1859.

Monsieur le comte,

Lord Bloomfield nous a communiqué, d'ordre de son gouvernement, une dépêche, ci-jointe en copie, en date du 22 de ce mois, par laquelle le principal secrétaire d'État de Sa Majesté Britannique exprime les inquiétudes que lui inspirent les dispositions manifestées par quelques-uns des États de la Confédération au sujet de la guerre qui a éclaté entre l'Autriche d'une part, et la France et la Sardaigne de l'autre.

Nos communications précédentes ont déjà mis Votre Excellence à même d'éclairer le gouvernement de Sa Majesté Britannique sur la nature de nos intentions et sur notre jugement au sujet de la complication actuelle. Sans admettre dans tous ses détails l'argumentation de lord John Russell en faveur du principe de neutralité qu'il recommande à la Prusse en présence des faits graves qui se passent en Italie, nous constatons avec plaisir que Sa Sainteté admet que la situation particulière dans laquelle se trouve l'Allemagne justifie et explique les différences qui pourraient subsister entre notre attitude et celle du gouvernement britannique.

Notre dépêche du 24 de ce mois, qui était déjà écrite quand nous avons reçu la communication du cabinet de Saint-James, indique à la fois notre appréciation de la crise italienne et des devoirs qu'elle nous impose, ainsi que le but auquel tendent nos efforts.

Nous sommes heureux de voir que le cabinet de Saint-James partage notre espoir d'une solution pacifique, et qu'il croit à l'opportunité prochaine d'une tentative de conciliation et au succès qu'auront les conseils des puissances amies quand elles jugeront le moment venu pour s'interposer entre les parties belligérantes.

Les graves événements militaires survenus ces jours-ci nous paraissent un motif de plus pour hâter une entente entre les puissances qui jusqu'à présent sont restées étrangères à ce conflit, et auquelles leur impartialité même impose le devoir et donne le droit d'accélérer de tous leurs efforts le terme d'une lutte à laquelle chaque jour apporte de nouveaux et tristes incidents.

Pour la Prusse en particulier, sa position en Allemagne, ses devoirs envers ses confédérés et les embarras et les dangers croissants d'un État voisin et allié, constituent de puissants motifs pour réclamer, de la manière la plus pressante, une entente de nature à assurer à l'Europe les bienfaits d'une pacification qui deviendrait de jour en jour plus difficile à réaliser si la guerre, en se prolongeant outre mesure, prenait en même temps des proportions qui ne nous permettraient peut-être plus d'y rester étrangers.

Signé : SCHLEINITZ.

La lettre adressée à M. de Bismark à Pétersbourg était datée du 26 au lieu de l'être du 27. Mais à quelques différences près de rédaction, c'était le même document en double.

On vient de voir le langage de la Prusse. Voici maintenant celui de l'Angleterre et celui de la Russie :

Foreign-office, le 7 juillet.

Le comte Bernstorff m'a lu deux dépêches du baron de Schleinitz, dont une avec cette indication : *Très-confidentielle*, au sujet de la situation actuelle des affaires et de la politique que la Prusse désire, conjointement avec l'Angleterre et la Russie, suivre à l'égard de la guerre d'Italie et de ses conséquences. Ces dépêches portent les dates respectives des 24 et 27 juin.

Le baron Schleinitz, dans la première de ces dépêches, fait allusion à l'état des affaires qui a engagé la Prusse à mobiliser une partie de son armée. Ce n'est pas seulement, dit-il, l'agitation en Allemagne causée par le progrès de la guerre dans la direction de ses frontières qui a rendu nécessaires des armements non en disproportion avec ceux de ses voisins, mais la Prusse a cru devoir se mettre en mesure de contrôler la marche d'événements qui pourraient tendre à modifier l'équilibre du pouvoir européen, en affaiblissant un empire avec lequel la Prusse est confédérée et en affectant les bases de droits européens consignés dans des actes dont la Prusse a été signataire. Le baron Schleinitz fait observer toutefois que la position adoptée par la Prusse ne préjuge pas la question italienne, quoique les intérêts de la Prusse et de l'Allemagne fassent un devoir au prince-régent d'user de l'influence qu'il lui appartient d'exercer et doivent l'empêcher de sanctionner prématurément par une attitude passive des modifications territoriales affectant une nation qui forme une partie essentielle de la grande famille européenne. Mais la Prusse désire seulement agir comme elle l'a fait précédemment de concert avec l'Angleterre et la Russie pour rouvrir les négociations dans l'intérêt de la paix. Le comte Bernstorff a conséquemment l'ordre de se concerter avec le gouvernement de la reine, touchant le mode d'arriver à ce résultat, et de mettre ainsi un terme à l'effusion du sang, et de rendre à l'Europe le calme qu'exigent ses intérêts moraux et matériels.

Le baron Schleinitz fait observer que, bien que la Prusse ait regretté la décision de l'Autriche d'en venir à des extrémités, cependant ni l'Europe en général, ni l'Allemagne en particulier, ne peuvent voir avec indifférence une démarche tendant à affaiblir l'Autriche. Il est bien loin de se faire illusion sur les difficultés provenant des événements de la guerre et il pense qu'une réforme considérable sera nécessaire dans l'administration des affaires de l'Italie du nord et du centre, et que ce sera là un mode plus sûr pour gouverner paisiblement ces districts que l'emploi des ressources militaires de l'Autriche. Il pense aussi que les traités qui obligent l'Autriche à exercer une sorte de protectorat sur certains États italiens pourraient être remplacés par un meilleur système. Ainsi, tandis que la Prusse ne songe pas à rétablir un état de choses passé qui pourrait être considéré actuellement comme une impossibilité, elle saisira avec empressement toute proposition ayant pour objet une réorganisation de l'Italie qui, tout en reconnaissant les droits de l'Autriche, conciliera les vœux légitimes de la population italienne en étant basée sur des principes libéraux.

La Prusse pense de plus être en droit de prendre note de la déclaration explicite de l'empereur Napoléon, qui ne convoite ni conquête ni agrandissement territorial; cela paraît au baron Schleinitz être un gage de la possibilité d'arriver à une entente commune avec l'Angleterre et la Russie sur la marche à suivre.

On prie le comte Bernstorff de demander quelles sont les vues du gouvernement de la reine à ce sujet, et la dépêche se termine par une recommandation de ne négliger aucune occasion de mettre en avant l'idée d'une médiation commune.

La dépêche du 27 juin accuse réception de la communication que, par ma dépêche du 22, je vous priais de faire au baron Schleinitz; elle se refère à la précédente dépêche du 24, comme ayant été écrite avant cette communication, pour y consigner les vues que le gouvernement prussien désire être mises à exécution.

J'ai donné au comte Bernstorff l'assurance que cette communication serait attentivement examinée par le gouvernement de Sa Majesté, mais que je désirais d'abord lui demander quelle était la signification complète de ces mots « arrêter l'effusion du sang » et une « médiation en commun, » à savoir si l'Angleterre et la Prusse réunies ou bien ces puissances avec la Russie se joignant à elles, et trouvant que les propositions qu'elle feraient aux puissances belligérantes étaient repoussées, cela signifiait qu'elles emploieraient la force.

Son Excellence a dit qu'elle n'avait pas d'explications à donner sur ce point ; que la Prusse ne pouvait proposer à l'Autriche aucun abandon de territoire, mais seulement des réformes et des changements dans sa manière d'administrer.

Elle désirait néanmoins obtenir de moi une réponse immédiate; et je lui dis que, la décision du cabinet étant pendante, je ne pouvais qu'exprimer mon opinion, à savoir que le temps n'était pas venu de faire une proposition quelconque aux belligérants.

La cour de Prusse se trouvant dans cette situation, je dois d'abord désirer que vous veuillez exprimer au baron de Schleinitz les remercîments du gouvernement de Sa Majesté pour son ton amical et le zèle pour le bien-être des États de l'Europe qui a inspiré cette proposition.

Les efforts tentés par une puissance aussi éclairée que la Prusse pour rétablir la paix sur le continent d'Europe seront toujours convenablement appréciés par Sa Majesté.

Le gouvernement de Sa Majesté est tout prêt à déclarer qu'il appellera avec joie le moment où une proposition équitable d'armistice ou de négociation pourra être acceptée.

Mais le gouvernement de Sa Majesté se croit de bonne foi tenu d'aller plus loin et d'accueillir amicalement la proposition de la Prusse avec une égale franchise.

Il pense que, dans la situation actuelle des affaires en Italie, on ne peut s'attendre à une cessation de cette guerre sans une cession de la part de l'Autriche.

L'empereur des Français ne s'est pas contenté de repousser l'invasion autrichienne hors du territoire de son allié; il a déclaré que son intention était de délivrer l'Italie, des Alpes à l'Adriatique. Cette proclamation a été accueillie avec transports au nord et au centre de l'Italie, partout où les troupes autrichiennes n'exerçaient pas un pouvoir oppresseur. Milan et toute la Lombardie, Parme, Modène et la Toscane, ont chaleureusement proclamé leur participation à la guerre à laquelle elles étaient ainsi invitées. Toutefois nous n'avons pas de motif pour supposer que l'empereur d'Autriche soit disposé en ce moment à céder ses possessions héréditaires à aucun autre souverain. Telle est la difficulté de la crise actuelle de l'Europe. La grande et ancienne monarchie de l'Autriche peut être lente à reconnaître qu'aucune défaite soit irréparable, ou à enregistrer par un traité le succès d'une insurrection populaire contre sa domination. Cependant, après les événements qui ont eu lieu depuis la déclaration de guerre, on ne doit pas s'attendre à ce qu'un traité obtenu par toutes les forces de l'Allemagne, qui rétablirait la suprématie de l'Autriche en Italie, ait en lui des éléments de durée et de sécurité. Le prince régent de Prusse envisage avec inquiétude le maintien de l'équilibre des puissances en Europe. Examinons cette question. La balance des pouvoirs en Europe signifie, par le fait, l'indépendance de tous ses divers Etats. La prépondérance d'une puissance quelconque menace et détruit cette indépendance.

Mais l'empereur Napoléon, par sa proclamation de Milan, a déclaré, ainsi que le baron Schleinitz l'a fait justement remarquer, que, dans cette guerre, il ne cherche ni conquête ni agrandissement territorial. Il pourrait être prématuré peut-être de discuter si le roi de Sardaigne devra régner sur la Lombardie, Parme, Modène et la Toscane, ou si les divers États indépendants de l'Italie du Nord devront être maintenus ou créés. Grâce à leur partage et frontières arrangées comme on le pourrait, le gouvernement de Sa Majesté est fermement convaincu qu'une Italie où le peuple se composerait des citoyens libres d'un grand pays fortifierait et confirmerait l'équilibre du pouvoir. L'indépendance des États n'est jamais aussi assurée que lorsque l'autorité souveraine est appuyée sur l'attachement du peuple.

Un souverain complétement maintenu par la force des armes à la tête d'un peuple sans affection pour lui est un objet perpétuel d'attaques par des voisins ambitieux, et l'élément du pouvoir basé sur des éléments aussi discordants ne donne qu'un équilibre sans stabilité.

Si l'Italie pouvait être gouvernée par des princes jouissant de l'affection des peuples, ce pays, avec ses vingt-cinq millions d'habitants, sa richesse naturelle et son ancienne civilisation, serait (de l'avis du gouvernement de la reine) un membre précieux de la famille européenne.

J'ajoute que toute organisation de l'Italie, aux yeux des gouvernements de l'Europe, serait incomplète, si elle n'opérait pas une réforme permanente dans l'administration des États de l'Église. Nos vues à l'égard des défectuosités du gouvernement pontifical ont été soumises au gouvernement de l'empereur des Français. Le gouvernement de Sa Majesté, étant de l'avis qui vient d'être exposé sur l'état actuel des affaires, est opposé à toute interposition qui pourrait ou être sans fruit tout d'abord, ou conduire à un organisation partielle et sans sécurité.

La reine a fait les plus grands efforts, d'une manière compatible avec la paix, pour maintenir la foi des traités. Au dernier moment, l'Autriche, par un acte d'imprudence suprême, a commencé la guerre et envahi le Piémont. A partir de ce moment, tout a été changé : l'Autriche a dépassé la frontière qui avait été tracée dans les traités de 1815; on ne pouvait plus penser que ces traités seraient considérés comme obligatoires par la France et la Sardaigne. L'Italie a été provoquée à la guerre, et elle a participé à la lutte.

Dans ces circonstances, le gouvernement de la reine est tenu d'envisager plus largement la question, il se fera un plaisir de se concerter avec la Prusse dans toutes les occasions où l'une des deux puissances sera d'avis qu'une démarche conduisant à la paix pourrait être faite avec succès. Il est charmé de voir que le gouvernement de Berlin ne partage pas la violente excitation qui s'est manifestée récemment dans quelques parties de l'Allemagne et qu'en dirigeant les affaires de la confédération germanique, il est animé par une sollicitude éclairée pour les plus chers intérêts de la confédération européenne.

A SON EXCELLENCE LE BARON DE BUDBERG.

Saint-Pétersbourg, le 25 juin.

Monsieur le baron,

M. de Bismark nous a communiqué les propositions du cabinet de Berlin, ayant pour but d'unir la Russie, l'Angleterre et la Prusse dans une commune tentative de médiation pacifique, pour amener une reprise des négociations entre les puissances actuellement en guerre en Italie, et hâter la fin d'une guerre qui excite à un si haut degré les inquiétudes de l'Europe. Le mode proposé par le gouvernement prussien est indiqué dans la dépêche de M. le baron Schleinitz à M. de Bismark, dont Votre Excellence trouvera copie ci-jointe.

Sa Majesté l'Empereur a accueilli avec un sincère et vif plaisir cette ouverture du cabinet de Berlin. Elle répond à un désir que Sa Majesté n'a cessé de nourrir depuis le commencement des présentes complications, au désir de pouvoir, de concert avec les puissances, étrangères comme nous au conflit, et pourtant intéressées à restreindre le théâtre et abréger la durée de ce dernier, travailler à ce que les bienfaits de la paix soient rendus à l'Europe.

Le gouvernement prussien ayant adressé au cabinet de Londres une communication identique à celle que nous avons reçue, notre auguste maître se plaît à croire que le gouvernement britannique se ralliera à une démarche d'un intérêt si évidemment européen, d'autant plus que la possibilité d'une issue satisfaisante s'accroît par les intentions pacifiques que nous a montrées le gouvernement français. Mais plus nous désirons le succès, plus nous éprouvons le besoin d'y frayer la voie par un examen approfondi des moyens de l'amener. Nous invitons donc Votre Excellence, sur l'ordre de Sa Majesté, à manifester au baron Schleinitz notre adhésion à ses ouvertures, mais à lui soumettre en même temps avec pleine franchise les observations auxquelles elle nous donne lieu.

Jusqu'ici, nous connaissons en général le penchant du gouvernement français à des négociations de paix sous la médiation des trois cours ; mais nous sommes dans une ignorance absolue des intentions du gouvernement autrichien. Dès que les trois puissances se seront entendues sur le principe d'un accord relativement à la médiation proposée, il sera donc essentiel, selon nous, que les puissances belligérantes soient invitées à manifester leur accession à ce principe, de même que les bases réciproques sur lesquelles elles croient pouvoir consentir à des négociations. Ce n'est qu'une fois en possession de ces éléments indispensables que les trois cours peuvent se former une opinion et procéder en connaissance de cause à l'œuvre de la médiation commune, laquelle devra précéder la convocation d'un congrès dont le but serait la réorganisation de l'Italie, de façon à avoir égard à l'équilibre européen et aux intérêts de l'ordre social.

Telle est la voie qui seule nous semble pratique et conforme au caractère conciliant et impartial de la mission échue dans les présentes conjonctures aux grandes puissances neutres. Ces considérations nous sont surtout prescrites par l'intérêt que nous prenons au succès de la tentative que l'initiative du cabinet de Berlin nous met en état d'entreprendre, de concert avec lui et le gouvernement britannique, pour le rétablissement de la paix.

Notre auguste maître fait les vœux les plus sincères pour sa réussite, et Sa Majesté éprouverait une vive satisfaction à frayer avec le prince régent de Prusse la voie à un accord si parfaitement conforme aux traditions de la constante amitié qui unit la Prusse et la Russie, et ayant pour but une pacification si importante pour les intérêts généraux de l'Europe.

Votre Excellence peut présenter à M. le baron Schleinitz l'assurance de notre appui loyal et sincère.

GORTSCHAKOFF.

Les formes de langage entre les deux cabinets de Londres et de Saint-Pétersbourg diffèrent en ce sens que celui-ci se renferme dans une réserve qui ne laisse rien entrevoir de ses sentiments, tandis que celui-là fait dès ce moment pressentir son opinion sur l'avenir des peuples de l'Italie. On retrouve dans la dépêche de lord Russell les idées anciennes et les idées actuelles de l'Angleterre, idées de tout temps favorables à l'indépendance de la Péninsule et contraires à la domination de l'Autriche. Celle du prince Gortschakoff laisse le champ ouvert à toutes les conjectures.

La paix vint mettre brusquement un terme inattendu à ces négociations, à peine ébauchées. Mais, si cette paix fit tomber les armes des mains des combattants, elle ne mit pas d'accord les gouvernements ni les peuples. Elle a laissé des germes de division très-profonds entre l'Autriche et la Prusse et des semences de désunion au sein même de la Confédération germanique, dont une partie gravite autour du cabinet de Vienne, tandis que l'autre partie se tourne vers le cabinet de Berlin.

La Russie, plus d'accord avec la Prusse qu'avec l'Autriche, a cependant mis en défiance contre ses tendances à une sorte de tutelle morale de la Confédération germanique, divers États de l'Allemagne. Le cabinet de Dresde s'est fait l'organe de ces États dans une réponse de M. de Beust à la circulaire du prince Gortschakoff, publiée dans le chapitre relatif au rôle des neutres du premier volume. Cette réponse n'a qu'un intérêt rétrospectif. Cependant, comme elle est l'un des indices d'une situation complexe qui peut-être un jour amènera une scission de l'Allemagne avec un déplacement d'influences, je crois utile d'en reproduire le texte. Le voici :

A M. DE KŒNNERITZ, MINISTRE RÉSIDENT DU ROI A SAINT-PÉTERSBOURG

Dresde, 15 juin.

Le prince Volkonsky m'a donné lecture d'une dépêche que lui a adressée M. le prince de Gortschakoff, à l'effet de constater l'attitude du gouvernement impérial en présence des complications survenues en Italie, et de la guerre qui en est résultée, ainsi que la manière dont le cabinet de Saint-Pétersbourg croit devoir juger la position des gouvernements d'Allemagne au milieu de ces mêmes événements.

Le gouvernement du roi, mettant une confiance entière dans les sentiments nobles et élevés de Sa Majesté l'empereur de toutes les Russies, n'a aucun doute sur le caractère bienveillant et équitable des dispositions dont le gouvernement de Sa Majesté Impériale est animé envers l'Allemagne et les différents gouvernements de la Confédération germanique; ce n'est donc qu'avec reconnaissance que nous avons pu accueillir cette importante communication; et je vous prie, monsieur, de vous en faire l'interprète auprès de M. le prince Gortschakoff.

Nous croyons donner au gouvernement impérial la meilleure preuve de la sincérité de ces mêmes sentiments en répondant avec une égale franchise aux différentes observations qui viennent de nous être faites.

La dépêche de M. le prince Gortschakoff se divise en deux parties distinctes. La première, qui est rétrospective, passe en revue les négociations qui ont précédé le commencement des hostilités, et rappelle le congrès proposé par la Russie pour les empêcher; la seconde, qui s'occupe du présent et de l'avenir, s'applique de préférence à faire ressortir les vues du gouvernement impérial sur la tâche réservée aujourd'hui à la Confédération germanique.

Quant à la première, M. le prince Gortschakoff saura apprécier les considérations qui nous engagent à mettre une certaine réserve à en aborder le sujet. Il n'en trouvera pas moins excusable qu'un gouvernement allemand se permette de ne pas partager le jugement sévère infligé à la conduite du gouvernement autrichien, lequel, suivant les développements de la dépêche de M. le prince Gortschakoff, serait seul responsable des calamités de la guerre.

Le gouvernement du roi a rendu dans le temps pleine justice aux efforts tentés par le cabinet de Saint-Pétersbourg pour la prévenir par un congrès européen. Mais, à moins de manquer à tout devoir d'impartialité envers un gouvernement confédéré, il nous serait impossible de nous arrêter à l'épisode du congrès représentant une phase et non l'assemblée des faits qui ont précédé et amené la guerre, au lieu de nous reporter à l'origine des complications qui ont fini par la faire éclater; et alors nous ne saurions oublier que le gouvernement autrichien, n'ayant rien fait qui ait pu donner ombrage ni à ses voisins ni à une puissance quelconque en Europe, fut inquiété d'abord et menacé ensuite dans le paisible exercice de ses droits de souveraineté. Il nous est difficile encore de ne pas nous convaincre que, si de pareilles entreprises, au lieu de rencontrer des sympathies, avaient encouru le blâme non équivoque de l'Europe, le fléau de la guerre eût été très-probablement épargné à l'humanité, avant même que la question de congrès ne fût posée.

Nous serons plus explicites sur les questions qui se rattachent à la position et à l'attitude des gouvernements allemands. Ici, nous avons une mission à remplir, et nous devons de sincères remerciments à M. le prince Gortschakoff de nous avoir fourni l'occasion d'entrer dans quelques explications propres à éclairer les gouvernements étrangers sur ce qui se passe aujourd'hui en Allemagne.

La dépêche de M. le ministre des affaires étrangères de Russie témoigne des regrets au sujet de l'excitation se manifestant dans quelques parties de l'Allemagne : elle exprime la crainte que cette agitation n'ait sa source dans un malentendu, et ce malentendu, elle le trouve dans la tendance de quelques États de la Confédération germanique à se préoccuper d'un danger imaginaire, et à en faire naître de très-réels, non-seulement en ne résistant pas à des passions dont le développement pourrait mettre en péril la sécurité et la force intérieure des gouvernements, mais encore en fournissant des griefs sérieux à un État voisin et puissant, au moment même où ils en reçoivent des déclarations rassurantes.

Il y a évidemment un malentendu, mais ce n'est pas du côté des gouvernements allemands qu'il faudra le chercher.

M. le prince Gortschakoff veut bien nous rappeler plus loin que la confédération est une combinaison purement et exclusivement défensive, et que, si aujourd'hui elle se portait à des actes hostiles envers la France, elle aurait faussé le but de son institution et méconnu l'esprit des traités qui ont consacré son existence.

A ce sujet, nous devons commencer par faire une légère réserve. Sans vouloir examiner jusqu'à quel point le mot de combinaison peut s'appliquer à une union d'États indépendants reconnue indissoluble, et comptant parmi ses membres deux grandes puissances européennes, nous nous permettrons de relever que la confédération germanique, par son organisation, a en effet un caractère principalement et essentiellement défensif, mais qu'on ne saurait prétendre qu'elle est une combinaison exclusivement défensive. Les traités sur la base desquels elle est entrée dans le droit public européen, je me sers des propres paroles de M. le prince Gortschakoff, et auxquelles la Russie a apposé sa signature, lui reconnaissant le droit de paix et de guerre. Les États allemands se sont toujours montrés très-jaloux de se conformer aux lois fondamentales qui régissent la confédération et de ne pas s'en écarter, mais par cela même ils peuvent prétendre à les conserver intactes.

Nous prions cependant M. le prince Gortschakoff de ne pas perdre de vue que dans notre pensée il ne s'agit en aucune façon de méconnaître ce caractère défensif par excellence, ni de sortir du cercle des dispositions défensives qui se trouvent dans les lois fondamentales.

L'article 47 de l'acte final de Vienne, et dont il a été question trop souvent dans ces derniers temps, pour qu'il soit nécessaire d'en citer le texte, a prévu l'éventualité qui se présente aujourd'hui comme fait accompli, et, pour que les gouvernements allemands songent à remplir les devoirs qu'il leur impose, ils n'ont besoin ni de céder à des passions qui compromettent leur sécurité, ni de se préoccuper d'un danger à venir.

Nous pourrions rappeler d'ailleurs que jusqu'ici la confédération n'a pas encore arrêté les décisions qui sont l'objet de la sollicitude de M. le prince Gortschakoff, et lui inspirent des craintes pour la solidité de notre « assiette intérieure; » mais, loin de soulever une question d'opportunité, nous préférons lui donner une preuve de plus de notre confiance dans les dispositions amicales du gouvernement impérial en acceptant ainsi une discussion anticipée.

Ce n'est pas pour la première fois que la diète de Francfort est appelée à discuter la mesure des obligations fédérales de l'Allemagne envers les deux grandes puissances faisant partie de la confédération. Il n'est pas inutile de rappeler des précédents d'assez fraîche date ; ils prouveront de quelle manière on a entendu jusqu'ici son caractère défensif sans donner lieu à aucune objection de la part des grandes puissances qui ont signé les traités sur la base desquels l'Allemagne est entrée dans le droit public européen.

Il y a quelques années, la Russie, à la suite d'un différend avec l'empire ottoman, fit occuper par ses troupes les principautés danubiennes. L'intervention des grandes puissances, ayant pour but d'amener une entente, resta infructueuse par suite du refus de la Porte-Ottomane d'accepter purement et simplement l'arbitrage de la conférence de Vienne, et ce fut alors la Turquie qui déclara la guerre à la Russie. Elle eut pour alliées l'Angleterre et la France.

A cette époque, la confédération germanique, à la proposition de l'Autriche et de la Prusse, prit une résolution portant que tout acte d'agression contre les possessions non allemandes de l'Autriche et de la Prusse, serait considéré comme équivalant à une attaque contre le territoire fédéral, et quelques mois plus tard, les troupes autrichiennes occupant les Principautés danubiennes, la confédération amplifia ladite résolution dans ce sens qu'une attaque contre cette force armée, se trouvant donc en dehors non-seulement du territoire fédéral, mais même du territoire autrichien, serait encore considérée comme agression dirigée contre la confédération.

Je ne sache pas que ces décisions aient provoqué des protestations, ou seulement des remontrances, ni à Paris, ni à Londres, ni même à Saint-

Pétersbourg. Et cependant, le gouvernement impérial de Russie aurait certainement trouvé matière à s'y opposer, si l'attitude de la confédération avait été contraire aux traités.

Mais, si la confédération est restée alors dans les limites de ses droits et de ses devoirs, pourquoi donc s'exposerait-elle aujourd'hui à fausser le but de son institution et à méconnaître l'esprit des traités en prenant des résolutions analogues?

Ou bien n'existerait-il pas d'analogie entre les circonstances actuelles et celles d'alors?

Il y a, en effet, une différence à noter. En 1854, la confédération avait en vue l'éventualité d'une agression venant de l'est, comme elle tourne aujourd'hui ses regards du côté de l'ouest.

Mais, à cette époque, l'intervention de la Diète n'avait été précédée d'aucun acte, ni d'aucune démonstration tendant à menacer le territoire autrichien ou prussien ; aujourd'hui, au contraire, cette intervention n'a pas encore eu lieu, mais, en revanche, le territoire autrichien est envahi.

Voudrait-on enfin nous objecter à Saint-Pétersbourg qu'à cette époque l'Allemagne avait plus à redouter de la Russie qu'elle n'a à craindre aujourd'hui de la France? La dépêche de M. le prince Gortschakoff nous rappelle que le gouvernement français a solennellement proclamé qu'il n'a aucune intention hostile à l'égard de l'Allemagne. Elle nous apprend en même temps que cette déclaration a été accueillie avec un assentiment empressé par la majorité des grandes puissances. Nous nous souvenons également d'un manifeste proclamant l'intention de délivrer l'Italie des Alpes jusqu'à l'Adriatique. Cette déclaration aurait-elle aussi obtenu l'assentiment empressé des grandes puissances?

La dépêche de M. le prince Gortschakoff constate une fois de plus l'intention du gouvernement impérial de veiller au maintien de l'équilibre européen. Nous sommes profondément pénétrés de ce que cette manifestation a de rassurant pour l'avenir de l'Europe. Nous savons apprécier au même degré l'importance de l'intérêt que le gouvernement impérial déclare attacher à l'intégrité de l'Allemagne.

Nous aimons de plus à nous persuader que, si la Russie a fait en faveur de l'Allemagne des sacrifices, elle ne les regrette pas, car, ainsi que nous le dit la dépêche de M. le prince Gorschakoff, la Russie ne s'inspire que de ses intérêts, et il s'est présenté telles circonstances où la Russie à son tour a eu à se louer de l'Allemagne guidée également par les inspirations de ses propres intérêts. L'Allemagne aujourd'hui ne demande pas des sacrifices, elle ne réclame que son indépendance dans l'accomplissement de ses devoirs fédéraux.

En parlant ainsi, nous n'avons pas la prétention de prendre la parole au nom de l'Allemagne. Mais, lorsqu'il s'agit des affaires fédérales et du maintien des droits, aussi bien que des obligations de la confédération, nous croyons chacun des gouvernements allemands appelé à élever sa voix, et nous ne craignons pas, pour notre part, d'être démentis par nos confédérés.

Veuillez donner lecture de la présente dépêche à M. le prince Gortschakoff.

BEUST.

Qui sait si bientôt ne naîtront pas de la situation que la guerre d'Italie, après la guerre de Crimée, a faite à l'Autriche, à la Prusse, à l'Allemagne, à la Suède et à la Russie aussi bien qu'à la Turquie, une décomposition et une reconstruction des éléments sur lesquels repose actuellement l'équilibre de l'Europe!

IV

L'AUTRICHE VIS-A-VIS DES DUCHÉS

On a beaucoup admiré la magnanimité de l'empereur d'Autriche défendant à Villafranca les droits des souverains de Florence et de Modène, ses parents et ses alliés, en disant que l'honneur lui commandait de ne pas abandonner ceux qui s'étaient compromis pour sa cause.

Il y a du chevaleresque, en effet, dans le caractère de François-Joseph Ier ; il est naturel qu'il y en ait également dans son langage.

Cependant la conduite de ce monarque cédant ce qui lui appartient et défendant ce qui appartient à autrui est moins désintéressée qu'on ne paraît le croire : c'était un peu son propre bien qu'il se conservait en conservant Modène et Florence aux princes ses parents et ses alliés.

On a vu, par les traités que j'ai publiés dans le premier volume et par les renseignements que j'ai insérés dans le troisième volume, que le grand-duché de Toscane est diplomatiquement considéré comme constituant à perpétuité un apanage de la maison d'Autriche.

Ainsi, dans le cas où la dynastie princière qui régnait il y a quelques mois encore à Florence viendrait à s'éteindre, d'après l'ancien droit public européen, restauré en 1814 et 1815 et confirmé par d'autres actes postérieurs spéciaux sur lesquels se trouve la signature de la France, ce même grand-duché de Toscane devrait passer aux mains d'un membre de la famille impériale d'Autriche.

C'était donc, en réalité, une possession de sa maison que François-Joseph Ier voulait conserver à sa race, en maintenant sur le trône de Florence les ducs de la dynastie de Lorraine.

Il en est de même du duché de Modène.

On a vu également que ce duché devait revenir, en cas d'extinction de la branche qui le possédait avant la guerre de 1859, à cette même maison d'Autriche, pour être donné à l'un de ses membres, qui aurait fondé une nouvelle dynastie.

Des traités modernes, commandés par des convenances particulières ont modifié les vieilles délimitations fixées par les traités antérieurs à 1797, en ce qui concerne les duchés de Parme et de Modène.

En 1844, des échanges de territoire ont été faits entre les souverains de Florence et de Modène traitant avec le duc de Lucques, qui agissait alors comme futur duc de Parme.

D'après ces échanges, le duché de Guastalla a été détaché du duché de Parme et réuni au duché de Modène.

Des conventions d'une autre date ont également été conclues entre l'Autriche et le Piémont, en vertu desquelles, dans le cas d'extinction de la branche des Bourbons d'Espagne qui régnait naguère à Parme, cette ville serait devenue la propriété de la maison de Savoie, et celle de Plaisance aurait appartenu à la maison de Hapsbourg, contrairement aux anciennes stipulations qui assuraient la réversibilité de la seconde à la cour de Turin et la réversibilité de la première à la cour de Vienne.

Cependant l'Autriche n'a rien stipulé en faveur de la duchesse de Parme, parce que les circonstances ne lui permettaient plus de maintenir ses droits éventuels à la possession de la ville de Plaisance, et que, n'ayant rien à espérer de ce côté-là, même pour l'avenir, il lui devenait indifférent d'y voir régner la maison de Savoie ou la maison de Bourbon.

L'attitude que François-Joseph Ier a eue à Villafranca, en faveur des ducs détrônés de Modène et de Florence, est donc, au fond, moins magnanime et plus intéressée qu'on ne se l'était imaginé.

Ainsi l'extrême modération de Napoléon III et l'ambition persistante de François-Joseph Ier ont été les deux causes combinées qui ont inspiré celles des stipulations de Villafranca que l'Autriche peut invoquer en faveur de la restauration des dynasties de Lorraine à Modène et à Florence.

On sait le passé; on connaît le terrain présent; on sait les motifs et les mobiles; on voit le but; on appréciera mieux le caractère des événements qui se sont accomplis du 11 juillet 1859 au 1er mars 1860, dans les duchés insurgés contre les anciennes familles souveraines.

Mais, avant de reprendre, à cette date du 11 juillet 1859, le récit des faits qui concernent l'Italie centrale, je dois faire connaître le résultat des travaux de la conférence de Zurich, qui a complété l'œuvre de Villafranca.

V

CONFÉRENCE DE ZURICH

Les deux empereurs, usant de leur droit souverain, avaient réglé, d'un commun accord, le 11 juillet 1859, à Villafranca, les bases de la paix, sans que ces stipulations fussent soumises à aucune sanction.

Voici le texte original de ces préliminaires de paix :

« Entre Sa Majesté l'empereur d'Autriche et Sa Majesté l'empereur des Français, il a été convenu ce qui suit :

« Les deux souverains favoriseront la création d'une Confédération italienne.

« Cette Confédération sera sous la présidence honoraire du Saint-Père.

« L'empereur d'Autriche cède à l'empereur des Français ses droits sur la Lombardie, à l'exception des forteresses de Mantoue et de Peschiera, de manière que la frontière des possessions autrichiennes partirait du rayon extrême de la forteresse de Peschiera, et s'étendrait en ligne droite le long du Mincio jusqu'à le Grazie ; de là à Szarzarola et Suzana au Pô, d'où les frontières actuelles continueront à former les limites de l'Autriche. L'empereur des Français remettra le territoire cédé au roi de Sardaigne.

« La Vénétie fera partie de la Confédération italienne, tout en restant sous la couronne de l'empereur d'Autriche.

« Le grand-duc de Toscane et le duc de Modène rentrent dans leurs États, en donnant une amnistie générale.

« Les deux empereurs demanderont au Saint-Père d'introduire dans ses États des réformes indispensables.

« Amnistie pleine et entière est accordée de part et d'autre aux personnes compromises à l'occasion des derniers événements dans les territoires des parties belligérantes.

« Fait à Villafranca, le 11 juillet 1859.

« *Signé :* FRANÇOIS-JOSEPH, *m. p.*; NAPOLÉON, *m. p.* »

Telles étaient les bases sur lesquelles devaient délibérer les plénipotentiaires de France, d'Autriche et de Sardaigne, qui furent chargés d'élaborer l'instrument de la paix.

La première question à résoudre, c'était le choix du lieu de réunion des plénipotentiaires.

La ville de Zurich fut désignée par les deux empereurs pour siége des conférences de paix. Des dépêches furent échangées à cet effet, d'une part, entre l'ambassadeur de France et le ministre d'Autriche, et le gouvernement fédéral d'autre part, à la fin de juillet. Voici le texte de ces dépêches :

À SON EXCELLENCE M. LE BARON DE MENSHENGEN, ENVOYÉ EXTRAORDINAIRE ET MINISTRE PLÉNIPOTENTIAIRE À BERNE.

Vienne, le 27 juillet 1859.

Monsieur le baron,

M. Stæmpfli a sans doute déjà reçu la nouvelle que les gouvernements d'Autriche et de France sont tombés d'accord d'ouvrir les négociations de paix dans la ville de Zurich ; je vous invite néanmoins à en donner officiellement connaissance à M. le président de la Confédération.

La circonspection et l'énergie déployées par le conseil fédéral pour maintenir, durant la guerre, une attitude de neutralité à la fois impartiale et bienveillante, recommandent particulièrement le territoire hospitalier de la Suisse aux puissances belligérantes pour la réunion de leurs plénipotentiaires. En faisant choix de la ville de Zurich, le gouvernement impérial s'est tenu d'avance pour assuré de l'assentiment du Conseil fédéral, et je ne crois pas avoir besoin de recommander les plénipotentiaires de l'empereur à l'accueil obligeant des autorités nationales.

Recevez, monsieur le baron, l'assurance de ma considération très-distinguée.

Signé : Rechberg.

À SON EXCELLENCE M. STÆMPFLI, PRÉSIDENT DE LA CONFÉDÉRATION SUISSE.

Berne, le 3 avril 1859.

Monsieur le président,

M. le comte Walewski m'informe que des plénipotentiaires français et autrichiens, auxquels se joindra un plénipotentiaire de Sardaigne, doivent très-incessamment se réunir pour arrêter et rédiger les dispositions du traité de paix dont les bases ont été convenues à Villafranca.

La ville de Zurich a été choisie pour être le lieu de cette réunion, et j'ai l'honneur de vous en informer.

Votre Excellence verra, j'en ai l'assurance, dans le choix qui a été fait d'une ville de Suisse pour y arrêter définitivement les clauses du traité de paix, une nouvelle preuve des sentiments d'estime et d'affection qui animent le gouvernement de l'empereur à l'égard de la Confédération suisse.

Agréez, je vous prie, monsieur le président, l'assurance de ma haute considération.

L'ambassadeur de France, *Signé :* TURGOT.

À SON EXCELLENCE M. LE MARQUIS DE TURGOT, AMBASSADEUR DE FRANCE.

Berne, 5 août.

Le conseil fédéral a eu l'honneur de recevoir la note datée du 3 courant, par laquelle M. l'ambassadeur de France lui annonce que M. le comte Walewski a informé Son Excellence que des plénipotentiaires français et autrichiens, auxquels se joindra un plénipotentiaire de Sardaigne, doivent incessamment se réunir pour arrêter et rédiger les dispositions du traité de paix dont les bases ont été convenues à Villafranca, et que la ville de Zurich a été choisie pour être le lieu de cette réunion.

En remerciant M. le marquis de Turgot de cette notification, le Conseil fédéral s'empresse de lui annoncer que le gouvernement du canton de Zurich en a été immédiatement instruit par une notification semblable reçue au commencement de ce mois du ministre d'Autriche à Berne; ledit gouvernement a déjà été invité à prendre les mesures convenables pour que les plénipotentiaires des hautes puissances soient reçus avec tous les égards et tous les honneurs qui leur sont dus, et à satisfaire autant que possible aux désirs qu'ils pourraient être dans le cas de lui exprimer.

Le Conseil fédéral saisit cette occasion pour renouveler à Son Excellence M. l'ambassadeur de France les assurances de sa haute considération.

Au nom du Conseil fédéral,

Le président de la Confédération. *Signé :* STÆMPFLI.

Le chancelier de la Confédération. *Signé :* SCHIESS.

Le Conseil fédéral fit naturellement à la notification du ministre d'Autriche une réponse conçue dans des termes à peu près analogues à celle qu'il avait adressée à l'ambassadeur de France. M. le comte de Rechberg avait écrit sa dépêche en français. Le gouvernement fédéral s'est servi, pour lui répondre, de la langue allemande.

Après le choix du lieu, venait la désignation des plénipotentiaires. Ce furent :

Pour la France,

M. le baron DE BOURQUENEY et M. le marquis DE BANNEVILLE.

Pour l'Autriche,

M. le comte DE COLLOREDO et M. le baron DE MEYSENBUG.

Pour la Sardaigne,

M. le chevalier DES AMBROIS et M. le chevalier JOCTEAU.

M. le baron de Bourqueney était encore, à cette époque, titulaire du poste d'ambassadeur de la cour de France à la cour d'Autriche. Cependant une grande douleur dont un grand malheur était la source le retenait confiné dans sa terre de Blois, où il pleurait la mort d'une femme adorée, lorsque Napoléon III le chargea de le représenter à la conférence de Zurich.

Le marquis de Banneville remplissait à Vienne les fonctions de premier secrétaire de l'ambassade française. Ce fut lui, on s'en souvient, qui s'y trouvait chargé des affaires de cette ambassade, en l'absence de M. le baron de Bourqueney, lorsque éclata la guerre.

M. le comte de Colloredo, qui devait mourir à Zurich avant la fin des travaux de la conférence, au sein de laquelle il fut remplacé par le comte Karoli, appartient à l'une des plus illustres familles d'Autriche. Depuis longtemps, familiarisé avec la science des diplomates, il était accoutumé à remplir des missions importantes.

M. le baron de Meysenbug est le directeur de la division politique à la chancellerie des affaires étrangères d'Autriche. Il avait accompagné à Paris, sous titre officiel, M. le comte de Buol, lors du congrès de 1856.

M. le chevalier des Ambrois occupe dans la magistrature et dans la législature du Piémont de hautes positions qui lui donnaient une grande autorité personnelle.

M. le chevalier Jocteau représentait la Sardaigne auprès du gouvernement fédéral suisse.

Entourée d'un rideau de riantes collines, baignée par les flots transparents d'un lac sans agitation, sans mouvement, la ville de Zurich, avec son calme et son silence, convenait à merveille pour siége d'une conférence diplomatique.

Les plénipotentiaires de France, d'Autriche et de Sardaigne se trouvèrent réunis dans cette ville, au mois d'août, du 6 au matin au 7 au soir, et tous se logèrent à l'hôtel Bauer, qui devint le siége de leurs délibérations, dont l'ouverture eut lieu le 8, dans la journée.

Ces délibérations présentèrent, dans la forme, un caractère inaccoutumé.

L'Autriche n'avait pas traité, à Villafranca, avec la Sardaigne et la France réunies, mais seulement avec la France. Elle n'avait pas cédé la Lombardie à la Sardaigne, mais à la France; c'était la France qui devait la remettre à la Sardaigne.

Le traité de cession de la Lombardie, avec les conditions qui pouvaient s'y rattacher, devait donc être conclu séparément entre la France et l'Autriche.

La France devait ensuite reproduire ce premier traité dans un second traité de rétrocession où elle figurerait seule avec la Sardaigne.

Puis devait intervenir un troisième traité à trois conforme aux deux premiers.

Ainsi les plénipotentiaires français eurent à s'entendre, séparément, d'abord avec ceux de l'Autriche, ensuite avec ceux de la Sardaigne.

Ici les résultats sont tout.

Il importe donc fort peu de savoir quelles paroles ont été échangées dans cette conférence de Zurich, dont les travaux ont duré plus de trois mois.

C'est seulement en 1859, le 10 novembre, que les traités de Zurich ont été signés, et c'est le 20 novembre que les ratifications de ces traités ont été échangées dans cette ville entre les plénipotentiaires des trois puissances contractantes.

Voici d'abord le texte du premier traité conclu entre la France et l'Autriche seules :

Au nom de la très-sainte et indivisible Trinité.

Sa Majesté l'empereur des Français et Sa Majesté l'empereur d'Autriche, voulant mettre un terme aux calamités de la guerre et prévenir le retour des complications qui l'ont fait naître, en contribuant à fonder sur des bases solides et durables l'indépendance intérieure et extérieure de l'Italie, ont résolu de convertir en traité de paix définitif les préliminaires signés de leur main à Villafranca. A cet effet, Leurs Majestés Impériales ont nommé pour leurs plénipotentiaires, savoir :

Sa Majesté l'empereur des Français, le sieur François-Adolphe, baron de Bourqueney, sénateur de l'Empire, grand-croix de l'ordre impérial de la Légion d'honneur, grand-croix de l'ordre impérial de Léopold d'Autriche,

Et le sieur Gaston-Robert Morin, marquis de Banneville, officier de l'ordre impérial de la Légion d'honneur;

Sa Majesté l'empereur d'Autriche, le sieur Aloïs, comte Karolyi de Nagy Karoly, son chambellan et ministre plénipotentiaire,

Et le sieur Othon, baron de Meysenbug, chevalier de l'ordre impérial et royal de Léopold, commandeur de l'ordre impérial de la Légion d'honneur, son ministre plénipotentiaire et conseiller aulique,

Lesquels se sont réunis en conférence à Zurich, et, après avoir échangé leurs pleins pouvoirs trouvés en bonne et due forme, sont convenus des articles suivants.

Art. 1er. Il y aura à l'avenir paix et amitié entre Sa Majesté l'empereur des Français et Sa Majesté l'empereur d'Autriche, ainsi qu'entre leurs héritiers et successeurs, leurs États et sujets respectifs, à perpétuité.

Art. 2. Les prisonniers de guerre seront immédiatement rendus de part et d'autre.

Art. 3. Pour atténuer les maux de la guerre et par une dérogation exceptionnelle à la jurisprudence généralement consacrée, les bâtiments autrichiens capturés, qui n'ont point encore été l'objet d'une condamnation de la part du conseil des prises, seront restitués.

Les bâtiments et chargements seront rendus dans l'état où ils se trouveront, lors de la remise, après le payement de toutes les dépenses et de tous les frais auxquels auront pu donner lieu la conduite, la garde et l'instruction desdites prises, ainsi que du fret acquis aux capteurs; et, enfin, il ne pourra être réclamé aucune indemnité pour raisons de prises coulées ou détruites, pas plus que pour les préhensions exercées sur les marchandises qui étaient propriétés ennemies, alors même qu'elles n'auraient pas encore été l'objet d'une décision du conseil des prises.

Il est bien entendu, d'autre part, que les jugements prononcés par le conseil des prises sont définitifs et acquis aux ayants droit.

Art. 4. Sa Majesté l'empereur d'Autriche renonce pour lui et tous ses descendants et successeurs, en faveur de Sa Majesté l'empereur des Français, à ses droits et titres sur la Lombardie, à l'exception des forteresses de Peschiera et de Mantoue et des territoires déterminés par la nouvelle délimitation, qui restent en la possession de Sa Majesté Impériale et Royale Apostolique.

La frontière, partant de la limite méridionale du Tyrol, sur le lac de

Garda, suivra le milieu du lac jusqu'à la hauteur de Bardolino et de Manerba, d'où elle rejoindra en ligne droite le point d'intersection de la zone de défense de la place de Peschiera avec le lac de Garda.

Cette zone sera déterminée par une circonférence dont le rayon, compté à partir du centre de la place, est fixé à trois mille cinq cents mètres, plus la distance dudit centre au glacis du fort le plus avancé. Du point d'intersection de la circonférence ainsi désignée avec le Mincio, la frontière suivra le thalweg de la rivière jusqu'à le Grazie, s'étendra de le Grazie, en ligne droite, jusqu'à Scorzarolo, suivra le thalweg du Pô jusqu'à Luzzara, point à partir duquel il n'est rien changé aux limites actuelles telles qu'elles existaient avant la guerre.

Une commission militaire instituée par les gouvernements intéressés sera chargée d'exécuter le tracé sur le terrain, dans le plus bref délai possible.

Art. 5. Sa Majesté l'empereur des Français déclare son intention de remettre à Sa Majesté le roi de Sardaigne les territoires cédés par l'article précédent.

Art. 6. Les territoires encore occupés, en vertu de l'armistice du 8 juillet dernier, seront réciproquement évacués par les puissances belligérantes, dont les troupes se retireront immédiatement en deçà des frontières déterminées par l'article 4.

Art. 7. Le nouveau gouvernement de la Lombardie prendra à sa charge les trois cinquièmes de la dette du Monte Lombardo Veneto.

Il supportera également une portion de l'emprunt national de 1854, fixée entre les hautes parties contractantes à quarante millions de florins (monnaie de convention).

Le mode de payement de ces quarante millions de florins sera déterminé dans un article additionnel.

Art. 8. Une commission internationale sera immédiatement instituée pour procéder à la liquidation du Monte Lombardo Veneto; le partage de l'actif et du passif de cet établissement s'effectuera en prenant pour base la répartition de trois cinquièmes pour le nouveau gouvernement et de deux cinquièmes pour l'Autriche.

De l'actif du fonds d'amortissement du Monte et de sa caisse de dépôts consistant en effets publics, le nouveau gouvernement recevra trois cinquièmes, et l'Autriche deux cinquièmes; et quant à la partie de l'actif qui se compose de biens-fonds ou de créances hypothécaires, la commission effectuera le partage en tenant compte de la situation des immeubles, de manière à en attribuer la propriété, autant que faire se pourra, à celui des deux gouvernements sur le territoire duquel ils se trouvent situés.

Quant aux différentes catégories de dettes inscrites, jusqu'au 4 juin 1859, sur le Monte-Lombardo-Veneto et aux capitaux placés à intérêts à la caisse de dépôts du fonds d'amortissement, le nouveau gouvernement se charge pour trois cinquièmes et l'Autriche pour deux cinquièmes, soit de payer les intérêts, soit de rembourser le capital, conformément aux règlements jusqu'ici en vigueur. Les titres de créance des sujets autrichiens entreront de préférence dans la quote-part de l'Autriche qui, dans un délai de trois mois à partir de l'échange des ratifications ou plus tôt si faire se peut, transmettra au nouveau gouvernement de la Lombardie des tableaux spécifiés de ces titres.

Art. 9. Le nouveau gouvernement de la Lombardie succède aux droits et obligations résultant de contrats régulièrement stipulés par l'administration autrichienne pour des objets d'intérêt public concernant spécialement le pays cédé.

Art. 10. Le gouvernement autrichien restera chargé du remboursement de toutes les sommes versées par les sujets lombards, par les communes, établissements publics et corporations religieuses dans les caisses publiques autrichiennes, à titre de cautionnements, dépôts ou consignations. De même, les sujets autrichiens, communes, établissements publics et corporations religieuses qui auront versé des sommes, à titre de cautionnements, dépôts ou consignations, dans les caisses de la Lombardie, seront exactement remboursés par le nouveau gouvernement.

Art. 11. Le nouveau gouvernement de la Lombardie reconnait et confirme les concessions de chemins de fer accordées par le gouvernement autrichien sur le territoire cédé, dans toutes leurs dispositions et pour toute leur durée, et nommément les concessions résultant des contrats passés, en date des 14 mars 1856, 8 avril 1857 et 25 septembre 1858.

A partir de l'échange des ratifications du présent traité, le nouveau gouvernement est subrogé à tous les droits et à toutes les obligations qui résultaient, pour le gouvernement autrichien, des concessions précitées, en ce qui concerne les lignes de chemins de fer situées sur le territoire cédé.

En conséquence, le droit de dévolution qui appartenait au gouvernement autrichien, à l'égard de ces chemins de fer, est transféré au nouveau gouvernement de la Lombardie.

Les payements qui restent à faire sur la somme due à l'État par les concessionnaires en vertu du contrat du 14 mars 1856, comme équivalent des dépenses de construction desdits chemins, seront effectués intégralement dans le trésor autrichien.

Les créances des entrepreneurs de constructions et des fournisseurs, de même que les indemnités pour expropriations de terrains, se rapportant à la période où les chemins de fer en question étaient administrés pour le compte de l'État et qui n'auraient pas encore été acquittées, seront payées par le gouvernement autrichien et, pour autant qu'ils y sont tenus, en vertu de l'acte de concession, par les concessionnaires au nom du gouvernement autrichien.

Une convention spéciale règlera, dans le plus bref délai possible, le service international des chemins de fer entre les pays respectifs.

Art. 12. Les sujets lombards domiciliés sur le territoire cédé par le présent traité jouiront, pendant l'espace d'un an, à partir du jour de l'échange des ratifications, et moyennant une déclaration préalable à l'autorité compétente, de la faculté pleine et entière d'exporter leurs biens meubles en franchise de droits et de se retirer avec leurs familles dans les États de Sa Majesté Impériale et Royale Apostolique; auquel cas la qualité de sujets autrichiens leur sera maintenue. Ils seront libres de conserver leurs immeubles situés sur le territoire de la Lombardie.

La même faculté est accordée réciproquement aux individus originaires du territoire cédé de la Lombardie, établis dans les États de Sa Majesté l'empereur d'Autriche.

Les Lombards qui profiteront des présentes dispositions ne pourront être, du fait de leur option, inquiétés, de part ni d'autre, dans leurs personnes ou dans leurs propriétés situées dans les États respectifs.

Le délai d'un an est étendu à deux ans pour les sujets originaires du territoire cédé de la Lombardie qui, à l'époque de l'échange des ratifications du présent traité, se trouveront hors du territoire de la monarchie autrichienne. Leur déclaration pourra être reçue par la mission autrichienne la plus voisine, ou par l'autorité supérieure d'une province quelconque de la monarchie.

Art. 13. Les sujets lombards faisant partie de l'armée autrichienne, à l'exception de ceux qui sont originaires de la partie du territoire lombard réservée à Sa Majesté l'empereur d'Autriche par le présent traité, seront immédiatement libérés du service militaire et renvoyés dans leurs foyers.

Il est entendu que ceux d'entre eux qui déclareront vouloir rester au service de Sa Majesté Impériale et Royale Apostolique ne seront point inquiétés pour ce fait, soit dans leurs personnes, soit dans leurs propriétés.

Les mêmes garanties sont assurées aux employés civils originaires de la Lombardie qui manifesteront l'intention de conserver les fonctions qu'ils occupent au service d'Autriche.

Art. 14. Les pensions, tant civiles que militaires, régulièrement liquidées, et qui étaient à la charge des caisses publiques de la Lombardie, restent acquises à leurs titulaires, et, s'il y a lieu, à leurs veuves et à leurs enfants, et seront acquittées à l'avenir par le nouveau gouvernement de la Lombardie.

Cette stipulation est étendue aux pensionnaires, tant civils que militaires, ainsi qu'à leurs veuves et enfants, sans distinction d'origine, qui conserveront leur domicile dans le territoire cédé et dont les traitements acquittés jusqu'en 1814 par le ci-devant royaume d'Italie, sont alors tombés à la charge du trésor autrichien.

Art. 15. Les archives contenant les titres de propriété et documents administratifs et de justice civile, relatifs soit à la partie de la Lombardie dont la possession est réservée à Sa Majesté l'empereur d'Autriche par le présent traité, soit aux provinces vénitiennes, seront remises aux commissaires de Sa Majesté Impériale et Royale Apostolique aussitôt que faire se pourra.

Réciproquement, les titres de propriété, documents administratifs et de justice civile concernant le territoire cédé, qui peuvent se trouver dans les archives de l'empire d'Autriche, seront remis aux commissaires du nouveau gouvernement de la Lombardie.

Les hautes parties contractantes s'engagent à se communiquer réciproquement, sur la demande des autorités administratives supérieures, tous les documents et informations relatifs à des affaires concernant à la fois la Lombardie et la Vénétie.

Art. 16. Les corporations religieuses établies en Lombardie pourront librement disposer de leurs propriétés mobilières et immobilières dans le cas où la législation nouvelle, sous laquelle elles passent, n'autoriserait pas le maintien de leurs établissements.

Art. 17. Sa Majesté l'empereur des Français se réserve de transférer à Sa Majesté le roi de Sardaigne, dans la forme consacrée des transactions internationales, les droits et obligations résultant des articles 7, 8, 9, 10, 11, 12, 13, 14, 15 et 16 du présent traité, ainsi que de l'article additionnel mentionné dans l'article 7.

Art. 18. Sa Majesté l'empereur des Français et Sa Majesté l'empereur d'Autriche s'engagent à favoriser de tous leurs efforts la création d'une confédération entre les États italiens, qui serait placée sous la présidence honoraire du Saint-Père, et dont le but serait de maintenir l'indépendance et l'inviolabilité des États confédérés, d'assurer le développement de leurs intérêts moraux et matériels et de garantir la sûreté intérieure et extérieure de l'Italie par l'existence d'une armée fédérale.

La Vénétie, qui reste placée sous la couronne de Sa Majesté Impériale et Royale Apostolique, formera un des États de cette confédération et participera aux obligations comme aux droits résultant du pacte fédéral, dont les clauses seront déterminées par une assemblée composée des représentants de tous les États italiens.

Art. 19. Les circonscriptions territoriales des États indépendants de l'Italie, qui n'étaient pas parties dans la dernière guerre, ne pouvant être changées qu'avec le concours des puissances qui ont présidé à leur formation et reconnu leur existence, les droits du grand-duc de Toscane, du duc de Modène et du duc de Parme sont expressément réservés entre les hautes parties contractantes.

Art. 20. Désirant voir assurés la tranquillité des États de l'Église et le pouvoir du Saint-Père ; convaincus que ce but ne saurait être plus efficacement atteint que par l'adoption d'un système approprié aux besoins des populations et conforme aux généreuses intentions déjà manifestées du souverain pontife, Sa Majesté l'empereur des Français et Sa Majesté l'empereur d'Autriche uniront leurs efforts pour obtenir de Sa Sainteté que la nécessité d'introduire dans l'administration de ses États les réformes reconnues indispensables soit prise par son gouvernement en sérieuse considération.

Art. 21. Pour contribuer de tous leurs efforts à la pacification des esprits, les hautes parties contractantes déclarent et promettent que, dans leurs territoires respectifs et dans les pays restitués ou cédés, aucun individu compromis à l'occasion des derniers événements dans la Péninsule, de quelque classe et condition qu'il soit, ne pourra être poursuivi, inquiété ou troublé dans sa personne ou dans sa propriété, à raison de sa conduite ou de ses opinions politiques.

Art. 22. Le présent traité sera ratifié et les ratifications en seront échangées à Zurich, dans l'espace de quinze jours ou plus tôt si faire se peut.

En foi de quoi les plénipotentiaires respectifs l'ont signé et y ont apposé le sceau de leurs armes.

Fait à Zurich, le dixième jour du mois de novembre de l'an de grâce 1859.

Signé : Bourqueney.
Banneville.
Karolyi.
Megsenbuy.

ARTICLE ADDITIONNEL AU TRAITÉ SIGNÉ, ENTRE LA FRANCE ET L'AUTRICHE, A ZURICH, LE 10 NOVEMBRE 1859.

Le gouvernement de Sa Majesté l'empereur des Français s'engage envers le gouvernement de Sa Majesté Impériale et Royale Apostolique à effectuer pour le compte du nouveau gouvernement de la Lombardie, qui lui en garantira le remboursement, le payement des quarante millions de florins (monnaie de convention) stipulés par l'article 7 du présent Traité, dans le mode et aux échéances ci-après déterminés.

Huit millions de florins seront payés en argent comptant, moyennant un mandat payable à Paris, sans intérêts, à l'expiration du troisième mois, à dater du jour de la signature du présent traité, et qui sera remis aux plénipotentiaires de Sa Majesté Impériale et Royale Apostolique, lors de l'échange des ratifications.

Le payement des trente-deux millions de florins restant aura lieu à Vienne, en argent comptant et en dix versements successifs à effectuer, de deux en deux mois, en lettres de change sur Paris, à raison de trois millions deux cent mille florins (monnaie de convention) chacune. Le premier de ces dix versements aura lieu deux mois après le payement du mandat de huit millions de florins ci-dessus stipulé. Pour ce terme, comme pour tous les termes suivants, les intérêts seront comptés à cinq pour cent, à partir du premier jour du mois qui suivra l'échange des ratifications du présent traité.

Le présent article additionnel aura la même force et valeur que s'il était inséré mot à mot au traité de ce jour.

Il sera ratifié en un seul acte et les ratifications en seront échangées en même temps.

En foi de quoi les plénipotentiaires respectifs ont signé le présent article additionnel et y ont apposé le sceau de leurs armes.

Fait à Zurich, le dixième jour du mois de novembre de l'an de grâce 1859.

Signé : BOURQUENEY.
BANNEVILLE.
KAROLYI.
MEYSENBUG.

Voici maintenant le texte du traité séparé entre la France et la Sardaigne seules :

Au nom de la très-sainte et indivisible Trinité,

Sa Majesté l'empereur des Français et Sa Majesté le roi de Sardaigne, voulant consolider leur alliance et régler par un accord définitif les résultats de leur participation à la dernière guerre, ont résolu de consacrer par un traité les dispositions des préliminaires de Villafranca relatives à la cession de la Lombardie. Ils ont, à cet effet, nommé pour leurs plénipotentiaires, savoir :

Sa Majesté l'empereur des Français : le sieur François-Adolphe, baron de Bourqueney, sénateur de l'Empire, grand-croix de l'ordre Impérial de la Légion d'honneur, etc.;

Et le sieur Gaston-Robert Morin, marquis de Banneville, officier de l'ordre Impérial de la Légion d'honneur, commandeur de l'ordre des Saints-Maurice et Lazare;

Et Sa Majesté le roi de Sardaigne, le sieur François-Louis, chevalier Des Ambrois de Nevache, chevalier grand cordon de son ordre des Saints-Maurice et Lazare, vice président de son conseil d'État, sénateur et vice-président du sénat du royaume;

Et le sieur Alexandre, chevalier Jocteau, commandeur de l'ordre des Saints-Maurice et Lazare, commandeur de l'ordre Impérial de la Légion d'honneur, etc., son ministre résident près la Confédération suisse,

Lesquels, après avoir échangé leurs pleins pouvoirs, trouvés en bonne et due forme, sont convenus des articles suivants :

Art. 1er. Par un traité en date de ce jour, Sa Majesté l'empereur d'Autriche ayant renoncé pour lui et tous ses descendants et successeurs, en faveur de Sa Majesté l'empereur des Français, à ses droits et titres sur la Lombardie, Sa Majesté l'empereur des Français transfère à Sa Majesté le roi de Sardaigne les droits et titres qui lui sont acquis par l'article 4 du traité précité, dont la teneur suit :

« Sa Majesté l'empereur d'Autriche renonce, pour lui et tous ses descendants et successeurs, en faveur de Sa Majesté l'empereur des Français, à ses droits et titres sur la Lombardie, à l'exception des forteresses de Peschiera et de Mantoue, et des territoires déterminés par la nouvelle délimitation, qui restent en la possession de Sa Majesté Impériale et Royale Autrichienne.

« La frontière, partant de la limite méridionale du Tyrol sur le lac de Garda, suivra le milieu du lac jusqu'à la hauteur de Bardolino et de Manerba, d'où elle rejoindra en ligne droite le point d'intersection de la zone de défense de la place de Peschiera avec le lac de Garda. Cette zone sera déterminée par une circonférence dont le rayon, compté à partir du centre de la place, est fixé à trois mille cinq cents mètres, plus la distance dudit centre au glacis du fort le plus avancé. Du point d'intersection de la circonférence ainsi désignée, avec le Mincio, la frontière suivra le thalweg de la rivière jusqu'à le Grazie; s'étendra de le Grazie, en ligne droite, jusqu'à Scorzarolo; suivra le thalweg du Pô jusqu'à Luzzara, point à partir duquel il n'est rien changé aux limites actuelles, telles qu'elles existaient avant la guerre.

« Une commission militaire, instituée par les gouvernements intéressés, sera chargée d'exécuter le tracé sur le terrain, dans le plus bref délai possible. »

Art. 2. Sa Majesté le roi de Sardaigne, en prenant possession des territoires à lui cédés par Sa Majesté l'empereur des Français, accepte les charges et conditions attachées à cette cession, telles qu'elles sont stipulées dans les articles 7, 8, 9, 10, 11, 12, 13, 14, 15 et 16 du traité conclu, en date de ce jour, entre Sa Majesté l'empereur des Français et Sa Majesté l'empereur d'Autriche, qui sont ainsi conçus :

« Le nouveau gouvernement de la Lombardie prendra à sa charge les trois cinquièmes de la dette du Monte-Lombardo-Veneto.

« Il supportera également une portion de l'emprunt national de 1854, fixée entre les hautes parties contractantes à quarante millions de florins, monnaie de convention.

« Une commission internationale sera immédiatement instituée pour procéder à la liquidation du Monte-Lombardo-Veneto. Le partage de l'actif et du passif de cet établissement s'effectuera en prenant pour base la répartition de trois cinquièmes pour le nouveau gouvernement et de deux cinquièmes pour l'Autriche.

« De l'actif du fonds d'amortissement du Monte et de sa caisse de dépôts, consistant en effets publics, le nouveau gouvernement recevra trois cinquièmes et l'Autriche deux cinquièmes; et, quant à la partie de l'actif qui se compose de biens-fonds ou de créances hypothécaires, la commission effectuera le partage en tenant compte de la situation des immeubles, de manière à en attribuer la propriété, autant que faire se pourra, à celui des deux gouvernements sur le territoire duquel il se trouve situé.

« Quant aux différentes catégories de dettes inscrites jusqu'au 4 juin 1859 sur le Monte-Lombardo-Veneto, et aux capitaux placés à intérêts à la caisse de dépôts du fonds d'amortissement, le nouveau gouvernement se charge pour trois cinquièmes, et l'Autriche pour deux cinquièmes, soit de payer les intérêts, soit de rembourser le capital, conformément aux règlements jusqu'ici en vigueur. Les titres de créance des sujets autrichiens entreront de préférence dans la quote-part de l'Autriche, qui, dans un délai de trois mois à partir de l'échange des ratifications, ou plus tôt, si faire se peut, transmettra au nouveau gouvernement de la Lombardie des tableaux spécifiés de ces titres.

« Le nouveau gouvernement de la Lombardie succède aux droits et obligations résultant des contrats régulièrement stipulés par l'administration autrichienne pour des objets d'intérêt public concernant spécialement le pays cédé.

« Le gouvernement autrichien restera chargé du remboursement de toutes les sommes versées par les sujets lombards, par les communes, établissements publics et corporations religieuses dans les caisses publiques autrichiennes, à titre de cautionnement, dépôts ou consignations. De même les sujets autrichiens, communes, établissements publics et corporations religieuses qui auront versé des sommes à titre de cautionnements, dépôts ou consignations dans les caisses de la Lombardie, seront exactement remboursés par le nouveau gouvernement.

« Le nouveau gouvernement de la Lombardie reconnaît et confirme les concessions de chemins de fer accordées par le gouvernement autrichien sur le territoire cédé, dans toutes leurs dispositions et pour toute leur durée, et nommément les concessions résultant des contrats passés en date du 14 mars 1856, 8 avril 1857 et 23 septembre 1858.

« A partir de l'échange des ratifications du présent traité, le nouveau gouvernement est subrogé à tous les droits et à toutes les obligations qui résultaient pour le gouvernement autrichien des concessions précitées en ce qui concerne les lignes de chemins de fer situées sur le territoire cédé.

« En conséquence, le droit de dévolution qui appartenait au gouvernement autrichien à l'égard de ces chemins de fer est transféré au nouveau gouvernement de la Lombardie. Les payements qui restent à faire sur la somme due à l'État par les concessionnaires, en vertu du contrat du 14 mars 1856, comme équivalent des dépenses de construction desdits chemins, seront effectués intégralement dans le trésor autrichien.

« Les créances des entrepreneurs de construction et des fournisseurs, de même que les indemnités pour expropriation de terrains, se rapportant à la période où les chemins de fer en question étaient administrés pour le compte de l'État, et qui n'auraient pas encore été acquittées, seront payées par le gouvernement autrichien et pour autant qu'ils y sont tenus, en vertu de l'acte de concession, par les concessionnaires au nom du gouvernement autrichien. Une convention spéciale réglera, dans le plus bref délai possible, le service international des chemins de fer entre les pays respectifs.

« Les sujets lombards domiciliés sur le territoire cédé par le présent traité jouiront pendant l'espace d'un an, à partir du jour de l'échange des ratifications, et moyennant une déclaration préalable à l'autorité compétente, de la faculté pleine et entière d'exporter leurs biens meubles en franchise de droits, et de se retirer avec leurs familles dans les États de Sa Majesté Impériale et Royale Apostolique, auquel cas la qualité de sujets autrichiens leur sera maintenue ; ils seront libres de conserver leurs immeubles situés sur le territoire de la Lombardie.

« La même faculté est accordée réciproquement aux individus originaires du territoire cédé de la Lombardie établis dans les États de Sa Majesté l'empereur d'Autriche.

« Les Lombards qui profiteront des présentes dispositions ne pourront être, du fait de leur option, inquiétés de part ni d'autre dans leurs personnes ou dans leurs propriétés situées dans les États respectifs.

« Le délai d'un an est étendu à deux ans pour les sujets originaires du territoire cédé de la Lombardie qui, à l'époque de l'échange des ratifications du présent traité, se trouveront hors du territoire de la monarchie autrichienne. Leur déclaration pourra être reçue par la mission autrichienne la plus voisine ou par l'autorité supérieure d'une province quelconque de la monarchie.

« Les sujets lombards faisant partie de l'armée autrichienne, à l'exception de ceux qui sont originaires de la partie du territoire lombard réservée à Sa Majesté l'empereur d'Autriche, par le présent traité, seront immédiatement libérés du service militaire et renvoyés dans leurs foyers. Il est entendu que ceux d'entre eux qui déclareront vouloir rester au service de Sa Majesté Impériale et Royale Apostolique ne seront point inquiétés pour ce fait, soit dans leurs personnes, soit dans leurs propriétés.

« Les mêmes garanties sont assurées aux employés civils originaires de la Lombardie qui manifesteront l'intention de conserver les fonctions qu'ils occupent au service de l'Autriche.

« Les pensions tant civiles que militaires, régulièrement liquidées, et qui étaient à la charge des caisses publiques de la Lombardie, restent acquises à leurs titulaires, et, s'il y a lieu, à leurs veuves et à leurs enfants, et seront acquittées à l'avenir par le nouveau gouvernement de la Lombardie. Cette stipulation est étendue aux pensionnaires tant civils que militaires, ainsi qu'à leurs veuves et enfants, sans distinction d'origine, qui conserveront leur domicile dans le territoire cédé et dont les traitements, acquittés jusqu'en 1814 par le ci-devant royaume d'Italie, sont alors tombés à la charge du trésor autrichien.

« Les archives contenant les titres de propriété et documents administratifs et de justice civile, relatifs soit à la partie de la Lombardie dont la possession est réservée à Sa Majesté l'empereur d'Autriche par ce présent traité, soit aux provinces vénitiennes, seront remises aux commissaires de Sa Majesté Impériale et Royale Apostolique, aussitôt que faire se pourra. Réciproquement, ces titres de propriété, documents administratifs et de justice civile, concernant le territoire cédé, qui peuvent se trouver dans les archives de l'empire d'Autriche, seront remis aux commissaires du nouveau gouvernement de la Lombardie. Les hautes parties contractantes s'engagent à se communiquer réciproquement, sur la demande des autorités administratives supérieures, tous les documents et informations relatifs à des affaires concernant à la fois la Lombardie et la Vénétie.

« Les corporations religieuses établies en Lombardie pourront librement disposer de leurs propriétés mobilières et immobilières, dans le cas où la législation nouvelle sous laquelle elles passent n'autoriserait pas le maintien de leurs établissements. »

Art. 3. Par l'article additionnel au traité conclu en date de ce jour entre Sa Majesté l'empereur des Français et Sa Majesté l'empereur d'Autriche, le gouvernement français s'étant engagé vis-à-vis du gouvernement autrichien à effectuer pour le compte du nouveau gouvernement de la Lombardie le payement de quarante millions de florins (monnaie de convention), stipulés par l'article 7 du traité précité, Sa Majesté le roi de Sardaigne, en conséquence des obligations qu'il a acceptées par l'article précédent, s'engage à rembourser cette somme à la France de la manière suivante :

Le gouvernement sarde remettra à celui de Sa Majesté l'empereur des Français des titres de rente sarde, cinq pour cent au porteur, pour une valeur de cent millions de francs ; le gouvernement français les accepte au cours moyen de la Bourse de Paris du 29 octobre 1859. Les intérêts de ces rentes courront au profit de la France à partir du jour de la remise des titres qui aura lieu un mois après l'échange des ratifications du présent traité.

Art. 4. Pour atténuer les charges que le gouvernement français s'est imposées à l'occasion de la dernière guerre, le gouvernement de Sa Majesté le roi de Sardaigne s'engage à rembourser au gouvernement de Sa Majesté l'empereur des Français une somme de soixante millions de francs pour le payement de laquelle une rente cinq pour cent de trois millions sera inscrite sur le grand-livre de la dette publique de Sardaigne. Les titres en seront remis au gouvernement français qui les accepte au pair. Les intérêts de ces rentes courront au profit de la France à partir du jour de la remise des titres qui aura lieu un mois après l'échange des ratifications.

Art. 5. Le présent traité sera ratifié, et les ratifications en seront échangées à Zurich dans un délai de quinze jours ou plus tôt si faire se peut.

En foi de quoi les plénipotentiaires respectifs l'ont signé et y ont apposé le sceau de leurs armes.

Fait à Zurich, le dixième jour du mois de novembre de l'an de grâce 1859.

Signé : DES AMBROIS,
JOCTEAU,
BOURQUENEY
BANNEVILLE.

Voici enfin le texte du traité conclu entre la France, l'Autriche et la Sardaigne, traité qui efface à jamais le souvenir de celui que la cour de Vienne a imposé en 1849 à la cour de Turin.

Au nom de la très-sainte et indivisible Trinité.

Sa Majesté l'empereur des Français, Sa Majesté l'empereur d'Autriche et Sa Majesté le roi de Sardaigne, voulant compléter les conditions de la paix, dont les préliminaires, arrêtés à Villafranca, ont été convertis en un traité conclu, en date de ce jour, entre Sa Majesté l'empereur des Français et Sa Majesté l'empereur d'Autriche ; voulant de plus consigner dans un acte commun les cessions territoriales telles qu'elles sont stipulées dans le traité précité, ainsi que dans le traité conclu, ce même jour, entre Sa Majesté l'empereur des Français et Sa Majesté le roi de Sardaigne, ont nommé, à cet effet, pour leurs plénipotentiaires, savoir :

Sa Majesté l'empereur des Français, le sieur François-Adolphe, baron de Bourqueney, sénateur de l'Empire, grand-croix de l'ordre impérial de la Légion d'honneur, de l'ordre de Léopold d'Autriche,

Et le sieur Gaston-Robert Morin, marquis de Banneville, officier de l'ordre impérial de la Légion d'honneur, commandeur de l'ordre des Saints-Maurice et Lazare, chevalier de grâce de l'ordre constantinien des Deux-Siciles ;

Sa Majesté l'empereur d'Autriche, le sieur Aloïs, comte Karolyi de Nagy Karoly, commandeur de l'ordre du Sauveur de Grèce, son chambellan et ministre plénipotentiaire,

Et le sieur Othon, baron de Meysenbug, chevalier de l'ordre impérial et royal de Léopold, commandeur de l'ordre impérial de la Légion d'honneur, son ministre plénipotentiaire, conseiller aulique;

Sa Majesté le roi de Sardaigne, le sieur François-Louis, chevalier des Ambrois de Nevache, chevalier grand cordon de son ordre des Saints-Maurice et Lazare, vice-président de son conseil d'État, sénateur et vice-président du sénat du royaume,

Et le sieur Alexandre, chevalier Jocteau, commandeur de l'ordre des Saints-Maurice et Lazare, commandeur de l'ordre impérial de la Légion d'honneur et son ministre résident près la Confédération suisse;

Lesquels, après avoir échangé leurs pleins pouvoirs, trouvés en bonne et due forme, sont convenus des articles suivants :

Art. 1er. Il y aura, à dater du jour de l'échange des ratifications du présent traité, paix et amitié entre Sa Majesté le roi de Sardaigne et Sa Majesté l'empereur d'Autriche, leurs héritiers et successeurs, leurs États et sujets respectifs à perpétuité.

Art. 2. Les prisonniers de guerre autrichiens et sardes seront immédiatement rendus de part et d'autre.

Art. 3. Par suite des cessions territoriales stipulées dans les traités conclus en ce jour entre Sa Majesté l'empereur d'Autriche et Sa Majesté l'empereur des Français d'un côté, et Sa Majesté le roi de Sardaigne et Sa Majesté l'empereur des Français de l'autre, la délimitation entre les provinces italiennes de l'Autriche et la Sardaigne sera à l'avenir la suivante :

La frontière, partant de la limite méridionale du Tyrol, sur le lac de Garda, suivra le milieu du lac jusqu'à la hauteur de Dardolino et de Manerba, d'où elle rejoindra en ligne droite le point d'intersection de la zone de défense de la place de Peschiera avec le lac de Garda.

Elle suivra la circonférence de cette zone, dont le rayon, compté à partir du centre de la place, est fixé à trois mille cinq cents mètres, plus la distance dudit centre au glacis du fort le plus avancé. Du point d'intersection de la circonférence ainsi désignée avec le Mincio, la frontière suivra le thalweg de la rivière jusqu'à le Grazie, s'étendra de le Grazie en ligne droite jusqu'à Scorzarolo, suivra le thalweg du Pô jusqu'à Luzzara, point à partir duquel il n'est rien changé aux limites actuelles telles qu'elles existaient avant la guerre.

Une commission militaire, instituée par les hautes parties contractantes, sera chargée d'exécuter le tracé sur le terrain dans le plus bref délai possible.

Art. 4. Les territoires encore occupés en vertu de l'armistice du 8 juillet dernier seront réciproquement évacués par les troupes sardes et autrichiennes, qui se retireront immédiatement en deçà des frontières déterminées par l'article précédent.

Art. 5. Le gouvernement de Sa Majesté le roi de Sardaigne prendra à sa charge les trois cinquièmes de la dette du Monte Lombardo Veneto. Il supportera également une portion de l'emprunt national de 1854, fixée entre les hautes parties contractantes à quarante millions de florins (monnaie de convention).

Art. 6. A l'égard des quarante millions de florins stipulés dans l'article précédent, le gouvernement de Sa Majesté l'empereur des Français renouvelle l'engagement qu'il a pris vis-à-vis du gouvernement de Sa Majesté l'empereur d'Autriche d'en effectuer le payement selon le mode déterminé dans l'article additionnel au traité signé en date de ce jour entre les deux hautes parties contractantes.

D'autre part, le gouvernement de Sa Majesté le roi de Sardaigne constate de nouveau l'engagement qu'il a contracté par le traité signé également aujourd'hui entre la Sardaigne et la France, de rembourser cette somme au gouvernement de Sa Majesté l'empereur des Français, d'après le mode stipulé dans l'article 5 dudit traité.

Art. 7. Une commission composée de délégués des hautes parties contractantes sera immédiatement instituée pour procéder à la liquidation du Monte Lombardo Veneto. Le partage de l'actif et du passif de cet établissement s'effectuera en prenant pour base la répartition de trois cinquièmes pour la Sardaigne et de deux cinquièmes pour l'Autriche. De l'actif du fonds d'amortissement du Monte et de sa caisse de dépôts consistant en effets publics, la Sardaigne recevra trois cinquièmes et l'Autriche deux cinquièmes; et, quant à la partie de l'actif qui se compose de biens-fonds ou de créances hypothécaires, la commission effectuera le partage en tenant compte de la situation des immeubles, de manière à en attribuer la propriété, autant que faire se pourra, à celui des deux gouvernements sur le territoire duquel ils se trouvent situés.

Quant aux différentes catégories de dettes inscrites jusqu'au 4 juin 1859 sur le Monte Lombardo Veneto et aux capitaux placés à intérêts à la caisse de dépôts du fonds d'amortissement, la Sardaigne se charge pour trois cinquièmes et l'Autriche pour deux cinquièmes, soit de payer les intérêts, soit de rembourser le capital, conformément aux règlements jusqu'ici en vigueur. Les titres de créance de sujets autrichiens entreront de préférence dans la quote-part de l'Autriche qui, dans un délai de trois mois, à partir de l'échange des ratifications, ou plus tôt, si faire se peut, transmettra au gouvernement sarde des tableaux spécifiés de ces titres.

Art. 8. Le gouvernement de Sa Majesté sarde succède aux droits et obligations résultant des contrats régulièrement stipulés par l'administration autrichienne pour des objets d'intérêt public concernant spécialement le pays cédé.

Art. 9. Le gouvernement autrichien restera chargé du remboursement de toutes les sommes versées par les sujets lombards, par les communes, les établissements publics et les corporations religieuses, dans les caisses publiques autrichiennes, à titre de cautionnement, dépôts ou consignations. De même les sujets autrichiens, communes, établissements publics et corporations religieuses, qui auront versé des sommes à titre de cautionnements, dépôts ou consignations dans les caisses de la Lombardie, seront exactement remboursés par le gouvernement sarde.

Art. 10. Le gouvernement de Sa Majesté le roi de Sardaigne reconnaît et confirme les concessions de chemins de fer accordées par le gouvernement autrichien sur le territoire cédé, dans toutes leurs dispositions et pour toute leur durée, et nommément les concessions résultant des contrats passés en date des 14 mars 1856, 8 avril 1857 et 23 septembre 1858.

A partir de l'échange des ratifications du présent traité, le gouvernement sarde est subrogé à tous les droits et à toutes les obligations qui résultaient pour le gouvernement autrichien des concessions précitées, en ce qui concerne les lignes de chemins de fer situées sur le territoire cédé.

En conséquence, le droit de dévolution qui appartenait au gouvernement autrichien, à l'égard de ces chemins de fer, est transféré au gouvernement sarde.

Les payements qui restent à faire sur la somme due à l'État par les concessionnaires, en vertu du contrat du 14 mars 1856, comme équivalent des dépenses de construction desdits chemins, seront effectués intégralement dans le Trésor autrichien.

Les créances des entrepreneurs de constructions et des fournisseurs, de même que les indemnités pour expropriation de terrains se rapportant à la période où les chemins de fer en question étaient administrés pour le compte de l'État, qui n'auraient pas encore été acquittées, seront payées par le gouvernement autrichien, et, pour autant qu'ils y sont tenus, en vertu de l'acte de concession, par les concessionnaires au nom du gouvernement autrichien.

Une convention spéciale réglera dans le plus bref délai possible le service international des chemins de fer entre la Sardaigne et l'Autriche.

Art. 11. Il est entendu que le recouvrement des créances résultant des paragraphes 12, 13, 14, 15 et 16 du contrat du 14 mars 1856 ne donnera à l'Autriche aucun droit de contrôle et de surveillance sur la construction et l'exploitation des chemins de fer dans le territoire cédé.

Le gouvernement sarde s'engage de son côté à donner tous les renseignements qui pourraient lui être demandés à cet égard par le gouvernement autrichien.

Art. 12. Les sujets lombards domiciliés sur le territoire cédé jouiront, pendant l'espace d'un an, à partir du jour de l'échange des ratifications et moyennant une déclaration préalable à l'autorité compétente, de la faculté pleine et entière d'exporter leurs biens meubles en franchise de droit, et de se retirer avec leurs familles dans les États de Sa Majesté Impériale et Royale Apostolique, auquel cas la qualité de sujets autrichiens leur sera maintenue. Ils seront libres de conserver leurs immeubles situés sur le territoire de la Lombardie.

La même faculté est accordée réciproquement aux individus originaires du territoire cédé de la Lombardie, établis dans les États de Sa Majesté l'empereur d'Autriche. Les Lombards qui profiteront des présentes dispositions ne pourront être, du fait de leur option, inquiétés de part ni d'autre dans leurs personnes ou dans leurs propriétés situées dans les États respectifs.

Le délai d'un an est étendu à deux ans pour les sujets originaires du territoire cédé de la Lombardie qui, à l'époque de l'échange des ratifications du présent traité, se trouveront hors du territoire de la monarchie autrichienne.

Leur déclaration pourra être reçue par la mission autrichienne la plus voisine ou par l'autorité supérieure d'une province quelconque de la monarchie.

Art. 13. Les sujets lombards faisant partie de l'armée autrichienne, à l'exception de ceux qui sont originaires de la partie du territoire lombard réservée à Sa Majesté l'empereur d'Autriche, seront immédiatement libérés du service militaire et renvoyés dans leurs foyers.

Il est entendu que ceux d'entre eux qui déclareront vouloir rester au service de Sa Majesté Impériale et Royale Apostolique ne seront point inquiétés pour ce fait, soit dans leurs personnes, soit dans leurs propriétés.

Les mêmes garanties sont assurées aux employés civils, originaires de la Lombardie, qui manifesteront l'intention de conserver les fonctions qu'ils occupent au service d'Autriche.

Art. 14. Les pensions tant civiles que militaires régulièrement liquidées, et qui étaient à la charge des caisses publiques de la Lombardie, restent acquises à leurs titulaires, et, s'il y a lieu, à leurs veuves et à leurs enfants, et seront acquittées à l'avenir par le gouvernement de Sa Majesté sarde.

Cette stipulation est étendue aux pensionnaires, tant civils que militaires, ainsi qu'à leurs veuves et enfants, sans distinction d'origine, qui conserveront leur domicile dans le territoire cédé, et dont les traitements acquittés jusqu'en 1814 par le ci-devant royaume d'Italie sont alors tombés à la charge du trésor autrichien.

Art. 15. Les archives contenant les titres de propriété et documents administratifs et de justice civile, relatifs, soit à la partie de la Lombardie dont la possession est réservée à Sa Majesté l'empereur d'Autriche, soit aux provinces vénitiennes, seront remises aux commissaires de Sa Majesté Impériale et Royale Apostolique, aussitôt que faire se pourra.

Réciproquement, les titres de propriété, documents administratifs et de justice civile, concernant le territoire cédé, qui peuvent se trouver dans les archives de l'empire d'Autriche seront remis aux commissaires de Sa Majesté le roi de Sardaigne.

Les gouvernements de Sardaigne et d'Autriche s'engagent à se communiquer réciproquement, sur la demande des autorités administratives supérieures, tous les documents et informations relatifs à des affaires concernant à la fois la Lombardie et la Vénétie.

Art. 16. Les corporations religieuses établies en Lombardie, et dont la législation sarde n'autoriserait pas l'existence, pourront librement disposer de leurs propriétés mobilières et immobilières.

Art. 17. Tous les traités et conventions conclus entre Sa Majesté le roi de Sardaigne et Sa Majesté l'empereur d'Autriche, qui étaient en vigueur avant le 1er avril 1859, sont confirmés en tant qu'il n'y est pas dérogé par le présent traité. Toutefois les deux hautes parties contractantes s'engagent à soumettre, dans le terme d'une année, ces traités et conventions à une révision générale, afin d'y apporter d'un commun accord les modifications qui seront jugées conformes à l'intérêt des deux pays.

En attendant, ces traités et conventions sont étendus au territoire nouvellement acquis par Sa Majesté le roi de Sardaigne.

Art. 18. La navigation du lac de Garda est libre, sauf les règlements particuliers des ports et de police riveraine. La liberté de la navigation du Pô et de ses affluents est maintenue conformément aux traités.

Une convention destinée à régler les mesures nécessaires pour prévenir et réprimer la contrebande sur ces eaux sera conclue entre la Sardaigne et l'Autriche dans le terme d'un an, à dater de l'échange des ratifications du présent traité. En attendant, on appliquera à la navigation les dispositions stipulées dans la convention du 22 novembre 1851, pour la répression de la contrebande sur le lac Majeur, le Pô et le Tessin, et pendant le même intervalle il ne sera rien innové aux règlements et aux droits de navigation en vigueur à l'égard du Pô et de ses affluents.

Art. 19. Le gouvernement sarde et le gouvernement autrichien s'engagent à régler par un acte spécial, tout ce qui tient à la propriété et à l'entretien des ponts et passages sur le Mincio, là où il forme la frontière, aux constructions nouvelles à faire à cet égard, aux frais qui en résulteront et à la perception des péages.

Art. 20. Là où le thâlweg du Mincio marquera désormais la frontière entre la Sardaigne et l'Autriche, les constructions ayant pour objet la rectification du lit et l'endiguement de cette rivière, ou qui seraient de nature à altérer son courant, se feront d'un commun accord entre les deux États limitrophes. Un arrangement ultérieur réglera cette matière.

Art. 21. Les habitants des districts limitrophes jouiront réciproquement des facilités qui étaient antérieurement assurées aux riverains du Tessin.

Art. 22. Pour contribuer de tous leurs efforts à la pacification des esprits, Sa Majesté le roi de Sardaigne et Sa Majesté l'empereur d'Autriche déclarent et promettent que dans leurs territoires respectifs, et dans les pays restitués ou cédés, aucun individu compromis à l'occasion des derniers événements dans la Péninsule, de quelque classe ou condition qu'il soit, ne pourra être poursuivi, inquiété ou troublé dans sa personne ou dans sa propriété, à raison de sa conduite ou de ses opinions politiques.

Art. 23. Le présent traité sera ratifié et les ratifications en seront échangées à Zurich dans l'espace de quinze jours, ou plus tôt si faire se peut.

En foi de quoi les plénipotentiaires respectifs l'ont signé et y ont apposé le sceau de leurs armes.

Fait à Zurich, le dixième jour du mois de novembre de l'an de grâce 1859.

Signé : Des Ambrois.
Jocteau.
Karolyi.
Meysenbug.
Bourqueney.
Banneville.

VI

INCORPORATION DE LA LOMBARDIE

Il n'y a plus de Lombardie ; les deux villes qui furent tour à tour la capitale du royaume d'Italie, avant l'ère de Charlemagne, Milan et Pavie, ne sont plus que des cités secondaires d'un autre royaume dont Turin est le siége.

Le sort des armes et la foi des traités ont donné cette province à la maison de Savoie. Le fait matériel de son incorporation au Piémont a précédé les traités de Zurich, qui consacrent ce fait, en le transformant en un droit régulier.

La division du Piémont, agrandi de la Lombardie, a été modifiée, de même que son rayon de frontières. Ses limites nouvelles, qui pourront s'étendre encore, sont indiquées sur une carte qui se trouve dans cet ouvrage.

Voici quelle est son organisation intérieure actuelle. On a formé dix-sept grandes circonscriptions, administrées par un gouverneur et un sous-gouverneur, et par un conseil composé de membres choisis parmi les électeurs administratifs.

Ces circonscriptions forment dix-sept provinces qui portent le nom de leur chef-lieu. Ce sont :

Turin, comprenant Aosta, Ivrée, Pigneroles et Suze (924,000 habitants); *Gênes*, comprenant Albenga, Chiavari, Levante, Savona (643,000 habitants); *Alexandrie*, comprenant Acqui, Asti, Casale, Novi et Tortone (638,000 habitants) ; *Coni*, comprenant Alba, Mondovi et Saluzzo (604,000 habitants) ; *Novare*, comprenant Biella, Vercelli, Valsesia, Pallanza, Ossola (573,000 habitants); *Cagliari*, comprenant Iglesia, Isili, Oristano, Alghero et Lanusei (328,000 habitants); *Chambéry*, comprenant la haute Savoie, Moriana et Tarantasa (270,000 habitants); *Annecy*, comprenant le Chablais et Faucigny (252,000 habitants); *Nice*, comprenant Onéglia et San-Remo (248,000 habitants); *Sassari*, comprenant Cagliari, Nuoro, Ozieri et Tempio (246,000 habitants); *Milan*, avec 800,000 habitants; *Brescia*, avec 453,000; *Côme*, avec 432,000 ; *Ber-*

game, avec 410,000; *Pavie*, à laquelle se joignent Voghera, Mortara et Bobbio, avec 400,000; *Crémone*, avec 350,000; *Sondrio*, conservé par nécessité topographique, avec 103,000.

La province de Mantoue, qui appartient en réalité au territoire de la Lombardie, reste à l'Autriche avec la Vénétie, du moins en grande partie.

J'écris ces lignes à la date du 1er mars 1860; et, quand je dis que la province de Mantoue reste en grande partie à l'Autriche avec la Vénétie, je parle le langage de la diplomatie et je m'exprime comme le traité du 10 novembre 1859.

Mais déjà, à cette heure, il est permis d'entrevoir de nouveaux événements qui modifieront, qui changeront encore les limites du royaume de Sardaigne.

En ce moment, les commissaires chargés de fixer les délimitations de la frontière entre le Piémont et la Vénétie, à l'entrée du quadrilatère, ne parviennent pas à s'entendre sur le tracé de cette frontière.

Qui sait si bientôt ces commissaires ne seront pas déchargés de leur tâche, avant de l'avoir accomplie, par des faits nouveaux et imprévus? Qui sait si, avant que cette question de délimitation soit complétement réglée, la Vénétie ne sera pas arrachée à l'Autriche par une insurrection triomphante, et si les armées de François-Joseph Ier n'abandonneront pas d'elles-mêmes les forteresses de Mantoue et de Peschiera avec tout le territoire qui les environne?

Alors la carte du Piémont, d'après le traité de Zurich, serait changée, comme celle du traité de Novare vient de l'être par l'agrandissement de la monarchie aux destinées de laquelle préside la maison de Savoie. Cette carte ne serait déjà plus qu'un monument de l'histoire; mais à ce titre seul elle a un intérêt qui devait lui donner une place dans ce livre.

VII

UN PROGRÈS DU JOUR

Jadis la guerre était un duel de barbares.

Napoléon Ier a encore fait brûler des marchandises anglaises qu'il eût mieux valu distribuer entre les hospices et les pauvres.

Napoléon III, donnant l'exemple de l'esprit de civilisation et d'humanité, ne s'est pas borné à faire traiter les blessés autrichiens à l'égal des blessés français, et les prisonniers de l'ennemi à l'égal des citoyens de la France ; il a voulu restituer au commerce de l'Autriche tous ceux de ses navires capturés légitimement par la marine française qui pouvaient lui être rendus.

Ceux-là seuls dont la saisie était un fait accompli ont subi les lois rigoureuses de la guerre ; tous les autres ont été rendus à leurs propriétaires avec leurs équipages et leurs cargaisons.

Le commerce du monde entier bénira un jour les efforts de Napoléon III pour affranchir la marine marchande des risques qu'elle court chaque fois que deux grandes nations maritimes luttent entre elles les armes à la main.

Le principe nouveau de la liberté et de la neutralisation des mers n'aura pas eu de plus ardent promoteur.

Napoléon III a posé les bases d'un nouveau droit maritime. Un jour viendra où les flottes de guerre laisseront passer librement sans les inquiéter, sans les capturer, sur toutes les mers, les navires du commerce chargés de riches cargaisons, et le nom de la France s'attachera éternellement au souvenir de cette bienfaisante réforme, déjà ébauchée.

Voici l'état général des navires de commerce autrichiens capturés par les bâtiments composant la division française en croisière dans l'Adriatique sous le commandement de M. le contre-amiral Jurien de la Gravière, état général où sont désignés ceux qui avaient été déjà condamnés et dont la saisie était devenue définitive au moment de la signature des traités de Zurich.

ÉTAT GÉNÉRAL DES NAVIRES DE COMMERCE AUTRICHIEN

CAPTURÉS PAR LES BATIMENTS COMPOSANT LA DIVISION FRANÇAISE EN CROISIÈRE DANS L'ADRIATIQUE

DATE DE LA PRISE.	NOMS DES NAVIRES CAPTURÉS.	ESPÈCE DES NAVIRES	EFFECTIF DE L'ÉQUIPAGE.	DÉCISION.	NATURE DU CHARGEMENT.
8 mai.	Bona-Sorte	Goëlette.	7	Condamné.	Douvelles.
12 mai.	Constantino-S...	Brick.	12	Condamné.	Coton et orge.
12 mai.	Concordia	Trois-mâts.	14		Charbon de terre, 550 quint.
13 mai.	Justa	Id.	15		Planches et divers objets.
14 mai.	L.-Xigga	Id.	10		Sur lest.
14 mai.	Placido	Brick.	7		Douvelles.
15 mai.	Giovanni	Id.	11		Charbon de terre.
15 mai.	Luibimir	Id.	9		Coton, orge, peaux et rails.
15 mai.	Dobra-Kostrinika	Id.	15		Marchandises diverses.
11 mai.	Pick-Nick	Id.	9		Eau-de-vie, pom. de terre, rotins.
12 mai.	Belle-Adélaïde	Id.	9		Quincaillerie et objets divers
13 mai.	Guido	Id.	11		Charbon de terre et briques.
14 mai.	Giovanna-d'Arca	Id.	11		Douvelles.
15 mai.	Meladi-Slevianin	Id.	15		Charbon de terre, 560 tonn.
10 mai.	Sibilla	Trois mâts.	12		Id. 416 tonn.
11 mai.	Romolo	Brick.	9 et 15 passag.		Douvelles et embarcations neuves
13 mai.	Ermina	Id.	10	Condamné.	Planches, madriers, bougies
15 mai.	Eolo	Id.	12		Charbon de terre, 400 tonn.
17 mai.	Cecilia	Goëlette	8		Vin ordinaire, 50 barriques.
17 mai.	Santa-Trinita	Brick.	9		Vin ordinaire, 182 barriq., raisin sec et amandes.
18 mai.	Nuovo Lazzerino	Id.	10		Sur lest (pierres et sable).
18 mai.	Assunta	Trabacol.	7		Bois à brûler.
18 mai.	Christo-San-Domenico.	Id.	5		Id.
18 mai.	Eoulo	Id.	5		Id.
18 mai.	Crucifisso	Id.	6		Id.
19 mai.	Ercole	Id.	8		Pouzzolane, engrais.
19 mai.	San-Gaëtano	Id.	5		Bois à brûler.
19 mai.	Canziano	Id	4		Pierre et sable
19 mai.	Bella-Palma	Id	5		Bois à brûler.
17 mai.	Maliziosa	Id.	5		Vin ordinaire, 10 barriques.
18 mai.	Nuovo-Dodo	Id.	4		Bois à brûler.
20 mai.	Angelo-Custode	Id	7		Id.
20 mai.	Regulus.	Id.	4		
24 mai.	Orlando	Id.	5		
21 mai.	Antonio-Felice	Id.	8		Charbon de bois.
15 mai.	Esultanza	Id.	Id.	Condamné.	Houille.
12 mai.	Maria-Bacarich	Id.	Id.	Condamné.	Id.
12 mai.	Genio-Speculatore	Id.	Id.	Condamné.	Id.
17 mai.	Florida	Id.	Id.	Id.	Id.
18 mai.	Emmanuel	Id.	Id.	Id.	Id.
21 mai.	Viles.	Id.	Id.	Id.	Id.
25 mai.	Catterina	Id.	Id.	Id.	Id.
31 mai.	Triade	Id.	Id.	Id.	Id.
1er juin	Ardita	Id.	Id.	Id.	Id.
2 juin.	Tonina.	Id	Id.	Id.	Id.
5 juin.	Marizza.	Id.	Id.	Id.	Id.
27 mai.	Barizza	Id.			Id.
27 mai.	Demetrio-Faro	Id.			Id.
31 mai.	Iginio.	Id.			Id.
31 mai.	Palinuari	Id.			Id.

VIII

LA VÉNÉTIE APRÈS LA PAIX

La Lombardie était délivrée ; l'épée de Napoléon III avait brisé les liens qui l'attachaient malgré elle à l'Autriche.

La Vénétie restait rivée au joug de l'étranger ; la Vénétie était toujours asservie ; elle ne pouvait qu'élever une voix plaintive, une main suppliante vers la France : c'est ce qu'elle va faire.

Mais, avant de citer les actes authentiques qui prouvent combien a été profonde la douleur de la Vénétie à la nouvelle de la paix de Villafranca, je veux montrer, par des documents officiels, combien ses plaintes sont légitimes, combien ses griefs sont justes.

Ces documents, ce sont les adresses de la Congrégation centrale vénitienne, qui, bien qu'elle ne soit qu'une fiction d'assemblée provinciale représentative, a été cependant forcée, tant sont grandes et manifestes les exactions du gouvernement autrichien, de réclamer, auprès de l'empereur François-Joseph Ier, en faveur des peuples, dont elle est l'interprète naturel et légal.

Voici le mode d'après lequel sont choisis les membres de cette assemblée :

La nomination de ces membres est faite par l'empereur d'Autriche sur une triple liste de candidats proposés par les conseils communaux, qui délibèrent sous la présidence des commissaires impériaux de district, lesquels désignent les noms et les appuient de toute leur influence.

Ce n'est pas toujours la majorité des suffrages qui l'emporte dans la formation de cette triple liste ; on choisit les plus dévoués parmi les postulants. En réalité, ce sont des employés du gouvernement qui craignent de perdre la faveur souveraine. Leur mandat se réduit à ce qui s'appelle en langage administratif les intérêts locaux ; pour peu qu'il s'agisse d'affaires importantes, leur vote n'est que consultatifs; ils sont, en outre, chargés d'informer le souverain des vœux et des besoins du pays, mission qu'ils remplissent avec une grande réserve.

Néanmoins, ainsi que je viens de le dire, les charges imposées à la Vénétie sont tellement intolérables, que la Congrégation centrale elle-même est sortie de son silence traditionnel, comme le constatent les pièces suivantes, dont l'une est antérieure, dont l'autre est postérieure à la paix de Villafranca.

PREMIÈRE ADRESSE DE LA CONGRÉGATION CENTRALE VÉNITIENNE DU 27 MAI 1859.

Sacrée Majesté Impériale,

La congrégation centrale, appelée par son institution à représenter les besoins, les désirs et les prières des provinces vénitiennes, rétablie par vous-même sous les plus heureux auspices, avec mission de coopérer dans le but désiré par votre gouvernement, c'est-à-dire d'améliorer de plus en plus la condition matérielle et morale du pays ; cette congrégation n'avait rien négligé jusqu'ici pour répondre à son mandat élevé et difficile. Elle portait aux pieds du trône impérial des adresses très-loyales et très-confiantes dans le but de retracer la véritable condition administrative et économique du pays, et de provoquer de la sagesse souveraine les mesures indispensables pour le bien-être général ; mais surtout en faveur des propriétaires et des communes que nous représentons plus spécialement, et qui en même temps constituent la partie la plus vitale, la plus nombreuse et aussi la plus surchargée de la population, soit par l'état exceptionnel des impositions introduites depuis 1848, soit par la série de fléaux survenus l'un après l'autre depuis cette époque, et qui sévissent encore aujourd'hui, tarissant la source principale de leurs revenus.

Lorsqu'enfin les finances des censitaires et des communes pouvaient avec confiance s'attendre à obtenir au moins la péréquation *générale*, qui eût diminué de plus d'un quart notre impôt foncier, non-seulement nous avons vu, par suite du changement imprévu des circonstances, ajourner indéfiniment cette mesure si juste, mais encore ajouter un nouvel impôt additionnel d'un sixième sur cette base déjà excessive d'impositions, augmenter tous les impôts directs et indirects, et planer en outre le cauchemar effrayant de trente millions de florins comme quote-part assignée au territoire vénitien dans l'emprunt naguère ordonné par Votre Majesté.

Sire, l'exposé qui vous a été fait autrefois, prouvant que le revenu foncier est habituellement absorbé par les impôts et par d'autres exigences inévitables, ne laissant au propriétaire et à sa famille que le mince reliquat du revenu effectif sur le revenu cadastral, cet exposé était véridique et consciencieux ; nous en trouvons la preuve dans le nombre toujours croissant des ventes forcées exécutées contre les petits propriétaires, dans l'écroulement soudain même des fortunes plus considérables, dans la manière dont chacun restreignait sa dépense à la plus stricte nécessité.

Maintenant ces provinces devront, en une seule année; verser au trésor impérial vingt-et-un millions de florins en argent comptant pour l'emprunt, et environ vingt-cinq autres millions pour les autres impositions de toute espèce, le dernier impôt additionnel, en tout quarante-six millions de florins en numéraire, tandis que tout le numéraire existant dans le pays ne dépasse peut-être pas la moitié de cette somme énorme. L'impôt foncier se trouvera chargé de la presque totalité de cet emprunt et en outre de quinze autres millions à peu près pour l'ensemble des impositions foncières, territoriales, communales, provinciales et fiscales, y compris les surimpositions respectives; de sorte que le territoire vénitien, dont le cens n'arrive pas à dix-huit millions, devra en payer près de trente-six, et cela malgré la persistance des mêmes calamités déplorables, l'imminence d'autres malheurs, et avant d'avoir pu fermer les plaies faites par l'emprunt forcé de 1854.

Désormais les communes, à l'exception d'un très-petit nombre, sont réduites à la misère; elles ne possèdent ni fonds de réserve pour faire des avances, ni biens-fonds à vendre ou à hypothéquer, ni capitaux à recouvrer; même les communes qui en possèdent encore ne trouvent ni acquéreurs, ni prêteurs, ni débiteurs solvables, à cause du manque de numéraire, de la triste perspective de l'avenir, de la disparition de toute espèce de confiance.

En faisant peser sur l'impôt direct le chiffre si lourd de cet emprunt, outre l'*impossibilité* pour le gouvernement de l'encaisser réellement, on menace la propriété foncière d'une ruine certaine et irréparable.

Il ne resterait d'autre issue que l'aliénation; mais dans ce cas même quelles difficultés et quelles conséquences! Alors même que toutes les communes réussiraient à trouver des prêteurs, à quels sacrifices ne faudrait-il pas se soumettre? En supposant qu'elles trouvassent à s'arranger pour une prime moyenne de vingt pour cent, il faudrait toujours commencer par verser six millions, puis plus de trente millions de capital pour le remboursement, et environ vingt-quatre autres millions pour les intérêts. Bref, il faudrait prélever en tout soixante millions pour la fortune délabrée des communes et des censitaires, et cela pour que le trésor royal puisse en encaisser vingt et un pour ses besoins actuels.

Majesté, quelque grandes et pressantes que puissent être les exigences du moment, comment votre justice pourrait-elle souffrir qu'elles pèsent triplement sur une seule, sur une si petite partie de votre empire?

Sire, nous ne pouvons qu'invoquer de votre sagesse et de votre clémence des mesures qui puissent rassurer et sauver le pays d'une si complète ruine ; si ces mesures ne nous sont pas concédées, tout élément essentiel de bien-être disparaîtrait, comme tout sujet d'amélioration matérielle et morale, et l'objet même de notre mandat aurait *cessé d'exister*.

Venise, 26 mai 1859.

(*Signé par tous les députés présents.*)

DEUXIÈME ADRESSE DE LA CONGRÉGATION CENTRALE.

Sacrée Majesté Impériale,

Au moment solennel où, proclamant la paix, vous avez déclaré vouloir vous dévouer au bien-être des États soumis à votre couronne, écoutez, Sire, la vive prière que vous adressent par notre organe les provinces vénitiennes du fond de leur malheur. Depuis l'année fatale de 1848, elles ont passé de fléau en fléau, sans jamais pouvoir se relever ; elles ont subi les dilapidations et les impositions de cette année et des trois années suivantes. Le vide qui s'est formé dès lors dans les capitaux et dans l'industrie s'est accru depuis par l'augmentation des droits du timbre et des taxes en 1850, par l'emprunt forcé colossal de 1854, par le changement du système monétaire en 1858, par les ravages que font depuis plusieurs années déjà dans les plus précieux de nos produits le cryptogame des vignes et l'atrophie des vers à soie, auxquels, à plusieurs reprises, et notamment cette année, se sont joints la sécheresse, le manque de récolte des céréales, et enfin les charges de ces trois derniers mois, où nos provinces ont été, là le théâtre même de la guerre, ici le camp d'une nombreuse armée, partout le point de mire de taxes et de réquisitions de tout genre ; ces provinces ont été chargées seules des dépenses d'approvisionnement de deux armées, et d'autres fardeaux qui devaient d'abord peser sur le royaume ; elles seules sont encore grevées, outre les impôts courants, d'une forte augmentation à cause de la guerre ; elles seules sont rendues responsables de vingt millions de florins d'assignats ; elles seules enfin sont forcées à un emprunt de trente millions.

Dans cette seule année, où les propriétaires peuvent à peine compter en moyenne sur une moitié de leur revenu censitaire, ils devront payer une somme correspondant presque au triple de ce revenu. Où en trouver les moyens?... comment entretiendra-t-on les familles? comment satisfera-t-on aux engagements déjà contractés par suite des dernières calamités?

La congrégation sent le devoir absolu de vous exposer l'urgence extrême qu'il y a à ce que votre justice s'empresse de faire cesser un état de choses aussi douloureux, aussi dangereux à tous les points de vue.

Nous demandons instamment la cessation de tous les impôts additionnels approuvés en vue et pendant la durée de la guerre.

Nous demandons que, conformément au rapport détaillé que nous adressons au ministère des finances, l'emprunt soit abrogé et les obligations déjà émises retirées et anéanties de la manière indiquée dans le susdit rapport ;

Que votre sagesse trouve un moyen quelconque immédiat pour soulager nos charges, afin que nous puissions y satisfaire et pourvoir aussi aux besoins de la vie.

Sire, si à l'éloquence des faits que nous venons d'exposer, vous vouliez ajouter la démonstration incontestable des chiffres par lesquels ces faits peuvent être démontrés, nous demeurons dans la certitude que notre respectueuse remontrance sera accueillie avec bénignité.

Venise, 5 août 1859.

Rédigé en séance et signé par tous les membres présents, moins un.

Voici encore une adresse de la même congrégation centrale remise au président de la lieutenance impériale pour être envoyée au ministre des finances, M. de Bruck :

A L'ILLUSTRE PRESIDENT DE LIEUTENANCE POUR L'EXCELLENT MINISTÈRE DES FINANCES.

Aussitôt après l'apparition de la résolution souveraine imposant un emprunt de soixante-quinze millions de florins au royaume lombardo-vénitien, dont une part de trente millions était afférée aux provinces vénitiennes, la congrégation centrale envoyait humblement à Sa Majesté l'adresse, dont copie ci-incluse, qui démontre l'impossibilité où sont ces communes de fournir, en une seule année, vingt et un millions de florins, et supporter en outre le remboursement très-onéreux qui, avec la prime de vente inévitable pour elle, se fût élevé à la somme d'environ soixante millions, devant être amortis dans les vingt-cinq ans, moyennant des impositions directes et indirectes à la charge de ces mêmes provinces.

Sur ces entrefaites, les circonstances les plus défavorables sont survenues et ont empiré encore notre condition économique : la lourde augmentation d'un sixième sur toutes les impositions directes, et une plus lourde encore sur les indirectes ; l'imposition territoriale extraordinaire pour combler le déficit de ce fonds ; une autre imposition de un million deux cent mille florins pour l'entretien des deux armées, l'accroissement des besoins communaux, les réquisitions, les frais de casernement et de transports militaires causés par une si grande agglomération de troupes dans un si petit pays ; enfin, trois graves calamités à ajouter cette année à nos autres infortunes, telles que la maladie des vers à soie, celle des vignes et l'extrême sécheresse qui nous enlève à elle seule la moitié des fourrages et des céréales.

Le revenu cadastral représente la moyenne annuelle du produit d'un pays ; mais, pour toutes les causes ci-dessus indiquées, le produit réel est certainement cette année au-dessous du chiffre censitaire, en sorte qu'en admettant même que la proportion du revenu réel au revenu cadastral fût habituellement de cent cinquante livres à cent livres, mais en supposant, ce qui n'est certes pas exagéré, que cette année le revenu réel est diminué de deux tiers, on arrive à ce résultat que les propriétaires des provinces vénitiennes toucheront cette année à peine la moitié du revenu cadastral, soit vingt-six millions, cent soixante-treize mille trois cent quarante-quatre livres.

Par contre, les contributions de l'année courante ci-dessus indiquées s'élèvent à soixante-quinze millions neuf cent deux mille six cent quatre-vingt-dix-neuf livres trente-neuf cents, de sorte qu'il y aura déficit de quarante-neuf millions sept cent vingt-neuf mille trois cent cinquante-quatre livres soixante dix-sept cents.

Ajoutons maintenant que chaque propriétaire a des charges de famille et des obligations contractées déjà antérieurement par suite de l'exagération des impôts, et il sera démontré par l'évidence des chiffres qu'il est entièrement impossible qu'un état de choses aussi complétement ruineux et oppressif puisse continuer.

Nous verrons en outre en particulier qu'il y a impossibilité absolue, ainsi que nous l'avons fait remarquer, de concourir à l'emprunt, impossibilité que le gouvernement a reconnue lui-même, ce qui l'a mis dans la nécessité, pour avoir les fonds dont il avait besoin, d'émettre pour vingt millions de papier-monnaie.

Ce papier-monnaie une fois émis, l'emprunt est accompli pour le gouvernement ; pourquoi donc continuer à exiger des communes le concours forcé à l'emprunt, ce qui est inutile et absurde, ainsi que le prouve la consultation ci-jointe de la congrégation provinciale de Vérone?

Pourquoi persister à maintenir les obligations dont le remboursement est si onéreux, au lieu d'éteindre les assignats, comme le propose la consultation ci-jointe de la congrégation provinciale de Trévise?

Pourquoi ne pas abandonner toute idée de l'emprunt précédent, vu l'impossibilité de sa réalisation, ce qui est évidemment prouvé et démontré pour ce qui la concerne par l'avis ci-joint de la congrégation provinciale de Padoue?

Si l'emprunt a été abandonné par le gouvernement comme étant impossible à recouvrer, pourquoi ne serait-il pas abandonné dans l'intérêt et vis-à-vis des pauvres administrés, qui supportent toutes les autres charges que nous avons énumérées, qui, maintenant, ont déjà la responsabilité des assignats, à quoi, indépendamment de l'emprunt et comme à un fait accompli, il faut pourtant appliquer un remède, et dont il faut, tôt ou tard, poursuivre l'amortissement?

Que cette magistrature présidentielle trouve avant tout le moyen d'obtenir que les assignats émis ou à émettre soient assujettis au contrôle de notre chambre de commerce, ce qui donnera du crédit à la circulation, en obtenant ensuite que ces obligations soient acceptées par le trésor en payement des impôts.

Quant à leur extinction, il faut considérer comme inexécutable le projet proposé par la congrégation provinciale de Vérone; car, en échangeant les assignats contre des obligations, on engagerait la responsabilité du pays non plus pour vingt millions, mais pour cinquante-quatre.

Nous n'admettons pas non plus comme exécutable la proposition faite avec bonne volonté plutôt qu'avec un calcul intelligent par la congrégation provinciale de Trévise, d'éteindre le montant de ces obligations de cinq en cinq ans, car, même en admettant un retour de circonstances favorables pour le pays, on se soumettrait à un fardeau insupportable.

Nous concluons donc, suivant notre première adresse et suivant l'adresse présentée par la congrégation provinciale de Padoue :

1° Que l'emprunt est impossible sous n'importe quel aspect;

2° Que, quant aux conséquences de l'émission des assignats, il faut limiter la durée de leur circulation autant qu'il est possible, et qu'en même temps il faut en répartir l'extinction d'une manière tolérable et compatible avec les autres impositions, ce qui, suivant notre humble avis, pourrait aisément arriver, si on le répartissait par une surimposition générale sur les contributions de tout l'empire, comme toute autre charge de l'État.

Venise, 5 août 1859.

A ces adresses était joint le tableau suivant des charges et contributions dont est grevé le cens vénitien pour l'année 1859.

PROSPECTUS DES CHARGES IMPOSÉES EN UNE ANNÉE AU CENS VÉNITIEN

CENS PAYANT DES PROVINCES VÉNITIENNES :

Liv. 52,346,689 24 cents.

TITRE DE L'IMPOT.	MONTANT en sols autrichiens pour chaque livre de revenu cadastral.	MONTANT en cents autrichiens.
Impôt ordinaire primitif.	8,698.47	24,847.05
Ordinaire additionnel originaire.	1,375.83	3,930.95
Additionnel extraordinaire du 33 1/2 pour 0/0.	3,355.10	9,386 00
Addition de 1/4 sur l'impôt foncier et sur les maisons. (Ord. souv., 13 mai 1859; not. préf. du 23 mai.).	2,231.70	6,390.00
Charge territoriale ordinaire pour 1859.	1,700.00	4,800.00
Impôt extraordinaire pour suppléer au déficit arriéré des communes. (Not. préf. 18 juin 1859.).	1,477.00	4,000.00
Impôt de guerre dit de *tappe*, pour l'approvisionnement de la 1re (id.) et de la 2e armée. (5 juillet 1859.).	1,900.00	5,420 00
Emprunt des 21 millions de florins. (Ord. souv. 7 mai.). .	14,305.00	41,000.00
Surimpositions communales, provinciales, consortiales. . .	15,750.00	45,000.00
	50,784.10	144,963.90

Évidemment il n'y a que la tyrannie des baïonnettes et des canons qui puisse contraindre une population ainsi rançonnée à la soumission.

Certes, si cette tyrannie condamnait les Vénitiens au silence et à l'inaction pendant la campagne de 1859, leur cœur devait soupirer ardemment en secret après le jour de la délivrance. Aussi leur consternation fut-elle immense lorsqu'ils virent leurs espérances de liberté se dissiper avec les derniers nuages de poudre du champ de bataille de Solferino.

Les préliminaires de paix furent à peine connus, qu'un longfrémisse ment de douleur saisit tous les peuples de la Vénétie. Dans leur désespoir, ils votèrent une adresse à M. le comte de Cavour, qui était encore présiednt des conseils de Sa Majesté le roi de Sardaigne, afin d'implorer la protection de Victor Emmanuel II. Voici le texte de cette adresse :

« Excellence,

« Depuis 1848, au milieu de grandes souffrances, les peuples de la Vénétie ont fait acte spontané de fusion avec le royaume de Piémont.

« Les malheurs de la guerre ont borné les effets de cet acte à l'expression d'un simple désir; mais ce désir grandit et devint plus ardent dans les années suivantes, années marquées d'un tel esclavage, qu'elles ont rendu immortelle la haine des Vénètes pour le gouvernement autrichien, comme aussi leur affection pour le Piémont.

« Les preuves irrécusables de cette haine sont les milliers de jeunes gens de toutes classes qui ont quitté famille et bien-être pour exposer leur vie sur les champs de bataille contre l'ennemi.

« Les preuves de cette haine sont la générosité, l'empressement de tous ceux qui, ne pouvant être soldats, ont risqué leur liberté et donné leur argent pour venir en aide aux braves qui sont allés se ranger sous les drapeaux du roi.

« La preuve de cette haine a été le frémissement général qui éclata avant-hier au soupçon le plus éloigné que les préliminaires de paix pussent avoir pour conséquence de séparer les Vénètes de leurs frères du Piémont et de la Lombardie, et de les faire rester dans leurs anciennes misères et sous le joug de l'Autriche. Que ce joug soit imposé par les mains du gouvernement autrichien directement, ou bien qu'il le soit par les mains d'un archiduc, toujours sous les guirlandes de fleurs se cacheraient des chaînes qui suffiraient pour annihiler la promesse impériale de l'indépendance italienne, car un lien quelconque entre l'Italie et la maison de Habsbourg ne peut être qu'un lien d'esclavage pour l'Italie.

« Excellence,

« Les Vénètes s'adressent avec confiance à vous, et par votre entremise à leur roi; car ils peuvent l'appeler ainsi devant Dieu et devant les hommes, certains que l'un et l'autre vous savez ce qu'ils désirent et ce qu'ils espèrent, ce qu'ils ont fait et ce qu'ils font, ce qu'ils ont souffert et ce qu'ils souffrent encore; et que vous voudrez, dans ce moment suprême, faire tout ce qui sera possible afin d'obtenir pour les peuples de la Vénétie l'accomplissement d'un devoir et d'un besoin qui datent de plus de dix ans : désir et besoin qui se confondent avec celui même de la vie, et dont l'accomplissement peut seul garantir la paix de toute la Péninsule.

« Le feu des révolutions, toujours funeste, bien souvent stérile, couve en Italie, et peut à chaque instant allumer un immense incendie. Si l'action des armes, qui pouvait en empêcher l'explosion, a cessé, il n'y a plus qu'un seul moyen d'en empêcher les sinistres conséquences : ce moyen, c'est que votre sainte et juste parole défende et soutienne la cause de ce pays dans les discussions européennes qui décideront bientôt des destinées de l'Italie.

« Excellence, notre patrie confie entièrement sa cause à la protection de notre loyal et intrépide roi, à la sagesse de vos conseils, à votre cœur chaleureux, à l'éloquence connue de votre parole.

14 juillet 1859.

« Les peuples de la Vénétie.

« Copie conforme, délivrée par les soussignés :

« Jean-Baptiste Giustiniani, de Venise ; Albert Cavalletti, de Padoue ; Sébastien Tecchio, de Vicence ; le professeur Joseph Clementi, de Vérone ; Prospero Antonini, du Frioul ; Guillaume d'Onigo, de Trévise ; Bernard Bernardi, de Rovigo ; l'avocat Louis de Steffani, de Bellune. »

Un peu plus d'un mois après cette supplique, une adresse dont voici les termes, était remise aux représentants des grandes puissances à Turin, dans le but de les intéresser au sort de Venise :

« Excellence,

« L'Europe connaît nos espérances, nos malheurs et nos droits : droits séculaires et pourtant pleins de vie. Nous n'avons pas besoin de recourir aux archives pour les démontrer, et personne, pour les nier, n'oserait alléguer l'éternelle inviolabilité des traités politiques. Ce que sont les traités, la principauté de Neufchâtel et les principautés du Danube, la Belgique et la Lombardie, sont là pour le dire ; et, quant à l'Autriche, il suffit de lui rappeler Cracovie.

« Napoléon III, dans sa mémorable proclamation de Milan, en parlant de notre désir d'indépendance si longtemps exprimé et si souvent déçu, affirmait deux vérités à la fois, la sainteté de notre droit et la conscience que nous en avons ; puis, en signalant la sympathie de l'Europe pour notre cause, il reconnaissait le suffrage universel de la conscience publique dans tout ce que l'Europe a d'esprits généreux.

« La paix qui vient d'être signée ne saurait ôter leur sens naturel aux paroles qui nous promettaient l'Italie libre jusqu'à l'Adriatique.

« Inutile de dire les espérances que la guerre a éveillées dans les cœurs des Vénètes, aussi bien que dans ceux des Lombards, d'autant plus vives chez les Vénètes que leurs droits, même selon la diplomatie la plus formaliste, étaient au-dessus de toute contestation; mais l'espérance elle-même réprimait leur élan, et le caractère donné à la guerre, qui devait être une guerre régulière et dynastique dans la forme, devait empêcher tout mouvement populaire.

« Il n'en était d'ailleurs pas besoin pour constater notre volonté, après les faits de 1848-1849, après dix ans d'un état violent que le gouvernement étranger n'avait pu maintenir que par le déploiement d'une force écrasante. L'histoire nous montre des nations bien plus aguerries que l'Italie ne l'est depuis trois siècles, et qui pourtant ont gémi et gémissent sous le joug, sans qu'on puisse accuser leur courage, ni croire à leur satisfaction. Tout ce que les Vénètes pouvaient faire dans les limites d'une guerre qui excluait l'insurrection nationale, c'était de courir aux armes sous le drapeau du Piémont : et ils l'ont fait.

« Le nombre des volontaires est plus fort qu'il ne paraît, notamment si l'on compte les difficultés qu'on devait surmonter pour échapper à une patrie qui était devenue le séjour de l'exil; c'était peu que de braver les dangers de la fuite, ce qui coûtait davantage, c'était de livrer des amis, un père, une mère, aux soupçons vengeurs d'une complicité honorable et sainte. A cet égard, les quelques milliers de soldats que la Vénétie offre à l'armée italienne sont les interprètes de la volonté commune, les députés armés représentant le pays tout entier, dans tous les ordres de la société, depuis l'humble villageois jusqu'au millionnaire et au comte, à la noblesse historique.

« Il n'est pas nécessaire de lire leurs noms au bas d'un document politique; ce qu'ils voulaient, ce qu'ils veulent, ils l'ont écrit avec leur sang.

« Malgré les promesses et les conseils des prudents, les rues de Venise, le 14 juin, ont été ensanglantées; les prisons reçurent des jeunes gens, des vieillards et des femmes. Un général autrichien, dans la ville même où il étalait tout le luxe de la force et dont il devait se croire le plus sûr, écrivait son propre arrêt, en disant : « Je n'aurai d'égard pour personne; « je ne punis que l'acte ou bien l'intention... Je ne me fie à nul d'entre « vous. »

« Ce n'est pas là simplement le sentiment personnel du général Urban, c'est un aveu de ce que l'Autriche pense touchant les Italiens; c'est un avertissement de ce que les Italiens peuvent espérer des Autrichiens. Craignant toujours, ceux-ci se tiendraient toujours armés contre leur

ARMÉE AUTRICHIENNE.

Chasseur Tyrolien.

propre crainte ; leurs soupçons ne manqueraient pas de donner l'éveil aux soupçons des puissances : attachés à l'Italie comme à une proie, ils menaceraient non-seulement une nation malheureuse, mais la paix de l'Europe.

« Les dépenses nécessaires pour se tenir toujours sur leurs gardes augmenteraient les misères du pays et leur propre misère ; cette attitude, qui ne ferait qu'aggraver leur faiblesse, les rendrait en apparence formidables aux autres États, provoquerait tôt ou tard une ligue qui achèverait de les perdre. L'Italie, opprimée, les tuerait. Ce n'est pas nous qui menaçons, qui aimons à rêver des désordres ; mais, dans la voix du faible qui sent la dignité de son droit, il y a une puissance qui brise à la fin les épées et les chaînes.

« Deux cent mille soldats sont campés sur le sol de la Vénétie ; la conduite du gouvernement n'a point changé depuis la conclusion de la paix. Aux manifestations de la douleur des citoyens pour un désenchantement inouï, manifestations que le gouvernement le plus dur aurait dû trouver excusables, et que l'ennemi le plus étranger aux nobles sentiments et à l'enivrement des belles victoires aurait pu prendre comme l'assaisonnement d'un succès inespéré, les employés de l'Autriche, le 17 juillet, répondaient dans la Vénétie par des menaces à la fois banales et cruelles.

« Encore un fait qui en vaut mille.

« Les prisons de Josephstadt se sont refermées sur des habitants de la Vénétie, hommes paisibles, chers à la nation par leurs talents et par leur caractère, qui ont été arrêtés sans procès, par simple précaution de police et avec la remarque officielle qu'ils n'avaient point troublé l'ordre, mais que la possibilité où ils étaient de le troubler rendait leur emprisonnement utile à eux-mêmes et désirable pour ceux qui les aiment. Ne devait-on pas attendre qu'après le pacte de Villafranca ils seraient rendus à leurs familles éplorées? cependant ils sont encore là. Il faut que la lenteur des procédés diplomatiques prévienne les mouvements de l'humanité et de la justice, et qu'il n'y ait pas même l'apparence d'une disposition quelconque aux garanties qu'on a l'air de promettre. Cette économie rigoureuse dans les semblants de la clémence n'est-elle pas un défi porté aux sympathies du pays, aux sympathies de l'Europe, un retour aux mœurs les moins chevaleresques, dans un temps qui se pique de mansuétude, et où ce qui eût été autrefois un acte de courtoisie et de générosité ne devrait plus être que de simple bienséance?

« Quand même on réduirait la domination autrichienne sur la Vénétie aux plus étroites limites, quand même on se contenterait d'y placer un prince de la famille impériale, isolé sur son trône, sans soldats et sans employés de sa nation, croit-on que cela pourrait satisfaire la Vénétie, l'Europe, l'Autriche elle-même? Laisserait-on volontiers à un prince autrichien la garde des Alpes?

« Si quelqu'un le supposait promptement dénationalisé par son nouveau titre, et tout à fait Italien de cœur, pourrait-on prétendre que, dans un moment de guerre, cette confiance ne s'ébranle jamais ni du côté de la nation, ni du côté des puissances? Et même en temps ordinaire, quels ne seraient point les embarras d'un homme ayant l'air d'obéir à la volonté des gens qu'il serait appelé à commander, d'un homme qui, pour échapper à cette pensée humiliante, serait toujours tenté d'empiéter sur les pouvoirs légaux dont il aurait juré le respect?

« Nul homme de cœur ne saurait penser sans une commisération respectueuse à un prince condamné à gouverner d'une manière toute nouvelle là où ses ancêtres, où son frère, ont gouverné de façon à rendre inévitables une guerre meurtrière et des concessions si longtemps et si obstinément refusées. Malheureux le prince réduit au triste sort d'être plaint par ses propres sujets, qui, en tout autre cas, l'auraient sincèrement honoré!

« La force des choses offre à l'Autriche une occasion précieuse de se relever et d'acquérir en puissance morale, et par suite en forces matérielles, bien plus qu'elle ne perdrait en domaines. Elle pourrait se dire : Après Villafranca il n'y a ni vainqueur ni vaincu. L'honneur des armes est sauf, sauvons celui de la famille et celui de la nation ; car ici l'honneur de l'Allemagne tout entière se trouve engagé : sur la terre d'Italie nous avons assez laissé de cadavres, n'y faisons plus de victimes. Que si l'Autriche se dissimulait à elle-même ces vérités, le temps les lui présenterait sous un jour effrayant.

« Les soussignés n'ont pas besoin d'affirmer que les vœux qu'ils énoncent ne sont pas des vœux isolés. Les titres qu'ils ajoutent à leurs noms démontrent qu'ils sont les interprètes d'un sentiment partagé par les intelligences, et les cœurs qui font que le nom de nation n'est pas un vain nom.

« On vient de publier les documents diplomatiques où est exposée la pensée de Daniel Manin, non pas comme un homme privé, mais comme chef du gouvernement de Venise. Venise avait une assemblée élue par le suffrage universel, qui lui avait donné pleins pouvoirs; à Venise résidai un comité représentant les volontés des provinces de la Vénétie; des légions composées de Vénètes, et qui prirent part aux élections de l'assemblée, concoururent à rendre la résistance honorable par l'ordre autant que par la fermeté. Ainsi cette voix sortant du tombeau est la voix de la nation elle-même, et Manin, durant sa vie, était regardé par l'Europe comme la personnification d'un droit immortel. Dictateur à Venise, il a été plus que roi dans l'exil. Charles X à Goritz, Louis-Philippe à Londres, n'ont reçu, ni morts ni vivants, les hommages du cœur qui ont été rendus à la pauvreté, aux douleurs, au cercueil de cet avocat. Qu'on écoute donc cette voix rappelant à la France et à l'Europe éclairée leur devoir.

« En résumé, l'Autriche ne peut plus gouverner l'Italie. Même un prince autrichien, seul et sans entourage étranger, y serait de trop, et sa présence entraînerait non-seulement des souvenirs fâcheux, mais des dangers graves pour l'empire autrichien, pour la dignité de la France, pour la tranquillité de l'Europe.

« Les espérances solennellement données à la Vénétie ne doivent pas être éludées. Serait-ce donc pour ne pas avoir achevé l'affranchissement de l'Italie, que deux cent mille mères françaises auraient pendant dix semaines vécu dans l'angoisse, attendant à toute heure la nouvelle que les fruits de leurs entrailles ont été déchirés par la mitraille autrichienne? Serait-ce pour ne pas avoir achevé l'affranchissement de l'Italie que Napoléon III aurait mis en jeu sa vie et sa destinée; et, ce qui lui est plus cher que la vie, l'honneur de la France et l'héritage d'un grand nom qui pèse sur lui comme un fardeau lourd et éclatant? Que l'Europe, reconnaissante de la paix qu'il lui assure, l'aide à secouer le joug d'un tel souvenir: et ce sera pour elle un augure de vie, que de jeter un germe de bénédiction dans cette terre des grandes idées et des grandes infortunes.

17 août 1859.

« MM. Prosper Antonini, ancien membre du comité départemental d'Udine (Frioul); Izanesani, auteur de la *Capitulation des Autrichiens à Venise*, 22 mars 1848; Jean Bonollo, de Vicence, ancien président du comité départemental de Vicence; Albert Cavalletto, ancien député de l'assemblée vénitienne; Gaïetan Cremasco, de Vicence, ancien secrétaire du comité départemental de Vicence; Joseph Decanieux, de Trévise, ancien membre de l'assemblée et du gouvernement provisoire de Venise; Joseph de Galateo, de Padoue, ancien lieutenant-colonel à Venise; J. Dolfin Boldu, patricien de Venise, ancien membre et secrétaire de l'assemblée de Venise; Jean-Baptiste Giustiniani, patricien de Venise, ex-député à l'assemblée vénitienne; Joseph Maggi de Bresso, ancien membre du comité départemental de Rovigo (gouvernement de Venise); François Mattei, colonel vénitien; Andrea Meneghieni, ancien président du comité départemental de Padoue;

« MM. Jean Minotto, de Venise, ancien président de l'assemblée législative; Léon Pincherle, ancien ministre du commerce de la république de Venise; Charles Raduelli, ancien député à l'assemblée des représentants du peuple à Venise; Léon Serena, ancien membre du comité de surveillance à Venise; François Soleva, général, ancien ministre de laguerre à Venise; Sébastien Tecchio, de Vicence, ancien membre du gouvernement provisoire et du comité départemental de Vicence, et envoyé du même comité près Sa Majesté sarde; N. Tommaseo, ancien ministre de l'instruction publique de la république de Venise, envoyé extraordinaire près la république française, député à l'assemblée des représentants du peuple à Venise; Eugène Vandorri, ancien colonel à Venise; J. B. Varré, ancien vice-président de l'assemblée des représentants du peuple à Venise; Alexandre Zanetti, secrétaire du gouvernement provisoire de Venise en 1848-1849; Dr Pacifique Valuzzi, ancien secrétaire de l'assemblée de Venise de 1849, secrétaire actuel de la Société agronomique du Frioul, rédacteur en chef de l'*Annotatore Friulano*, revue politique et économique. »

De tous côtés et à tout instant, depuis la paix de Villafranca, une voix s'élevait, une voix vénitienne, qui demandait avec des cris de désespoir la délivrance de la ville des doges, qui la demandait sous toutes les formes.

Ainsi le mois de septembre vit paraître deux documents qui sont un écho vrai des sentiments qui animent la population toute entière de cette ville infortunée. Voici le premier de ces documents :

ADRESSE DE L'ÉMIGRATION VÉNITIENNE AUX REPRÉSENTANTS ET AUX POPULATIONS DE LA TOSCANE, DE PARME, DE MODÈNE, DE LA ROMAGNE ET DE TOUTE L'ITALIE CENTRALE.

L'émigration vénitienne, disséminée à Milan, dans toute la Lombardie, à Turin, à Gênes, dans les duchés, dans la Romagne et dans toute l'Italie centrale, étant, par les assurances des derniers arrivés et par des rapports unanimes, *certaine* d'exprimer non-seulement son propre vœu, mais celui de toute la Vénétie, sent le besoin de vous manifester ses sentiments, à vous qui, dans ce moment décisif, représentez si admirablement la cause nationale.

L'oppression étrangère s'appesantit aujourd'hui sur la Vénétie d'une manière à peine croyable dans un siècle de civilisation. L'Autriche assouvit sur le petit peuple resté en sa puissance toute sa rage, lui faisant expier la honte de ses défaites, et furieuse d'être bravée sans relâche par l'indomptable haine de ses victimes.

Ce peuple opprimé *sait* quel long martyre l'attend; il *sait* qu'après avoir résisté à l'Autriche le dernier de tous *à tout prix* pendant sa longue agonie de 1849, il est aujourd'hui condamné à ne jouir que le *dernier* de la rédemption espérée; mais, quoique ses cris de douleur involontaires doit venir trop souvent troubler la joie des autres, la Vénétie n'en est pas moins profondément reconnaissante à l'empereur Napoléon III et à la généreuse nation française, qui, venant en aide à l'Italie, ont brisé la puissance de l'Autriche et ont fait de notre affranchissement complet une simple question de temps si les Italiens le veulent.

Les Vénitiens ont éprouvé le même sentiment de gratitude, alors que récemment le *Moniteur* français, sortant de son long silence, est venu annoncer au monde entier que la sollicitude et les sympathies des libérateurs n'ont pas cessé de s'étendre sur la partie de l'Italie laissée au pouvoir de l'ennemi. Mais leur gratitude même leur ordonne de ne pas déguiser leur pensée, notamment en ce qui vous concerne, vous qui fûtes en quelque sorte accusés de nous avoir privés, dans votre intérêt, des concessions libérales promises par l'Autriche.

Ni le magnanime Empereur des Français, ni la nation glorieuse, qui, la première, a donné l'exemple le plus éclatant de fraternité entre nations, montrant comment toutes elles doivent être sœurs, que toutes elles doivent être associées dans une commune civilisation, ni l'Empereur ni son peuple, disons-nous, ne sauraient imaginer ce qu'une longue et douloureuse expérience a appris à tout Vénitien : ce que valent des promesses autrichiennes et quel prix il faut y attacher. Inutile de refaire ici l'histoire des derniers quarante-cinq ans, histoire de désillusions et de mensonges mille fois renouvelés? Mieux vaut dire franchement que même la certitude de voir ces promesses accomplies ne détournerait pas les Vénitiens de leur immuable but, qui est de ne plus avoir avec l'Autriche d'autres relations que celles d'un paisible voisinage ou bien celles d'ennemis éternels et irréconciliables.

Que l'Europe entière et que l'Autriche elle-même le sachent : le jour où elle nous aurait placés dans les conditions du Luxembourg vis-à-vis de la Hollande détachée de la monarchie autrichienne, confiant à nous-mêmes le soin de notre défense, ce jour même nous briserions le dernier lien de sujétion qui nous rattacherait encore à l'Autriche. Ce n'est pas là l'aveuglement des passions *politiques* surexcitées, ce n'est pas ici le projet insensé de repousser ce qui est possible et avantageux pour ce qui est impossible. C'est un calcul froidement arrêté, la preuve que nous entendons suivre le conseil qui nous a été donné récemment par l'Empereur comme il le fut par Machiavel, il y a des siècles : *saisir l'occasion*.

En attendant au milieu de notre faiblesse, forts seulement de notre droit immortel et du martyre voulu par nous-mêmes, nous persistons dans notre résolution d'être une protestation vivante contre l'Autriche et contre l'injustice de 1815, d'être surtout pour l'Europe une difficulté qu'elle sera forcée, dans son propre intérêt, de résoudre une fois pour toutes.

Représentants et peuples de l'Italie centrale, sachez-le bien, votre unanime résolution de vous constituer en un grand royaume italien, votre ferme volonté d'y parvenir à travers tous les obstacles, et, en attendant, de vous aguerrir afin de défendre à tout prix l'indépendance italienne, est non-seulement un témoignage donné à l'empereur Napoléon et à notre roi Victor-Emmanuel, mais en même temps cette résolution vous assure la reconnaissance entière et impérissable du peuple vénitien.

Vous n'aviez pas besoin de notre témoignage pour le savoir, les nombreux volontaires accourus pour s'enrôler sur votre territoire sachant que c'est dans l'Italie centrale que se défend la cause de la Vénétie, le grand nombre qui arrivent chaque jour en bravant mille dangers le disent assez ; d'autres qui les suivront, lorsque vous serez prêts au dernier effort pour l'indépendance nationale, l'attesteront de nouveau ; mais il était important pour vous de posséder un document formel afin de pouvoir prouver à l'Europe qu'après Victor-Emmanuel sur le champ de bataille vous êtes les véritables représentants de la cause nationale et que vous possédez toute la gratitude des Vénitiens. Continuez à vous armer et à vous fortifier ; au jour de la lutte les Vénitiens seront à vos côtés.

Quoi qu'il advienne, quelque peu de cas que puisse faire l'Europe d'un peuple malheureux qui n'a offensé personne et a fait du bien à tous, l'union des esprits en Italie est désormais un fait heureusement accompli, l'idée qui le consacre a été popularisée, cimentée, non-seulement par les larmes, mais par le sang ; l'Europe civilisée veut-elle encore du sang ? eh bien, elle en aura : Venise renouvelle aujourd'hui par notre organe le décret maintenu pendant six mois après le désastre de Novare, elle résistera à l'Autriche à tout prix.

Approuvé par l'émigration vénitienne à Milan, dans la séance du 13 septembre 1859 ; à Brescia, le 15 ; à Turin, idem ; à Ferrare, le 18 ; et à Bologne, le 19.

Le second des documents que je viens de rappeler est l'adresse spéciale des députés de Venise aux députés de Parme et de Modène envoyés à Turin pour offrir à Victor-Emmanuel II la souveraineté de ces deux duchés. Voici le texte de cette adresse :

« Illustres envoyés,

« En ce jour de joie pour l'Italie, au milieu des acclamations de cette capitale qui fête et honore en vous les députés illustres des peuples de Modène et de Parme, dont vous apportez les vœux d'union au Piémont, nous, Vénitiens, fils d'une terre qui est encore dans les chaînes et dans l'amertume de la douleur, nous avons hésité à nous mettre en avant pour ne pas troubler la sérénité de vos fronts et la joie de vos cœurs. Mais, si notre présence évoque en vous de tristes pensées, nous espérons par nos paroles dissiper cette tristesse et rappeler la joie dans vos âmes.

« Vous êtes libres, le but de vos efforts est de rendre *une* cette pauvre Italie que les siècles ont divisée, d'unir vos riches et puissantes provinces au royaume subalpin, qui, par la sagesse de son parlement, par la valeur de son armée, commandée par notre héroïque roi, par la hardiesse de sa politique, par ses sacrifices et sa constance dans le juste et magnanime projet de rendre l'Italie indépendante, a acquis le premier rang dans la Péninsule et a dernièrement reçu une si magnifique récompense de sa grande vertu.

« Vous avez pu voter librement; mais à peine vos vœux et ceux de la Toscane, qui ont décrété la déchéance des archiducs et l'annexion de leurs États au Piémont, à peine ces vœux ont-ils été proclamés, qu'il a été manifesté à l'Italie que l'Autriche ne se tiendrait plus pour obligée à faire les concessions libérales promises à la Vénétie dans les préliminaires de paix de Villafranca, tant que les archiducs ne seraient point replacés sur leurs trônes.

« Savez-vous, illustres envoyés, quelle est la réponse de la Vénétie à cette offre des concessions qui devaient remettre l'Italie centrale au pouvoir des archiducs, vassaux de l'Autriche?

« La voilà. La Vénétie sait ce que valent les promesses et les concessions de l'Autriche. Elle n'en demande pas, elle n'en veut pas, et plus que jamais elle les repousserait dédaigneusement si elle devait les acheter au prix de la liberté et de l'indépendance de l'Italie centrale.

« Ce que veut Venise, les exécutions de Mantoue, les cachots de Josephstadt, ses nombreux enfants qui combattirent à Palestro et à Solferino, où leur sang coula à flots, le disent assez. Ce qu'elle veut, ses rues désertes et veuves de la brillante jeunesse qui les remplissait et qui, après les préliminaires de Villafranca, est accourue tout entière dans l'Italie centrale pour s'armer et pour combattre en faveur de la cause nationale, le disent aussi.

« La Vénétie veut l'indépendance et l'union avec le Piémont, déjà votée en 1848. Elle continuera à lutter et à souffrir. Mais les souffrances et les tourments ne l'abattront pas, soutenue qu'elle est par la certitude que la dernière heure de la domination autrichienne en Italie va sonner.

« Et cette certitude, c'est vous qui la lui donnez, vous, ainsi que les Toscans et les Romagnols, qui, faisant trêve à leurs anciennes et fatales divisions, agrandiront et rendront puissant ce royaume qui, ayant pour origine et pour raison d'être l'indépendance de l'Italie, ne pourra que hâter son entière délivrance du joug étranger.

« Grâces soient rendues, en attendant, à vous, au nom des Vénitiens qui, bien qu'ils sachent que la main de l'Autriche va s'appesantir sur leur malheureux pays, vous encouragent à persévérer dans la voie que vous avez prise et à bien mériter de la sorte de la patrie commune.

« *Vive Modène! vive Parme! vive l'union d'Italie!*

« Turin, 16 septembre 1859. »

Et on croit qu'une ville ainsi opprimée, qui sent aussi vivement son malheur et sa honte, qu'une ville qui a de telles aspirations vers l'indépendance, peut longtemps souffrir sans essayer de briser violemment le joug auquel elle est rivée?

L'Autriche est insensée de rêver la conservation de la Vénétie. C'est un brûlot attaché à l'empire des Hapsbourg, un brulôt qui, tôt ou tard, y allumera l'incendie des insurrections nationales. François-Joseph I a sauvé sa dignité en faisant la paix sans abandonner la Vénétie : il sauverait sa couronne, s'il avait la force d'âme et la sagesse d'esprit de renoncer volontairement à la possession de cette province.

J'ai déjà parlé, dans un chapitre précédent de ce volume, des indices qui annoncent un prochain soulèvement des peuples de la Vénétie, et des signes irrécusables de la violence de leur exaspération, de l'énergie de leur haine. Chaque jour des événements nouveaux viennent confirmer ces prévisions d'une insurrection vénitienne inévitable. Une tentative d'émeute a même eu lieu déjà, dans les premiers jours de janvier 1860, à Udine, ville de vingt mille âmes, qui fut jadis la capitale du Frioul. Comprimée par la force, cette première tentative isolée ne tardera pas à être suivie d'une tentative générale de la Vénétie tout entière, insurgée contre l'Autriche.

IX

ATTITUDE DES DUCHÉS

On se rappelle qu'à la date du 11 juillet, au moment où les deux empereurs signaient la convention de Villafranca, les duchés de Toscane, de Parme et de Modène étaient placés, chacun, sous l'autorité d'un commis saire extraordinaire, qui les gouvernait au nom du roi de Sardaigne, à titre temporaire, et seulement afin de concentrer sous une suprême et unique dictature toutes les forces unies destinées à combattre en faveur de l'indépendance italienne.

C'était M. Boncompagni à Florence, M. Farini à Parme, M. Pallieri à Modène.

La Romagne était déjà vivement agitée, ainsi qu'on va le voir dans le chapitre suivant; elle s'était même soustraite à l'autorité temporelle du pape.

Ces mêmes désirs d'annexion au Piémont n'animaient pas encore au même degré toutes les populations de l'Italie centrale. C'était l'intérêt, c'était la volonté des peuples de Parme et de Modène d'être réunis aux peuples de la Sardaigne; les Toscans et les Romagnols avaient des tendances très-caractérisées vers la formation d'un royaume du centre dont Florence aurait été la capitale.

L'esprit d'indépendance et l'amour de la nationalité s'étaient développés déjà dans toute l'Italie centrale avec une force irrésistible; mais l'immense ascendant de Napoléon III, considéré dans toute cette région comme un génie bienfaisant, comme un sauveur providentiel, suffisait à contenir les manifestations de cet esprit d'indépendance et de cet amour de la nationalité dans les voies de la modération.

Il y avait des progressistes, il y avait même des révolutionnaires dans l'Italie centrale, mais des progressistes libéraux, des révolutionnaires patriotes et non des anarchistes. Mazzini y était sans prestige comme sans autorité: on y voulait un gouvernement national; on n'y voulait ni terreur ni désordre.

Du reste, tous les Italiens subordonnaient alors leurs opinions et leurs actes à ce que l'on savait être le désir de Napoléon III. La continuation de la guerre, tout en créant à la France la nécessité de s'appuyer plus fortement sur les nationalités soulevées, ne l'eût pas placée dans la fatale obligation de s'allier aux ennemis de toute autorité et de toute société, aux hommes de démagogie.

Les révolutionnaires de l'Italie centrale, ceux du moins qu'on nomme de ce nom, inexact dans cette circonstance, n'ont rien qui tienne du démagogue, rien de ce qui constitue les ennemis nés de tout ordre social et de toute organisation gouvernementale.

D'ailleurs, je le répète, sur un signe de Napoléon III, avant le 11 juillet 1859, tout orage qui eût éclaté à l'improviste se fût aussitôt apaisé comme par magie.

La paix de Villafranca vint tout à coup modifier les sentiments et les dispositions de l'Italie centrale, désespérée de cette paix qui laissait la Vénétie à l'Autriche. Une réaction se fit dans les esprits contre Napoléon III, dont on méconnut d'autant plus la vraie pensée, la vraie politique, dont on suspecta d'autant plus les intentions, que Son Excellence M. le comte Walewski fit tout ce qu'il fallait pour persuader aux populations parmesanes, modénaises et toscanes que la France était résolue à leur imposer de nouveau les princes dont elles s'étaient crues avec joie délivrées à tout jamais.

Les bases préliminaires de la paix arrêtées à Villafranca n'admettaient la restauration de ces princes qu'à titre de concession de la France.

Napoléon III n'avait pas dit : Je veux que les dynasties déchues de Parme, de Modène et de Florence soient replacées sur le trône qu'elles ont perdu par leur impopularité; il avait dit simplement : Je ne m'oppose pas à ce qu'elles soient restaurées. M. le comte Walewski, ajoutant un codicile à ce testament, avait dit : Il faut qu'elles le soient, parce que la France le veut, et la France le veut, parce qu'elle a promis que cela serait.

M. le comte Walewski envoyait dans l'Italie centrale des instruments de restauration pénétrés de cette pensée, qu'il leur avait inculquée : M. le comte Reiset, M. le prince Poniatowski.

Le langage et l'attitude de ces diplomates confirmaient les populations dans l'erreur où elles étaient déjà sur les idées de Napoléon III, qu'elles croyaient décidé de parti pris à favoriser de tout son pouvoir et de tout son ascendant le retour dans leurs anciens États des souverains déchus de Florence, de Parme et de Modène.

Les voyages de M. le prince de Metternich, ambassadeur extraordinaire de la cour d'Autriche auprès de la cour de France, à Saint-Sauveur; son long séjour à Biarritz, où se trouvait aussi M. le comte Walewski, tout tendait à inspirer aux peuples de l'Italie centrale des doutes et des craintes, que venaient encore encourager les notes officielles du *Moniteur*, notes qu'on lira plus loin, quand je parlerai de l'attitude de la France en face des agitations de la Péninsule.

L'irritation qu'on ressentit alors à Parme et à Modène y précipita les événements dans le sens de l'annexion immédiate, et le désespoir qu'on éprouva en même temps à Florence et à Bologne y détermina un mouvement, cette fois très-prononcé, dans le même sens, parce qu'on en vint à considérer la réunion de tous les États de l'Italie centrale au Piémont comme le seul moyen de prévenir une intervention franco-autrichienne en faveur du rétablissement des gouvernements déchus et comme le seul boulevard qu'on pût opposer avec succès aux nouvelles espérances de domination de la cour de Vienne.

C'est même la Toscane qui, dans cette phase de la question d'Italie, a secondé la première, avec résolution, la formation d'un royaume de la haute Italie. C'est, en effet, l'Assemblée nationale de Florence qui a voté, même avant l'Assemblée nationale de Parme, de Modène et de Bologne, l'annexion aux États de la maison de Savoie.

Les faits vont donc désormais se produire dans cette voie et avec ce caractère.

Tout d'abord, M. Boncompagni, qui avait représenté le roi de Sardaigne à Florence pendant la guerre, allait être rappelé à Turin. Sa mission était finie avec la dictature de Victor-Emmanuel II.

Ce rappel cependant ne fut pas immédiat, et ce fut M. Boncompagni qui annonça la paix aux Toscans, et qui la leur annonça en termes tels qu'on pouvait croire que sa proclamation était une protestation détournée du roi de Sardaigne contre cette paix subite. Voici le texte de cette proclamation :

« Toscans!

« Les nouvelles d'événements qui trompent les plus belles espérances remplissent de douleur toutes les âmes; le gouvernement partage votre consternation, mais nous ne devons pas nous y abandonner; il nous faut attendre le récit des faits dont les détails sont encore inconnus.

« Nous devons nous serrer ensemble pour prouver par notre fermeté que nous sommes dignes d'être citoyens d'une patrie indépendante et libre. Tant que cette fermeté nous restera, nous n'aurons pas perdu toutes nos espérances.

« Nos envoyés vont partir pour Turin, afin de savoir le véritable état des choses. La manifestation de la douleur, aujourd'hui, ne serait qu'une aggravation du mal. Conservons l'ordre, plus que jamais nécessaire pour le salut de la patrie.

« Demain s'assemblera la consulte : avec elle, le gouvernement élèvera la voix de la Toscane, la faisant entendre à Victor-Emmanuel, en qui repose toute notre confiance.

« La Toscane ne sera pas, contre sa volonté et ses droits, replacée sous le joug et l'influence de l'Autriche :

« Le commissaire extraordinaire du roi Victor-Emmanuel durant la guerre de l'indépendance,

« C. Boncompagni.

« Les ministres :

« Ricasoli, Ridolfi, Poggi, Busacca, Salvagnoli.

« Le secrétaire général du gouvernement de la Toscane,

« Celestino Bianchi.

« Florence, le 13 juillet 1859. »

Le lendemain, la consulte, ou le conseil de Florence, délibérant sous l'influence de M. Boncompagni, prenait une résolution ainsi conçue :

« La consulte, après avoir ouï les communications du gouvernement, convaincue que le retour de la dynastie déchue et toute autre combinaison contraire au sentiment national serait incompatible avec le maintien de l'ordre en Toscane et jetterait en Italie la semence de nouvelles convulsions, pense :

« 1° Que le gouvernement doit faire les plus pressantes instances près Sa Majesté l'empereur des Français et s'employer près les autres grandes puissances pour qu'en fixant le sort de cette partie de l'Italie l'on ait égard à la libre manifestation de ses vœux légitimes ;

« 2° Que ces vœux doivent légalement se manifester en temps opportun par une assemblée de représentants du pays, et qu'en conséquence il faut mettre à exécution la loi électorale de 1848 et ordonne la formation des listes électorales ;

« 3° Qu'il faut s'adresser à Sa Majesté le roi Victor-Emmanuel pour qu'il lui plaise conserver le protectorat de la Toscane, même après la conclusion de la paix et jusqu'à l'organisation définitive du pays.

« Le 14 juillet 1859. — Délibéré à l'unanimité des voix en la réunion de ce jour.

« Pour le président :

« *Signé :* Ubaldino Peruzzi, vice-président.

« Le secrétaire, Galeotti. »

On ne parlait pas encore d'annexion ; mais on se prononçait énergiquement contre la restauration de la famille de Lorraine.

Le gouvernement rendait à son tour un décret encore signé de M. Boncompagni et ainsi conçu :

« Art. 1er. La loi électorale du 3 mai 1848 est appliquée pour l'élection des représentants de la Toscane qui doivent émettre le vote sur le sort futur de l'État ;

« Art. 2. Les préfets procéderont immédiatement à ordonner aux mairies de dresser sans retard les listes électorales.

« Art. 3. Un décret ultérieur fixera tout ce qui regarde les conditions et règles pour une prompte formation des listes électorales. Le ministre de l'intérieur est chargé de l'exécution du présent décret.

« Donné le 15 juillet 1859.

« *Signé* : C. Boncompagni, Ricasoli, Poggi. »

La paix était à peine conclue, que déjà la Toscane s'insurgeait moralement contre celle des clauses de cette paix qui parlait de la rentrée du grand-duc, puisqu'elle se disposait à faire connaître sa volonté sur le sort futur d'un État dont il semblait que l'on eût irrévocablement fixé les destinées à Villafranca.

M. Boncompagni ne devait pas présider à ces élections. Le mois de juillet vit expirer ses pouvoirs. Avant de s'éloigner de Florence, il adressa ses adieux à la population dans une proclamation où il reconnaissait que le roi Victor-Emmanuel II ne pouvait pas continuer son protectorat, sans être suspecté de vouloir s'immiscer sans droit dans les affaires intérieures des États italiens, sans être accusé de vouloir influer illégitimement sur les votes qui allaient décider de leurs futures destinées. Il remercie les peuples de la bienveillance et de la confiance qu'ils n'ont pas cessé de lui témoigner; il demande les mêmes sentiments pour le conseil des ministres, désormais investis du gouvernement de l'État. Il espère que les élections de l'assemblée qui doit délibérer sur le sort définitif de l'État seront inspirées par la conscience du devoir et le plus pur amour de la patrie, et que l'attitude de tous sera de nature à démontrer que l'Italie n'a pas besoin de protection étrangère et qu'elle est digne de siéger dans le congrès des peuples libres et indépendants. Il déclare enfin que ce qu'il faut surtout sauvegarder, c'est la nationalité et la liberté constitutionnelles, et que de toutes les vertus, celle qui rend plus grands les peuples et les individus, c'est la persévérance.

M. Boncompagni quittait Florence avec le mois d'août, après avoir donné des conseils qui furent religieusement écoutés, et emportant la certitude qu'un vote d'annexion sortirait des élections qu'on allait faire. La paix de Villafranca avait commencé dans toute la Toscane le revirement d'opinions que l'attitude de notre ministre des affaires étrangères d'alors allait y achever.

Le pouvoir qu'abandonnait M. Boncompagni passait aux mains de l'ancien conseil des ministres, devenu gouvernement provisoire, sous la présidence de M. le baron Bellino Ricasoli, qui était en même temps ministre de l'intérieur.

Voici, du reste, en quels termes cette transformation du gouvernement de la Toscane fut officiellement annoncée dans le *Moniteur* qui paraît à Florence :

« La consulte du gouvernement a été convoquée ce matin pour entendre lecture d'un message par lequel M. le commissaire extraordinaire annonçait, par ordre de Sa Majesté le roi de Sardaigne, la cessation de ses fonctions et la transmission de ses pouvoirs au conseil actuel des ministres.

« M. C. Boncompagni a déposé à la présidence : 1° une dépêche adressée au commissaire royal par le ministre des affaires étrangères de Sa Majesté le roi Victor-Emmanuel, au terme de laquelle cessent les pouvoirs qui lui avaient été conférés ; 2° un décret portant que ces pouvoirs passeront au conseil des ministres ; 3° un autre décret nommant président du conseil le baron Bellino Ricasoli.

« Le commissaire royal extraordinaire en Toscane du roi Victor-Emmanuel II durant la guerre de l'indépendance, considérant que l'organisation politique actuelle de la Toscane se fonde sur la volonté populaire et sur la nécessité politique ; que le roi Victor-Emmanuel II, protecteur de la Toscane durant la guerre, aurait été en droit de conserver cette qualité jusqu'à l'établissement définitif de la paix, adhérant ainsi à la requête de la consulte d'État ; que, de graves considérations de convenances politiques l'ayant empêché d'acquiescer à cette requête, il devenait nécessaire qu'il pourvût à ce que, lors de la cessation du protectorat, la Toscane ne demeurât pas sans gouvernement ;

« Qu'en conséquence, par lettre du 21 juillet, dont copie authentique a été transmise à la consulte d'État, le roi Victor-Emmanuel II, par l'organe de son ministre des affaires étrangères, prescrivait à son commissaire ce qui suit : Vous remettrez la chose publique aux mains d'une ou plusieurs personnes ayant la confiance publique, de manière que, lorsque la protection du gouvernement de Sa Majesté cessera, le sort du pays demeure confié à ses défenseurs naturels ;

« Qu'en cet état de choses, et par suite de l'ordre du roi, le commissaire ne peut que déclarer à qui doit passer le gouvernement de l'État au moment où cesseront ses pouvoirs; que, pour rendre le changement moins sensible, il convient que le gouvernement réside dans le conseil des ministres, qui a aidé jusqu'ici le commissaire royal de son conseil et de sa coopération,

« Décrète : Art. 1er. Les pouvoirs du commissaire royal passent au conseil des ministres, qui les exerce au nom du peuple toscan.

« Art. 2. Le président du conseil des ministres appose la première signature sur les décrets et actes du gouvernement; un autre ministre apposera la sienne sur les décrets concernant son département.

« Art. 3. La consulte d'État conserve toutes ses attributions.

« Art. 4. Le secrétariat général du commissariat prend la dénomination de *secrétairerie générale du gouvernement*. Elle passe sous les ordres du président du conseil.

« Donné à Florence, le 1er août 1859.

« Le commissaire extraordinaire,

« C. Boncompagni.

« Le secrétaire général,

« Celestino Bianchi. »

Le même jour, cette même consulte votait des remercîments aux armées française et sarde qui avaient combattu pour la cause italienne. Voici le texte de ces remercîments :

« La consulte de gouvernement de la Toscane exprime à l'unanimité son admiration et vote des remercîments à la brave armée française, qui, guidée par son magnanime empereur, a généreusement versé son sang pour l'indépendance de l'Italie dans tant de glorieuses et victorieuses batailles.

« La consulte de gouvernement de la Toscane exprime à l'unanimité son admiration pour l'armée piémontaise, qui, combattant et triomphant sous le roi Victor-Emmanuel II et aux côtés de la brave armée française, a conquis à l'Italie une nouvelle gloire et une plus grande force nationale.

« Ces deux résolutions ont été sur-le-champ transmises à leurs Excellences le commissaire extraordinaire et le ministre de France, avec prière de vouloir bien les faire parvenir à leurs gouvernements respectifs pour être mises à l'ordre du jour des deux armées, en témoignage de reconnaissance et d'affection. »

M. le baron Ricasoli est un écrivain de talent, un patriote hardi, que ses opinions firent nommer député en 1848, et qui fut alors chargé d'une mission auprès de la cour de Turin. Il revint siéger au parlement de Florence, où il se mit à la tête du parti de la monarchie constitutionnelle et progressive. Il occupa quelque temps le poste de gonfalonier ou de chef du corps municipal de Florence; puis il s'occupa d'agronomie et collabora à la *Bibliothèque citoyenne de l'Italie*, publication périodique d'une tendance libérale modérée. M. le baron Ricasoli a cinquante ans.

Les autres membres du gouvernement provisoire de Toscane sont M. le marquis Come Ridolfi, M. le chevalier Salvagnoli, M. Raphaël Busacca, M. Enrico Poggi, M. de Cavero et M. Celestino Bianchi.

Agé de soixante ans, d'une grande illustration et d'un renom européen, M. le marquis Ridolfi a été l'un des membres influents du ministère de 1848, qui obtint de Léopold II la promulgation d'un statut constitutionnel accordé pendant le danger, retiré dès que le grand-duc crut la révolution à jamais terrassée. M. le marquis Ridolfi est ministre des affaires étrangères et de l'instruction publique.

M. le chevalier Salvagnoli, qui occupe le poste de ministre des affaires ecclésiastiques, est l'une des gloires du barreau de Florence. Il appartient aussi au parti constitutionnel monarchique. Écrivain aussi brillant qu'orateur distingué, il jouit d'une incontestable popularité qu'il ne doit qu'à l'éclat de son talent.

Ancien député de 1848, Sicilien de naissance, économiste distingué, M. Busacca est ministre des finances et du commerce.

M. Enrico Poggi est ministre de la justice. Il travaille, avec l'autorité d'une expérience acquise dans la carrière de la magistrature, à la réforme et à la refonte des lois toscanes.

M. de Cavero est ministre de la guerre.

Secrétaire général du gouvernement, M. Bianchi est un jeune publiciste d'un caractère éprouvé et d'un talent supérieur qui apporte à la cause de l'indépendance italienne un concours aussi éclairé qu'énergique.

La grande affaire du gouvernement, c'était de faire voter régulièrement l'annexion de la Toscane au Piémont, mais sans entraînement, mais par raison et avec la conviction qu'elle était devenue une nécessité, un moyen de salut, une force.

On lisait donc bientôt, affiché sur les murs de Florence, le décret suivant qui réglait les conditions et les formes de l'élection des représentants à la future assemblée constituante :

« Le gouvernement de la Toscane, vu l'article 84 de la loi électorale du 3 mars 1848 :

« Décrète :

« Art. 1er. Le président de chaque collége électoral préviendra les électeurs : 1° Qu'ils doivent élire deux représentants pour l'unique effet d'exprimer les vœux légitimes de la population toscane touchant son sort définitif ; 2° Qu'ils peuvent les élire parmi tous ceux qui ont des titres à être électeurs dans les divers colléges du district électoral ; 3° Qu'ils doivent les élire parmi les électeurs ayant trente ans révolus.

« Art. 2. Un exemplaire du présent décret demeurera affiché dans le local des réunions électorales pendant tout le temps des élections.

« Art. 3. Le ministre de l'intérieur est chargé de l'exécution du décret.

« Le 2 août 1859.

« Le président du conseil des ministres et ministre de l'intérieur,

« B. Ricasoli.

« Le ministre de l'instruction publique,

« C. Ridolfi. »

Enfin, quelques jours après, on décrétait en ces termes la convocation de cette même assemblée constituante :

« Le gouverneur de la Toscane décrète :

« Art. 1er. L'assemblée des représentants est convoquée à Florence pour le 11 du mois courant.

« Art. 2. Cette assemblée a pour objet d'exprimer les vœux légitimes de la population toscane sur son sort définitif,

« Art. 3. Le ministre de l'intérieur est chargé de l'exécution du présent décret.

« Donné à Florence, le 7 août 1859.

« Le président du conseil des ministres, ministre de l'intérieur,

« B. Ricasoli.

« Le ministre de l'instruction publique,

« C. Ridolfi. »

Un message du baron Ricasoli aux représentants ouvrit les délibérations de l'Assemblée nationale, par des conseils annexionistes qu'elle était d'avance décidée à suivre.

Voici le texte de ce message où se trouvent résumés les actes du gouvernement depuis le départ du grand-duc :

« Messieurs les représentants de la Toscane,

« Le gouvernement est charmé de se trouver en face des représentants légitimes du pays, nommés par les suffrages libres dans une élection à laquelle ont présidé un calme et une concorde dignes de faire honneur à tout peuple déjà initié aux institutions libérales.

« Dans cette occasion solennelle, la Toscane ne s'est pas démentie. Le gouvernement se félicite de n'avoir pas mis en vain sa confiance dans la sagesse des citoyens.

« Tout le monde sait quelle est notre condition, et que les votes sont demandés aujourd'hui à votre sagesse, attendu que le gouvernement n'a pas eu l'habitude de rien cacher ni de couvrir artificieusement ses désirs politiques.

« Quand vous délibérerez sur le sort de la patrie, le gouvernement se fera un devoir de porter à votre connaissance les nouvelles particulières qui pourront servir à éclairer les opinions ; mais, avant d'affronter l'avenir, jetons un regard sur le passé et le présent.

« La guerre nationale entreprise par le vœu de tous les Italiens, et rendue possible par le généreux concours de l'empereur des Français, a enlevé à la Toscane une dynastie qui y régnait depuis plus d'un siècle; cette dynastie n'a pas été chassée, mais, de son propre gré, elle a préféré courir les chances de l'Autriche, avec laquelle elle avait des pactes de vasselage, plutôt que de suivre le pays et de satisfaire le sentiment national. Il n'y a pas eu de violences; mais, le souverain s'étant déclaré autrichien et le pays voulant demeurer italien, chacun a pris sa voie.

« L'État étant resté sans gouvernement, la municipalité de Florence a pourvu à la nomination d'un gouvernement provisoire qui a bientôt eu l'aveu de toute la Toscane. Les regards et les affections se sont tous tournés vers le roi magnanime qui amenait sur le Tessin les armes libératrices. Il fut spontanément proclamé dictateur avec autorité suprême sur les choses civiles et militaires. De hautes raisons d'État ne permettant pas que la dictature fût agréée, sous le protectorat du roi Victor Emmanuel, un gouvernement régulier se constitua en Toscane : ce gouvernement maintint la tranquillité du pays, tout en le faisant participer à la guerre de l'indépendance.

« Un commissaire du roi exerce le pouvoir suprême dans l'intérêt de tous. Apaisons les esprits et accréditons le gouvernement. Une consulte par lui nommée lui assure l'appui de l'opinion publique. Fort de cet appui, et se plaçant à la tête du pays plutôt que de se mettre à sa remorque, le gouvernement pourvoit aux finances par l'émission de cédules commu nales; il réforma les lois et il prépara la réorganisation de l'État sur les principes de liberté. D'éclatantes victoires des armées italico-françaises ont couronné notre entreprise.

« Des promesses magnanimes et telles que les peuples sont habitués à en entendre ont élevé haut les espérances des Italiens. Une paix inopinée, mue par des raisons très-puissantes que nous devons respecter, les ignorant, a brisé les projets, attristé les âmes, bien que la parole solennelle de l'empereur des Français garantît que la cause italienne ne serait pas pour cela abandonnée. Avec la paix cessaient les protectorats du roi; le commissaire extraordinaire dut quitter Florence, laissant l'autorité aux mains de ceux qui, jusque-là, l'avaient exercée sous sa dépendance et avec l'assentiment tacite de tous.

« Le départ du commissaire fut un triomphe de gratitude et d'espérance, ce fut comme l'adieu de deux amis qui espèrent se revoir. Les Toscans comprirent à merveille la cause de ce départ, et, sans aucune manifestation inquiétante, ils se résignèrent à cet abandon nécessaire. Toutefois le gouvernement n'avait rien négligé pour éclairer le sort réservé à la Toscane d'après les préliminaires de Villafranca avant que l'empereur ne quittât l'Italie. Notre délégué lui exposait nos craintes et nos espérances à la fois, et l'Empereur, par de franches et bienveillantes paroles, lui donnait l'assurance de deux choses :

« 1° Qu'il n'y aurait pas d'intervention armée; 2° et que l'on aurait égard aux vœux légitimes exprimés. On reçut du roi Victor-Emmanuel de semblables consolations. Ce dernier, en nous recommandant de conserver l'ordre intérieur et de ne pas fournir de prétexte aux armes étrangères, terminait en engageant les peuples de l'Italie centrale à prendre courageusement exemple de lui, qui, renfermant toute douleur en son cœur, attendait avec intrépidité le dénoûment des destins de l'Italie.

« Encouragé par ces déclarations solennelles, répétées à nos délégués, à Paris et à Londres, et ne cédant pas à de timides conseils, le gouvernement songea sur-le-champ à convoquer la représentation nationale, qui, interprète des vœux publics, en fit entendre l'expression légitime à l'empereur Napoléon, arbitre de la paix et de la guerre, et à tous les potentats qui se proposeraient d'asseoir d'une manière stable les choses en Italie. La Toscane a répondu à la juste attente que l'on avait conçue d'elle en ce moment solennel. L'admirable concorde dans les élections et votre présence en ce lieu en sont les garants. Vous siégez ici trois jours après la proclamation de vos noms par les colléges électoraux.

« La garde nationale, organisée en très-peu de temps, a protégé la liberté sainte des élections, comme elle sera prête à protéger la liberté des votes émis par les représentants du pays. Voilà ce qu'a fait le gouvernement, quand il a pu être convaincu que le sort de la Toscane et celui de toute l'Italie centrale pouvaient dépendre de nous. Les conditions des États de l'Italie centrale étant presque identiques, et le même sort leur étant peut-être réservé à tous, le gouvernement a ouvert des négociations pour une ligue militaire qui dût réunir les forces de la défense et commencer en Italie la solidarité nationale, sans laquelle seraient superflus les efforts des États isolés. Notre armée, si elle n'a pas eu la gloire de supporter intrépidement toutes les fatigues de la guerre, saura donner de la valeur aux promesses de la Toscane, et, s'il le faut, elle livrera les dernières batailles de l'indépendance nationale.

« Mais toutes ces mesures et d'autres auraient été vaines si le pays n'avait pas secondé le gouvernement d'une manière plus admirable qu'étonnante. Depuis quatre mois, la Toscane est régie par un gouvernement qui a tiré sa raison d'être de la nécessité des choses et qui repose sur les forces qui lui viennent de l'opinion publique. Le pays n'a jamais été mieux ordonné et plus unanime au milieu de tentations pour le désordre. Si nous qui occupons ces siéges, assurément peu dignes d'envie en ces temps critiques, nous possédons la confiance de nos concitoyens, soyons-en fiers, parce que cette confiance nous rend forts pour faire le bien de la patrie.

« La représentation nationale nous donnant son concours en légitimant autant que de besoin pour l'avenir notre mandat, nous donnera du cœur pour maintenir courageusement le pays dans une ferme expectative. Cela est d'autant plus nécessaire, que, dans les conjonctures actuelles, si nous avons la vertu de persévérer dans une attitude de nature à nous concilier l'estime et le respect de l'Europe, nous avons la confiance que nos vœux seront exaucés. En tous cas, nous aurons fait notre devoir, et la postérité n'aura pas de reproche à nous faire. Que la raison et le bon droit soient de notre côté, et laissons la violence accomplir, si faire se peut, son œuvre. La violence peut détruire, mais non édifier, et ce ne serait pas une paix véritable que celle qui laisserait subsister les causes de conflits entre les peuples et les gouvernements.

« Messieurs les représentants, ne nous laissons pas décourager par l'exiguïté de notre État : il est des moments où il est donné aux petits eux-mêmes de faire de grandes choses. Rappelons-nous qu'en ce palais, où depuis trois siècles la voix de la liberté ne s'est pas fait entendre, en traitant des affaires de la Toscane, notre pensée devra envisager l'Italie. La municipalité sans la nation serait aujourd'hui un contre-sens. Sans clameurs comme sans jactance, proclamons ce que comme Italiens nous voulons être. La Toscane alors donnera un grand exemple, et nous nous féliciterons d'être nés dans cette partie de l'Italie; et, quelque tour que prennent les événements, ne désespérons jamais de l'avenir de notre patrie bien-aimée. »

L'Assemblée nationale rendit successivement trois votes importants. Le premier était un vote de remercîments pour les deux gouvernements provisoires de la Toscane; en voici le texte :

« Considérant que ce qui est dit et consigné dans la motion de l'honorable député Ginori Lisci touchant l'ordre merveilleux qui a été conservé en Toscane depuis le 27 avril, tout en donnant la preuve de la civilisation de ces populations, atteste en même temps le patriotisme et la sagesse avec lesquels le gouvernement de la Toscane a dirigé la chose publique en des moments périlleux et difficiles, l'Assemblée déclare qu'en agissant ainsi l'ancien gouvernement provisoire et le gouvernement actuel ont bien mérité du pays et de l'Italie. »

Ce vote eut lieu le 13 août, sur la proposition du député Leonardo Romanetti.

Le 17, sur la proposition du député Ginori et sur le rapport du député Andreucci, on votait, au scrutin secret et à l'unanimité de cent soixante voix présentes, la déchéance de la dynastie de Lorraine.

Dans cette même séance, le marquis Manzi et l'avocat Massei déposèrent chacun une proposition d'annexion de la Toscane au Piémont.

Voici le texte de la première :

« Coïncidement avec les considérations et déclarations exprimées dans la résolution de l'Assemblée du 16 août, touchant la dynastie austro-lorraine, l'Assemblée, devant pourvoir à l'avenir du pays, déclare que la Toscane est fermement résolue à faire partie d'un fort royaume italien, sous le sceptre constitutionnel du roi Victor-Emmanuel.

« Au roi brave et loyal qui a protégé avec une bienveillance toute spéciale notre pays, elle recommande l'accomplissement, autant qu'il sera en lui, du vœu de la Toscane.

« Elle recommande à la haute protection et à la sagesse magnanime de l'empereur Napoléon III, à la sage et bienveillante médiation de l'Angleterre, de la Russie et de la Prusse, le sort de la Toscane.

« Elle charge le gouvernement de favoriser la réalisation de ces vœux dans les négociations qui auront lieu pour l'organisation définitive de l'Italie et d'en faire, en temps utile, le rapport à l'Assemblée. »

Voici le texte de la seconde :

« Considérant que l'Assemblée toscane, par sa délibération de ce jour, déclare vacant le trône de la Toscane à partir du 27 avril dernier ;

« Considérant qu'attendu cette vacance il est indispensable de procéder à l'élection d'un nouveau souverain et d'une autre dynastie à laquelle devra être conférée la souveraineté de notre pays ;

« Considérant que Victor-Emmanuel II, roi de Sardaigne, a constamment donné des preuves de sa fidélité à conserver les libres institutions précédemment octroyées à son peuple par son auguste ancêtre et de son amour pour l'indépendance et la liberté de l'Italie ;

« Considérant que cette indépendance sera conservée d'autant plus efficacement que la puissance du souverain destiné à la défendre sera plus grande ;

« Considérant que, bien que les préliminaires de la paix de Villafranca aient laissé jusqu'ici incomplet le programme de Napoléon III en ce qui touche le territoire à assigner à la monarchie de Sardaigne dans la Vénétie, cette circonstance ne saurait faire obstacle à l'augmentation de celle-ci dans les autres parties de la Péninsule par le vœu libre des populations et conformément à la volonté exprimée par l'Empereur lui-même de créer en Italie un allié fort pour la nation française :

« L'Assemblée déclare que le vœu des populations de la Toscane est de se confondre avec les États gouvernés par la dynastie royale de Savoie, afin de former un seul royaume régi par le statut constitutionnel actuel. »

Dans une séance ultérieure, l'Assemblée constituante adopta cette double proposition, dont une députation allait bientôt porter à la cour de Turin le texte officiel, afin de déposer ce texte aux pieds de Victor-Emmanuel II, comme étant l'expression libre et sincère des volontés et des vœux du peuple.

Quelques jours après ce double vote de la déchéance et de l'annexion, le gouvernement provisoire de la Toscane l'expliquait et le justifiait dans un Memorandum qu'il adressait aux cabinets européens et dont voici le texte :

« Les causes qui ont produit en Toscane le mouvement national du 27 avril, et les circonstances au milieu desquelles s'est effectué l'abandon de l'État par le prince alors régnant et par toute la famille grand-ducale, sont désormais trop connues pour qu'il soit nécessaire de les rappeler ici.

« Ce qu'il importe de constater, c'est l'unanimité parfaite de tous les Toscans dans le sentiment italien, l'ordre merveilleux observé en des temps si difficiles, l'accord constant et plein de dignité de toutes les volontés, tant sur le but assigné que sur les moyens réputés les plus propres à l'atteindre. Et si, d'un côté, nous voyons de telles choses, de l'autre, il faut signaler une obstination invincible tout d'abord à s'opposer aux vœux les plus nobles et les plus légitimes de la Toscane, et plus tard un mépris de ces mêmes vœux et de l'opinion nationale arrivé au point de chercher un asile dans le camp de nos ennemis et de combattre à leurs côtés contre les armes italiennes.

« Ces faits étaient déjà connus alors qu'arriva en Toscane la nouvelle de la paix imprévue de Villafranca. Le pays entier fut profondément affecté de cette nouvelle, non-seulement parce que, en présence des grandes espérances conçues, la cause générale de l'Italie éprouvait par là une grave atteinte, mais aussi parce que certains articles de ce traité inspirèrent la crainte d'une restauration en Toscane de la dynastie de Lorraine.

« Les esprits les plus calmes et les plus versés dans les affaires politiques s'appliquèrent à calmer l'anxiété générale, en rappelant les généreuses sympathies de l'empereur Napoléon III pour les peuples italiens et ses nobles paroles relativement au respect de leurs vœux légitimes, et en concluant qu'il était absurde de craindre que le gouvernement français, qui, par la participation à la guerre qu'il avait entreprise de l'armée toscane sous les ordres d'un prince impérial, avait sanctionné la déchéance de la dynastie de Lorraine en sanctionnant le mouvement qui l'avait renversé du trône, voulût ensuite opérer une restauration par la force ou tolérer que les autres l'opérassent. Ces sages paroles furent écoutées, et le pays rentra dans le calme le plus complet.

« Tous reprirent confiance dans les destinées de leur patrie, mais il ne fallait pas se dissimuler pour cela que notre sort futur était soumis à une grande incertitude. Avec la paix cessait le protectorat de Sa Majesté le roi de Sardaigne, et le commissaire extraordinaire abandonnait Florence en transférant l'autorité suprême au ministère de la même manière que le gouvernement provisoire la lui avait transmise par son décret du 11 mai.

« Dans d'aussi graves conjonctures, le gouvernement de la Toscane se pénétra immédiatement du devoir et de la nécessité de convoquer la représentation nationale. La charte constitutionnelle de 1848 représentait incontestablement toujours le droit public de la Toscane, puisqu'on ne pouvait aucunement douter de l'illégalité du décret grand-ducal de 1852 qui l'avait abolie par un coup d'État. Aussi fut-il décidé qu'on procéderait aux élections suivant les dispositions de la loi du 3 mars 1848. La loi elle-même était assez large et libérale dans le moment même où elle fut décrétée; l'accroissement successif de la taxe de famille l'avait rendue en fait plus libérale encore, en augmentant considérablement le nombre des électeurs. Cette loi présentait en outre cet autre avantage que, émanant du gouvernement grand-ducal, les partisans de ce dernier au dedans comme au dehors n'auraient pu lui reprocher de donner des résultats en désaccord avec le véritable état de l'opinion publique.

« Tant et de si graves considérations déterminèrent le gouvernement de la Toscane à convoquer l'Assemblée aux termes de la loi électorale du 3 mars 1848, ainsi qu'à en décréter une nouvelle. Un sujet de crainte pour les uns, d'espérance peut-être pour les autres, était de voir un peuple qui se trouvait depuis longtemps déshabitué de tout acte de la vie politique, et qui était maintenant appelé à en accomplir un aussi grave au milieu de circonstances capables d'exciter l'anxiété et les passions les plus vives, succomber à l'épreuve. Mais le peuple toscan en sortit, au contraire, en donnant un témoignage éclatant de patriotisme et de bon sens.

« Un ordre admirable, l'affluence énorme des électeurs, la concorde qui régna dans les élections, la nomination des représentants, qui sont, à des titres divers, l'illustration du pays, démontrèrent éloquemment à l'Europe que la Toscane était digne de l'indépendance et de la liberté qu'elle réclame de la justice de l'Europe.

« L'assemblée nationale, régulièrement convoquée, régulièrement réunie et délibérant régulièrement, a émis deux vœux qui, en substance, n'en forment qu'un, parce que, réunis, ils correspondent au but de la convocation de l'assemblée en pourvoyant à l'organisation définitive du pays.

« Elle a émis un premier vœu en déclarant irrévocablement fini en Toscane le règne de la dynastie austro-lorraine.

« Elle a émis un second vœu en déclarant que la volonté du peuple toscan était de faire partie d'un puissant royaume italien sous le sceptre constitutionnel du roi Victor-Emmanuel II.

« Nous croyons nécessaire de parler de chacun de ces deux vœux à part, en démontrant non-seulement le plein droit que l'Assemblée nationale toscane avait de les émettre, mais les puissantes raisons d'intérêt politique qui en recommandent l'accueil à la sagesse de tous les gouvernements.

« Que la Toscane abandonnée à elle-même et laissée sans gouvernement eût le droit de pourvoir à sa propre situation et d'élire un gouvernement conforme à ses sentiments et à ses intérêts, c'est une vérité tellement élémentaire, qu'elle peut se passer de toute démonstration. Il sera suffisant de citer à cette fin une autorité qui, dans le cas présent, ne saurait rencontrer aucune objection, celle du grand-duc Léopold II lui-même. Ce prince dans son décret du 12 mai 1848, à propos de l'agrégation à la Toscane des provinces de Massa, Carrara, Carfagnana et Lugignana, proclame solennellement le principe que nous invoquons ici, et le proclame en se fondant sur les mêmes faits et sur les mêmes raisons.

« Les sentiments hostiles d'un souverain contre le pays qu'il gouverne constituent, selon le droit public de tous les temps et de tous les peuples civilisés, un autre motif des plus graves pour le priver des droits de la souveraineté. La souveraineté est une protection tutélaire étendue sur un peuple, et non la haine et la guerre contre lui. Il n'y a que trop de preuves de ces sentiments d'hostilité de la dynastie de Lorraine contre la Toscane. Belvedere, l'asile cherché en Autriche durant la guerre, Solferino, le proclament assez haut pour que nous renoncions, par un sentiment de modération et par égard pour les convenances, à insister davantage sur ce sujet. Que dire enfin de la foi violée en appelant dans le pays la soldatesque étrangère et en brisant, avec l'abolition du statut, le pacte fondamental qui liait le prince au peuple ?

« Mais, si le droit des Toscans à ne plus vouloir du règne de la dynastie lorraine est incontestable, non moins évidentes sont les raisons d'intérêt politique, — non-seulement en elles-mêmes, mais encore en ce qui concerne la tranquillité générale de l'Italie et du monde, — qui conseillent impérieusement à tous les gouvernements de l'Europe d'accueillir et de sanctionner les vœux de la Toscane. Les conséquences d'une restauration de la dynastie lorraine en Toscane seraient politiquement si fatales, que tout homme d'État ne peut les envisager sans effroi.

« La conduite et les tendances de la dynastie de Lorraine durant la dernière période décennale, et surtout les faits accomplis depuis le commencement de l'année jusqu'à ce jour, ont élevé entre elle et la Toscane une barrière infranchissable. Si un souverain de la dynastie déchue retournait en Toscane, il y reviendrait, il ne faut pas se faire illusion à cet égard, avec des sentiments profonds et invincibles de rancune contre le pays entier, embrassant dans son aversion toutes les classes de la société, les plus hautes comme les plus humbles.

« Le pays sait, et répondrait à ces sentiments par des sentiments plus hostiles encore. Une profonde animosité d'une part, une incurable défiance de l'autre, voilà quels seraient les liens qui uniraient les gouvernants et les gouvernés. Puis, les répugnances et les divisions personnelles rendraient tout gouvernement impossible. La Toscane deviendrait le foyer permanent de la révolution, et réduirait à n'être qu'un rêve de la paix de l'Italie. Où serait la force du gouvernement restauré, où serait son point d'appui, où puiserait-il l'autorité et les moyens de gouverner? Dans tous les pays, lorsque des agitations révolutionnaires sont à craindre, l'armée est le gardien naturel de la tranquillité publique et le défenseur naturel du gouvernement.

« Mais en Toscane c'est précisément l'armée qui, plus qu'aucune autre classe de citoyens, se trouve compromise à l'égard de la dynastie de Lorraine, qui, plus énergiquement qu'aucune autre, a manifesté sa réprobation de la conduite antinationale de cette dynastie; qui, plus qu'aucune autre, a activement contribué à sa chute. Il est facile de déterminer d'après cela quels seraient les tendances et l'esprit de l'armée toscane. Il faudrait donc que la dynastie eût recours à des troupes auxiliaires, à l'intervention étrangère. Et alors recommencerait avec une plus terrible intensité cette série de violences d'une part, de complots révolutionnaires de l'autre, d'oppressions et de vengeances qui ont appelé sur cette pauvre Italie l'attention du monde, et fait sentir la nécessité de porter remède à tant de douleurs.

« Il est important de faire observer que l'Autriche, bien qu'obligée, par la fortune de la guerre, d'adhérer à la paix de Villafranca, ne l'acceptera jamais de bon cœur, ni sincèrement. Elle sera toujours à épier l'occasion, soit de recouvrer la Lombardie, soit de reprendre son ancienne position dans le reste de l'Italie, profitant, dans cette intention, de toutes les complications européennes qui surgiront. Déjà le langage des journaux les plus dévoués au gouvernement autrichien ne fait pas mystère de ces projets. Si cela arrivait, l'Italie devrait et voudrait de nouveau faire un grand effort national pour conserver les conquêtes qui sont dues à la valeur des armées franco-italiennes, aux exploits du roi Victor-Emmanuel, et à la puissante et généreuse coopération de Sa Majesté l'empereur des Français. Avec une dynastie autrichienne en Toscane, nous nous trouverions revenus au 27 avril. Maintenant, personne ne peut prétendre à ce qu'un pays aventure à tout instant ses destinées et sa prospérité dans une continuelle alternative de révolutions et de restaurations.

« La question qui s'agite maintenant entre la Toscane et la dynastie de Lorraine se réduit à ces termes : Il s'agit de savoir si le vaincu pourra faire la loi aux vainqueurs; si un peuple civilisé, qui a donné des preuves de toutes les vertus civiques, devra être sacrifié à ceux qui sont manifestement disposés à ne tenir aucun compte de ces dernières; si l'ambition et l'intérêt d'une famille devront prévaloir contre l'intérêt et la volonté de deux millions d'hommes. Que l'Europe et la conscience publique prononcent.

« Le gouvernement de la Toscane, bien que les communications diplomatiques lui fassent défaut en ce moment, n'ignore pas toutefois que l'on donnerait, dans les sphères diplomatiques, une grande importance à une prétendue abdication de Léopold II et à un prétendu programme de son fils Ferdinand, contenant d'amples promesses d'institutions libérales et de politique italienne. C'est sur cette abdication et sur ces promesses que se sont principalement appuyés les conseils d'un gouvernement ami, tendant à ce que la Toscane ne se refusât pas à consentir à une réintégration de la dynastie déchue. Pour céder à de pareilles suggestions, il aurait fallu que la Toscane eût oublié toute son histoire de ces derniers temps et tant de violations de la foi jurée ; il aurait fallu qu'elle eût oublié que la dynastie déchue était tout entière inféodée aux intérêts et aux passions de l'Autriche au point d'être incompatible avec les sentiments et les intérêts du pays. Il aurait fallu également qu'elle eût oublié la présence à Modène de ce même archiduc Ferdinand, qui, plein d'impatience et d'anxiété, attendait dans cette ville l'issue de la bataille de Magenta pour retourner en Toscane à la tête des Autrichiens si la bataille avait été gagnée par ces derniers. Il aurait fallu enfin que le nom de Solferino eût été rayé des pages de l'histoire.

« Quel singulier exemple, en vérité, de moralité publique ! Un prince qui cherche un asile dans le camp des ennemis de son pays, qui combat contre lui à leurs côtés, et qui, lorsque les alliés qu'il a choisis sont vaincus, dit à ceux-là mêmes qu'il combattait et dont il espérait la défaite : Maintenant, je suis avec vous ! Le sentiment de sa sécurité comme celui de la dignité réciproque ne pouvait permettre à la Toscane de souscrire à cette humiliante capitulation, arrachée à la défaite et fruit d'un trop tardif repentir.

« En traçant ce tableau rapide des conséquences qu'une restauration enfanterait en Toscane, nous nous sommes abstenus de considérer l'hypothèse que cette restauration pourrait s'effectuer par une intervention étrangère. Nous nous sommes abstenus, parce que des assurances émanées d'une haute autorité, qui nous sont parvenues par diverses voies, nous garantissent l'impossibilité d'une telle calamité. Nous nous sommes abstenus parce que, après les événements qui se sont accomplis en Toscane, il y a quatre mois de cela, une intervention étrangère pour rétablir par la force des baïonnettes un archiduc autrichien sur un trône italien serait une chose si énorme, que le seul fait de s'en préoccuper est non-seule ment une absurdité, mais une injure gratuite à l'égard d'un gouvernement ami.

« Le gouvernement de la Toscane n'ignore pas que, le moyen des interventions étant rejeté et exclu comme impossible, il est des gens qui croient pouvoir arriver au même but par une autre voie. Dans cet ordre d'idées, on parle de ne pas reconnaître le vote de la Toscane et de l'abandonner, comme on dit, à elle-même jusqu'à ce que son état d'incertitude politique et les conséquences de celle-ci aient amené d'une manière ou d'une autre la restauration désirée. Serait-ce là un acte de justice? serait-ce un acte de prudence politique? Nous avons la ferme et profonde conviction que ce plan ne réussirait pas, parce que la Toscane ne se manquerait pas à elle-même et resterait unie, calme et disciplinée. Mais, si par malheur le contraire arrivait, est-on sûr que l'agitation de la Toscane ne se propagerait pas à d'autres parties de l'Italie et ne deviendrait pas le point de départ de nouvelles et terribles complications? On vient de faire une guerre sanglante pour rendre à l'Italie la tranquillité et éteindre un foyer de périls incessants pour la paix de l'Europe; maintenant l'on ferait fonds sur la situation révolutionnaire d'un pays italien pour remettre les choses dans un état qui recélerait en lui le germe et la raison nécessaires de nouveaux bouleversements? Les Romagnes, les provinces de Modène et de Parme, se trouvent dans une position semblable à la nôtre, et naturellement on leur appliquerait le même système.

« Voilà donc, si certaines éventualités venaient à se réaliser, au beau milieu de l'Italie quatre millions et plus d'Italiens agités par des troubles révolutionnaires, et l'Europe qui assisterait, indifférente et impassible, à ce spectacle! Et si, à la honte de ce système, les peuples s'obstinaient à ne pas vouloir rappeler les princes détrônés et que le désordre devînt anarchie, que ferait l'Europe? Laisserait-elle l'anarchie se livrer à tous les excès et les peuples se déchirer? Interviendrait-elle? Et, dans ce cas, qui interviendrait? l'Autriche? la France? toutes deux ensemble? Chacune de ces hypothèses est une impossibilité politique. Aussi le gouvernement de la Toscane, confiant dans la sagesse et l'équité des grandes puissances, a la ferme conviction qu'après avoir pesé avec sang-froid le système dont il est question plus haut, et après avoir envisagé ses effets inutiles et désastreux, elles se trouveront toutes d'accord pour le juger impraticable.

« Mais, en déclarant à l'unanimité que le règne de la dynastie austro-lorraine est fini en Toscane, l'Assemblée nationale n'avait pas entièrement accompli son mandat, en ce sens qu'un pareil vœu ne suffisait pas à pourvoir à l'organisation (*ordinamento*) définitive de l'État. Aussi a-t-elle émis un second vœu, unanime comme le premier, déclarant que la volonté de la Toscane était de faire partie d'un puissant royaume constitutionnel sous le sceptre du roi Victor-Emmanuel. Déjà les représentations communales, interprètes des vœux publics, avaient, à une époque récente, émis un vœu conforme en tout à celui-ci.

« Les délibérations municipales relatives à ce sujet appartiennent à deux cent vingt-cinq communes, dans lesquelles sont comprises les villes de Florence, de Livourne, et toutes les autres cités les plus importantes de la Toscane. Et, pour donner une idée de l'immense majorité qu'un tel vœu a réunie, nous nous bornons à dire que, sur treize cent cinquante suffrages, douze cent quatre-vingt-dix-sept ont été *pour*, et seulement cinquante-trois *contre*. Ainsi, le vœu de l'Assemblée nationale a déjà, comme expression de l'opinion publique, un précédent qui en met en lumière toute la portée et toute la valeur. De nombreuses et puissantes raisons ont dicté ce vœu ; de nombreuses et importantes raisons en recommandent la sanction à la sagesse de l'Europe.

« Le caractère principal, ou, pour mieux dire, unique et exclusif du mouvement italien de 1859 est le sentiment de la nationalité. Cela est si vrai, qu'aucune question de forme gouvernementale intérieure n'est venue cette fois, comme cela est malheureusement arrivé en 1848, troubler l'élan des Italiens dans la conquête de l'indépendance nationale. Tous les peuples italiens ont au contraire applaudi à la restriction momentanée des libertés constitutionnelles en Piémont, parce qu'ils ont estimé cette sage mesure utile à la bonne conduite de la guerre, but de toutes leurs pensées.

« Le vœu émis par l'Assemblée toscane dans sa séance du 20 de ce mois est surtout inspiré par ce sentiment de nationalité et a en vue de le satisfaire. Lorsque l'Autriche conserve une forte position en Italie, lorsque cette position peut devenir plus terrible encore si la confédération dont il est question dans les préliminaires de Villafranca venait à être établie, la nécessité de constituer en Italie un État puissant, le plus puissant possible dans les circonstances actuelles, devient manifeste pour tout le monde. C'est, d'une part, une nécessité de défense, de l'autre une nécessité d'équilibre sans laquelle la confédération proposée ne serait jamais possible. Que cette pensée d'attachement à la cause nationale et de prévoyance patriotique ait pesé d'un grand poids dans le vœu émis et soit maintenant dans tous les esprits, en dedans comme en dehors de l'Assemblée, cela résulte clairement de cette circonstance que le nombre des partisans de l'union de la Toscane au Piémont s'est considérablement augmenté après la paix de Villafranca. »

« Tant que la guerre durait encore et que l'on avait l'espérance que le royaume de la Haute-Italie, les Autrichiens étant chassés de toute la Péninsule, aurait vu sa force accrue de celle de la Vénétie, l'autonomie toscane avait ses défenseurs. Maintenant, ils ont disparu. Pourquoi? Parce qu'en Toscane la pensée italienne domine toutes les autres. Il est peut-être des gens qui seraient disposés à nous en faire un reproche. Mais si, dans les conjonctures actuelles, la Toscane avait manifesté des aspirations diverses, ceux-là mêmes qui trouvent maintenant que notre vœu est excessif nous auraient reproché alors nos vieilles rivalités municipales, nos querelles de clocher, en concluant que les Italiens sont incorrigibles et indignes de devenir une nation.

« Renforcer le Piémont est, nous l'avons déjà dit, une nécessité de défense et une nécessité d'équilibre, et cela n'est pas seulement vrai dans un intérêt italien, cela est également vrai dans un intérêt européen. Tant que le Piémont ne sera pas assez fort pour être en état d'opposer à l'Autriche une sérieuse résistance, l'Autriche sera toujours tentée de l'attaquer. Les derniers événements ne peuvent qu'avoir donné plus de force au sentiment d'ancienne hostilité. Aussi l'Europe sera en continuelle appréhension d'une nouvelle lutte en Italie, et une lutte en Italie peut compromettre une autre fois la paix du monde.

« Comme condition d'équilibre dans l'intérêt européen, la nécessité d'un accroissement de force du Piémont apparait manifestement, si l'on considère le cas où la confédération projetée à Villafranca se réaliserait. Les tendances de Rome et de Naples sont connues ; en s'alliant à ces deux gouvernements, l'Autriche, si le Piémont n'a pas un grand poids à jeter dans l'autre plateau de la balance, peut devenir un jour maîtresse de la Confédération et disposer, à un moment donné, de toutes les forces de l'Italie ajoutées aux siennes propres. Alors il n'est plus question d'équilibre italien, mais d'équilibre européen. La France, la Prusse, les autres puissances européennes, peuvent-elles accepter la probabilité de ces périls?

« Après tant d'agitations, après tant d'incertitudes, la Toscane a le plus ardent désir de tranquillité. Son union au Piémont devient la plus certaine et la plus solide garantie de cette tranquillité. De même qu'il est désormais hors de discussion que cette union est conforme au désir de tous ou de presque tous les Toscans, il est hors de doute que la satisfaction universelle rendra tout désordre impossible. Cet état de perpétuelle agitation plus ou moins latent, qui, dans les diverses provinces de l'Italie, a duré et dure malheureusement encore dans quelques-unes comme effet d'un profond dissentiment entre les populations et les gouvernements, disparaîtra entièrement en Toscane, dès que la Toscane verra son sort assuré dans les mains d'un roi puissant et loyal, qui possède pleinement sa confiance et sa reconnaissance comme celle de tous les peuples italiens.

« Il ne serait ni juste, ni sage, de priver les Toscans des avantages qu'ils auraient à faire partie d'un grand État. L'expérience a désormais démontré que, hors des grandes agrégations, il ne peut y avoir pour un peuple ce large développement moral et matériel qui est un des caractères distinctifs de la civilisation moderne. La Toscane a assez fait pour la civilisation du monde pour avoir le droit de n'être point exclue maintenant de la jouissance de ces bienfaits. Ne posséder ni armée, ni marine, ni diplomatie ; avoir un commerce languissant, une industrie plus languissante encore ; être privé de mouvement scientifique et artistique, tel est, au dix-neuvième siècle, le sort d'un petit pays.

« De quel droit et par quelle justice voudrait-on aujourd'hui renfermer la Toscane dans ce lit de Procuste ? Nous pourrions énumérer ici d'autres et de considérables avantages que la Toscane aurait un motif fondé de se promettre par son entrée dans un État important. Ce serait un acte de sagesse de la part de l'Europe et un calcul judicieux de ne pas étouffer tant de germes de développement moral et de prospérité matérielle, puisque cette bienfaisante solidarité que le progrès des temps a partout créée ferait en sorte que toutes les nations en profiteraient.

« En émettant ses suffrages, l'assemblée toscane, après avoir exprimé les motifs particuliers d'espoir, — à l'égard de toutes les grandes puissances, — qui l'encourageaient à croire que ces vœux seraient accueillis et secondés, a confié au gouvernement le soin de mettre en œuvre les moyens les plus efficaces pour en atteindre l'accomplissement. Et le gouvernement, encouragé par les mêmes raisons, a accepté de bon gré cette lourde tâche.

« Il a la confiance, comme l'assemblée, que le valeureux et loyal roi, qui a tant fait pour l'Italie et a protégé avec une bienveillance particulière la Toscane, ne voudra pas repousser l'hommage de reconnaissance et de fidélité qu'un pays entier le conjure d'accepter pour sa propre félicité et dans l'intérêt de la patrie commune.

« Il a confiance dans la justice et dans la haute sagesse de la France, de l'Angleterre, de la Russie et de la Prusse.

« Le magnanime empereur des Français qui, avec tant de générosité, a pris en main la défense d'un peuple opprimé, qui a dit et glorieusement prouvé par les faits qu'il se trouverait partout où il y aurait une cause juste à défendre ; la sage et libérale Angleterre ; la Russie, dont la politique élevée et pleine de grandeur fait aujourd'hui l'admiration de l'Europe; la valeureuse Prusse, qui représente si noblement en Allemagne le principe de la nationalité, ne voudront ni méconnaître ni fouler aux pieds le droit d'un peuple tranquille, uni et discipliné, qui ne demande pas autre chose que de pourvoir à sa propre destinée de la manière qu'il croit la meilleure pour sa sécurité et son bonheur.

« Que si la justice humaine nous faisait défaut, nous défendrions, par tous les moyens, nos droits et la dignité du pays contre toute agression. Et si les événements nous étaient contraires, au moins nous aurions toujours la consolation de penser que tous, peuple, assemblée, gouvernement, nous avons fait notre devoir sans faiblesse comme sans forfanterie. Puis, la conscience publique et l'histoire jugeraient de quel côté auraient été le droit, la sagesse civile, la modération; d'un autre côté, l'injustice, l'aveuglement, l'abus de la force.

« Florence, 24 août 1859.

« *Signé :* Le président du conseil des ministres, ministre de l'intérieur, RICASOLI; le ministre de l'instruction publique, ministre par intérim des affaires étrangères, G. RIDOLFI; le ministre de justice et de grâce, E. POGGI; le ministre des finances, R. BUSACCA; le ministre des affaires ecclésiastiques, SALVAGNOLI; le ministre de la guerre, DE CAVERO. »

Des faits analogues s'étaient accomplis dans les duchés de Parme et de Modène. Là, comme dans le grand-duché de Toscane, les commissaires extraordinaires du roi de Sardaigne, qui gouvernaient en son nom pendant la guerre, avaient été rappelés, par des considérations identiques. M. le comte Pallieri rentra donc dans la vie privée. M. Farini résigna, à son exemple, la mission qu'il tenait du roi Victor-Emmanuel II. Mais, immédiatement après, il accepta des deux municipalités de Modène et de Parme une sorte de dictature suprême qui devait ensuite s'étendre à Bologne. Voici d'abord en quels termes il avait annoncé sa retraite aux habitants de la première de ces deux cités :

« Habitants des provinces de Modène,

« Le gouvernement du roi devait vous laisser la pleine et entière liberté d'exprimer de nouveau, de la manière la plus spontanée et la plus solennelle, vos vœux légitimes.

« Il importe à ce pays, il importe à toute la patrie commune que vous prouviez que les mouvements survenus en Italie, pendant la guerre de l'indépendance, n'ont pas été le résultat d'un enthousiasme passager ni l'œuvre d'une secrète ambition.

« C'est en vous faisant les défenseurs de l'avenir que vous saurez mériter que le roi, il m'a chargé de vous en assurer, défende dans les conseils de l'Europe vos droits légitimes. Vous savez ce que vaut la parole de Victor-Emmanuel.

« Pendant le peu de temps que j'ai occupé le pouvoir, vous avez été admirables par votre concorde et vos vertus civiles. Parce que vous avez été disciplinés, vous avez été forts.

« Au milieu de la joie des victoires, au milieu de devoirs ardus que la paix imprévus a imposés aux Italiens, vous avez conservé la même persévérance, la même disposition aux sacrifices et la même conscience du droit.

« Je vous laisse libres, organisés et unis.

« Votre conduite m'assure que vous ne confondrez jamais les nobles aspirations de la liberté avec les vains enivrements de la licence. Ce n'est pas à vous que peuvent convenir les tumultes pleins de cris de ceux qui doutent ou qui craignent.

« L'Europe civilisée a reconnu à jamais le droit des nations de disposer de leur organisation intérieure. Préparez-vous à dignement user de ce droit, assurés que vous êtes que, contre la volonté des peuples sages, on ne peut restaurer les pouvoirs tombés en vertu d'une décision nationale.

« J'ai la certitude que, dans les provinces de Modène, aucun prétexte de calomnie ne sera fourni aux implacables calomniateurs de cette pauvre Italie, parce que vous ferez toujours en sorte que vos paroles, vos écrits, vos conseils, vos résolutions, ne tournent pas seulement à votre louange et à votre avantage, mais contribuent encore à l'honneur de la nation entière et à l'accroissement de la bonne réputation de toute la famille italienne.

« Habitants des provinces de Modène.

« Je rentre dans la vie privée, et, grâce à l'honneur que m'ont fait les municipalités des deux villes les plus importantes, je peux me dire votre concitoyen.

« En cette qualité, j'ai confiance dans vos destinées et dans la justice de l'opinion publique. Si l'avenir doit vous réserver quelque douloureuse épreuve; l'avantage d'avoir été au premier degré du pouvoir me donnera le droit d'être le premier au péril.

« Modène, 27 juillet 1859.

« Farini. »

Voici maintenant la proclamation que M. Farini publia le lendemain, dans la même ville, pour remercier la population des sentiments de confiance et d'estime qui l'avaient portée à lui offrir une dictature temporaire :

Gouvernement national des provinces de Modène.

« Concitoyens,

« Vous m'avez donné un témoignage extraordinaire d'affection et de confiance. J'en suis vivement ému, et, si Dieu me prête aide, je vous en prouverai ma reconnaissance par des faits. Tout dévoué à l'Italie, je le serai complétement à vous qui, en défendant votre droit, défendez celui de la nation.

« J'accepte la dictature provisoire pour convoquer promptement les comices populaires auxquels il appartient de constituer le pouvoir sur les bases légitimes de la volonté nationale, sur laquelle reposent le fort et glorieux empire français, le gouvernement de la noble et libre Angleterre, et les autres gouvernements civilisés modernes.

« Aux représentants du peuple, je remettrai bientôt l'autorité que je tiens de votre affection et du suffrage des municipalités.

« En attendant, je maintiendrai sévèrement l'ordre, je garantirai à tous la liberté, je fortifierai l'organisation militaire, et j'augmenterai les armements.

« Maintenant, mes concitoyens, nous nous connaissons bien. Aucun de vous n'attentera, par des manœuvres séditieuses, à la concorde, à l'honneur, à la tranquillité du pays. Celui qui l'oserait ne resterait pas impuni. L'Europe civilisée ne permettra pas d'attaques du dehors.

« Que si les vaincus au service de l'étranger nous menaçaient, fort de notre droit et fort du mandat populaire, je me servirai avec énergie de toutes les forces dont on doit réclamer le concours lorsqu'il s'agit de la défense de l'indépendance.

« Concitoyens, soyons aujourd'hui dans cette Italie centrale les soldats de l'honneur et de la dignité nationale.

« Modène, 28 juillet.

« *Le dictateur*,

« Farini. »

Quelques jours après, M. Farini convoquait, soit dans le duché de Modène, soit dans le duché de Parme, les colléges électoraux, puis les assemblées nationales qui prononçaient, à des dates différentes, chacune de son côté, la déchéance des anciennes dynasties et l'annexion de ces deux duchés au royaume de Sardaigne. Ce double vote n'eut lieu dans le Parmesan que vers les premiers jours de septembre. A l'exemple de M. le baron Ricasoli, M. Farini adressa aux cabinets européens une note justificative de l'acte spécial de déchéance de la dynastie de Bourbon. Voici le texte de cette note :

« L'assemblée nationale des provinces parmesanes s est ralliée par d'unanimes délibérations au mouvement politique de l'Italie centrale. Déjà la décision sur le sort futur de ce pays avait été soumise, sous forme de plébiscite, au suffrage universel et direct. L'assemblée a été convoquée dans le but d'ajouter au résultat du vote populaire la garantie d'une discussion libre et solennelle. Les élections se sont passées dans le calme le plus profond et avec la régularité la plus grande. Le gouvernement était heureux en pensant que, dans la ville de Plaisance, les soldats français assistaient au noble spectacle d'une population italienne faisant usage de cette liberté pour laquelle ils avaient versé tant de sang généreux.

« L'assemblée, élue parmi tout ce qu'il y avait de plus illustre dans le pays par la naissance ou par le talent, et même parmi les membres les plus distingués du clergé, proclama la déchéance de la famille des Bourbons et l'annexion au royaume constitutionnel de la dynastie de Savoie. Il serait profondément injuste de juger ces votes de déchéances et tous ces actes qui se passent en Italie d'après de trompeuses analogies révolutionnaires puisées soit dans l'histoire, soit dans les programmes des partis et des luttes politiques qui peuvent se débattre ailleurs en Europe. Comme de meilleurs jours ont semblé luire pour la cause nationale, il s'est trouvé que dans l'âme de tout Italien la suprême légitimité consistait dans la reconstitution de la patrie. On se tromperait d'ailleurs en évoquant, à l'égard de Parme, ces idées de tradition, de consécration séculaire qui s'attachent au nom historique des Bourbons.

« Une dynastie peut trouver sa base dans le libre choix d'un peuple, ou bien elle puise sa force morale dans cette communauté historique qui réunit le sort d'une famille à celui d'une nation, et qui fait qu'elles grandissent ensemble dans les mêmes épreuves et dans les mêmes souvenirs. La dynastie des Bourbons de Parme n'a rempli ni l'une ni l'autre de ces conditions, et les populations du duché, en butte à de continuels changements politiques, ont vu sans cesse disposer de leur sort, d'après des ambitions, des convenances diplomatiques et des arrangements généraux auxquels leur volonté aussi bien que leurs intérêts étaient complétement étrangers. Par le traité de la quadruple alliance (2 août 1718) entre l'Angleterre, la France, l'empire et les États-Généraux, les duchés de Parme,

Plaisance et Guastalla furent déclarés fiefs mâles de l'empire en contradiction aux droits allégués par le saint-siége, et l'Empereur, du vivant même du dernier duc Farnèse, en donna l'expectative et l'investiture à don Carlos, fils de Philippe V. Don Carlos prit possession de Parme en 1731, mais par les préliminaires de Vienne (1735), confirmés par le traité de Vienne (13 novembre 1738), le duché tomba en partage à l'Autriche qui, par la paix d'Aix-la-Chapelle (1748), le transmit à l'infant don Philippe de Bourbon d'Espagne, et à ses descendants mâles, sous clause de réversibilité. Occupé par les armées françaises dans les orages de la révolution, et cédé éventuellement par l'Espagne à la France en 1800, le duché fut formellement réuni à l'empire français sous le nom de département du Taro. On voit à quelles nombreuses vicissitudes a été sujette la souveraineté des Bourbons, qui ont renoncé à leur droit sur Parme autant de fois au moins qu'ils l'ont affirmé, considérant plutôt ce droit comme un appendice ou comme un dédommagement de combinaisons plus importantes.

« Les puissances elles-mêmes qui, après les désastres de la France, signèrent avec Napoléon le traité de Fontainebleau du 10 avril 1814, n'hésitèrent pas, dans ce temps, à disposer du duché en faveur de l'impératrice Marie-Louise, de son fils et de ses héritiers. Ce ne fut que par suite du retour de l'île d'Elbe, et par la crainte de laisser le fils de l'empereur debout sur un trône, qu'on convint par l'article XIX de l'acte final du congrès de Vienne de donner les duchés à l'archiduchesse Marie-Louise, sans faire mention de son fils. Par le traité conclu à Paris le 10 juin 1817, les droits de la quatrième branche de la maison de Bourbon furent rétablis par voie de réversibilité, après avoir été frappés de suspension pendant la vie de l'impératrice Marie-Louise. Cette dynastie en expectative était devenue toujours plus étrangère au pays. Les souvenirs du régime français rappelant une administration forte et impartiale, un état de prospérité et de gloire militaire, et le gouvernement assez libéral et tolérant de Marie-Louise avaient bien effacé des traditions qui dataient d'avant la Révolution. La perspective du futur souverain augmenta, on peut le dire, les regrets causés par la mort de Marie-Louise.

« N'est-ce donc pas naturel si ces populations, après tant d'incertitudes et tant de changements qui n'ont laissé enraciner dans leur esprit aucune ancienne foi dynastique, cherchent à fixer leur sort en se rattachant à un royaume fort et stable, à une dynastie qui a sa base dans la tradition et dans l'amour de ses sujets, et qui est consacrée tout à la fois par le droit ancien et par le nouveau?

« Le duc Charles II de Bourbon, du vivant même de Marie-Louise, froissa vivement les sentiments les plus respectables de ces populations en signant le traité de Florence du 28 novembre 1844, dans lequel, sous prétexte de rectification de frontières, il promettait de céder au duc de Modène le duché de Guastalla, en échangeant cette fertile contrée contre quelques communes montueuses de la Garfagnana. Le duc remplissait par là des engagements d'intérêt personnel, mais il distrayait de la sorte une partie considérable de son domaine avant même qu'il fût entré en sa possession, en causant à l'État une diminution de rente annuelle calculée à 600,000 francs, et il disposait sans aucun égard de ses futurs sujets en les plaçant sous la dure seigneurie du duc de Modène.

« Exemple plutôt unique que rare, dans lequel il est bien permis de voir une singulière violation de ces principes austères et généreux dont se glorifient les partisans du droit divin, et une contradiction manifeste avec ces idées d'autonomies légitimes et d'inviolables subnationalités qu'on invoque en faveur des petits princes italiens repoussés par la volonté de la nation.

« Le duc Charles II prit possession du duché de Parme à la mort de Marie-Louise, en 1847, lorsque les populations italiennes, dans un sentiment de commune solidarité, réclamaient des améliorations civiles et politiques et le respect du principe national. Charles II commença par conclure avec l'Autriche le traité du 4 février 1848, dans lequel il déclarait, à l'exemple du duc de Modène que ses États entraient dans la ligne de défense des possessions italiennes de l'empereur d'Autriche. Surpris par le mouvement national, il abandonna ses États, après avoir vainement brigué la confiance des patriotes. Il abdiqua dans l'exil, et son fils fut rétabli par les troupes de l'Autriche, après les revers des armes italiennes.

« Je ne parlerai pas des tristes débordements du règne de Charles III ; je ne citerai que deux faits qui ne regardent pas l'homme, mais le régime. Un rescrit du duc établissait que, toutes les fois qu'il se serait agi de démonstrations publiques d'opinions libérales, le coupable serait puni par la peine du bâton, selon l'arbitre des commandants militaires. Et cette peine, à laquelle les Italiens préfèrent celle de mort, était souvent appliquée sur la place publique.

« Une autre loi, en date du 19 mars 1850, après avoir exposé que plusieurs propriétaires donnaient congé à leurs paysans parce que ceux-ci ne partageaient pas les idées révolutionnaires de leurs maîtres, ordonnait qu'aucun congé n'aurait pu leur être donné sans un procès contradictoire devant les tribunaux, formulait des menaces aux juges et les plaçait sous la surveillance de la gendarmerie. Dans un de ces procès, les tribunaux s'étant déclarés en faveur des propriétaires, le duc, par un rescrit en date du 24 janvier 1851, ordonna que le paysan resterait malgré cela sur les terres du propriétaire. On voit à quelles mauvaises passions on cherchait à faire appel au sein de la société italienne.

« Le crime qui mit fin à la vie du duc Charles III nous ôterait le droit de flétrir avec une juste sévérité les actes de ce prince, si on ne songeait que ce pervertissement du sens moral qui fait croire à la légitimité de l'assassinat n'est qu'un des nombreux malheurs dont sont responsables les gouvernements qui, les premiers, donnent l'exemple de la violation de la loi morale. La duchesse Marie-Louise de Bourbon prit les rênes de l'État au nom de son fils, et congédia la plupart de ces mauvais conseillers de la couronne qui avaient été les complices de son mari.

« Peu de temps après, cependant, une émeute éclata dans Parme; elle fut réprimée dans le sang, à l'aide des troupes autrichiennes, dont l'occupation n'avait pas désemparé depuis 1848. Parme fut livrée aux fureurs d'une soldatesque effrénée, et le gouvernement déclara, dans une imprudente proclamation, qu'il aurait pu prévenir, mais qu'il avait mieux aimé réprimer. Ce jour-là a été fatal à la dynastie. La ville, mise en état de siége et tombée au pouvoir d'un général autrichien, fut ensanglantée par de nombreuses exécutions. Tel a été le système d'impitoyable rigueur adopté par le gouvernement, qu'on a fait sans doute un devoir à la duchesse de sacrifier ses sentiments de clémence, puisqu'un des condamnés, malgré les recommandations des juges eux-mêmes, a vu confirmer la sentence capitale qui le frappait. Les prévenus furent transportés dans les prisons de Mantoue; le général autrichien gouvernait dans la ville même, où cependant la duchesse régnait; le gouvernement ducal se trouvait suspendu par cette violation de tous les droits du souverain et du peuple. Les populations eurent une autre fois la preuve de ce que pouvaient valoir pour leur dignité ces petites circonscriptions politiques et ces faibles dynasties, impuissantes contre l'émeute, impuissantes contre les violences de l'étranger, et hostiles, par leur manque d'avenir, à l'avenir de la nation. L'opinion de l'Europe est maintenant éclairée sur les mobiles et sur le caractère du mouvement politique de l'Italie centrale. Ce mouvement s'explique par le plus légitime des sentiments, par le sentiment national, qui est aussi un principe d'ordre au sein des sociétés. Or quelle était à cet égard la situation de la famille régnante à Parme vis-à-vis de ses sujets? Depuis 1848, la dynastie n'avait jamais cessé de faire cause commune avec l'Autriche, de s'attacher à elle par des liens toujours plus intimes.

« Par le traité du 4 février 1848, le duc avait conclu une convention particulière, qui, au mépris des traités généraux, établissait de véritables rapports de vasselage à l'égard de l'Autriche, lui livrait, en toute occasion, le territoire de l'État, et formait avec elle une ligue offensive et défensive d'un caractère permanent. Par un article de ce traité, le duc de Parme s'engageait en outre à ne conclure avec aucune autre puissance de convention militaire quelconque sans le consentement préalable du gouvernement impérial de Vienne.

« On a voulu établir une distinction, pour ce qui regarde la question nationale, entre la politique du gouvernement de Parme sous les ducs Charles II et Charles III, et la politique du gouvernement de Parme tel qu'il était dernièrement constitué : une telle distinction tombe devant l'évidence des faits.

« Lorsque le gouvernement piémontais, avec une prudente prévoyance que les événements ultérieurs ont bien justifiée, appela l'attention de l'Europe sur les conditions de la Péninsule et sur les empiétements de l'Autriche, il commença par protester contre les fortifications de Plaisance et contre les traités de 1848, actes qui modifiaient évidemment la condition des choses telle qu'on avait voulu l'établir par les traités de 1815.

« Le gouvernement de la duchesse régente aurait eu là une occasion pour dégager sa responsabilité personnelle, soit par des déclarations publiques, soit par des communications au gouvernement piémontais. Il ne l'a pas fait. Une autre occasion s'est présentée plus favorable encore, lorsque, en face de l'éventualité de la guerre, la question des traités spéciaux fut posée catégoriquement et que la nécessité de leur abrogation fut admise, on peut le dire, par tous les cabinets des puissances européennes, l'Autriche exceptée.

« On peut apprécier aujourd'hui la situation exceptionnelle et cependant exempte de dangers que le gouvernement de la duchesse aurait pu se faire à cette époque. Rien cependant ne vint démentir son entier acquiescement à cet état de solidarité complète et nécessaire dans lequel il se trouvait engagé en faveur de l'Autriche. Mais cela ne suffit pas. Le gouvernement autrichien concentrait des troupes sur la frontière piémontaise, dans ce but agressif qui a reçu son explication par l'envoi successif de l'*ultimatum*. Les troupes autrichiennes se massèrent à Plaisance; d'immenses matériaux de guerre y furent réunis ; l'invasion du Piémont se préparait sur le territoire du duché, et c'est de là qu'une portion des troupes impériales est partie pour envahir les États sardes.

« Le gouvernement de la duchesse assistait à tout cela, sans qu'aucune communication de sa part, comme les devoirs internationaux l'auraient d'ailleurs exigé, vînt expliquer ni ses intentions ni sa conduite au gouvernement de Sa Majesté le roi de Sardaigne. Ce ne fut que lorsque la fortune des armes se tourna contre l'Autriche et que la protection des armes autrichiennes allait lui manquer que la duchesse se décida à proclamer sa neutralité. — Le cabinet piémontais a considéré cette offre comme bien tardive, car on ne pourrait pas admettre qu'il soit loisible à un gouvernement de se déclarer et de se faire respecter comme neutre toutes les fois que, le sort se déclarant hostile à son allié, il jugerait utile de l'abandonner.

« Singulière neutralité, en effet! Car, si l'on s'appuie sur les engagements préventifs établissant vis-à-vis de l'Autriche des devoirs d'action et de défense communes, évidemment incompatibles avec les lois de la neutralité, il faut alors subir les conséquences de ces engagements de la même manière qu'on en a accepté les avantages. Si, au contraire, on arguë de la situation particulière faite au gouvernement de Parme par des stipulations générales concernant la forteresse de Plaisance, il est facile de répondre par les termes mêmes de ces stipulations, qui établissent « que, la « forteresse de Plaisance offrant un intérêt particulier au système de dé- « fense de l'Italie, Sa Majesté Apostolique conservera dans cette ville le « droit de garnison pur et simple, tous les droits régaliens et civils sur « cette ville étant réservés au souverain de Parme. »

« Il y a loin cependant de ce droit de garnison pur et simple à la création d'un vaste camp retranché en dehors de l'enceinte de Plaisance, et du but purement défensif de ces stipulations à l'agression militaire préparée sur le territoire du duché et effectuée par la frontière parmesane. Du reste, les documents publiés nous permettent d'apprécier à sa juste valeur cette prétendue neutralité, puisqu'une lettre du 2 mai de l'année courante nous prouve que le ministre de Parme résidant à Vienne regrettait de ne pouvoir obtenir le secours des troupes impériales, et se plaignait de ce que l'Autriche se bornait à lui assurer son appui après les victoires qu'elle se promettait de remporter.

« Cette neutralité, cependant, qui aurait suffi pour ce qui regarde les rapports internationaux avec le gouvernement piémontais, et qui constituait la dernière concession de la duchesse régente aux sentiments de ses sujets, est-ce qu'elle pouvait satisfaire les vœux légitimes et les suprêmes intérêts des populations? Est-ce que celles-ci pouvaient se déclarer neutres au bruit de la lutte qui décidait du sort de la patrie, tandis que le drapeau français, uni au drapeau italien, traversait triomphalement leur territoire, et que l'empereur Napoléon III invitait les Italiens à être tous soldats pour devenir les citoyens d'une grande nation? Est-ce qu'elles n'avaient pas clairement manifesté leurs intentions en envoyant des milliers de volontaires à la guerre d'indépendance?

« Le gouvernement de la duchesse régente, en proclamant sous la pression des événements une neutralité qu'il n'avait pas observée, déclarait que cette attitude lui était rendue nécessaire par des devoirs contraires qui lui étaient également sacrés. C'est justement ce que les populations parmesanes ne sauraient admettre, et elles sont parfaitement fondées en droit lorsqu'elles demandent des princes italiens pour qui les intérêts de l'étranger ne soient pas aussi sacrés que les intérêts de la patrie. Par ses traditions, par ses tendances naturelles et constantes, par sa faiblesse aussi, la famille régnante de Parme manquait à ses devoirs de souverain neutre envers le Piémont, et à ses devoirs de prince italien envers ses sujets. Le principe et le caractère de notre mouvement politique sont assez bien connus aujourd'hui pour qu'on puisse établir qu'une dynastie qui s'est montrée hostile à l'émancipation nationale s'est aliénée tous les cœurs et est un arbre pourri dans le sol italien. La duchesse ramenée dans ses États devrait s'appuyer sur cette opinion nationale par qui la famille de son fils est unanimement repoussée. Une irréparable et mutuelle défiance rendrait impossible tout établissement solide et durable. Le gouvernement, hostile au Piémont par ses souvenirs, craignant le parti national à cause de ses sentiments, ne ferait que demander chaque jour davantage aide et protection à cette influence autrichienne qui de la Vénétie cherchera, sans doute, à reconquérir tout ce qu'elle pourra du terrain perdu. L'opinion du pays, de son côté, opinion commune à toutes les classes et fortifiée par tous les intérêts, ne renoncera pas à son idéal d'unification italienne, à son espoir d'annexion au royaume de la maison de Savoie. La question de la déchéance des Bourbons et celle de l'annexion au Piémont sont intimement liées dans l'esprit des populations parmesanes. La position que l'Autriche conserve en Italie leur conseille, par nécessité de défense, de concourir à la création d'un fort État italien, et de se sauvegarder à l'aide du nouveau droit dérivant du vœu national contre tous ces droits de réversibilité et de servitude militaire établis par des traités qui, s'ils n'étaient pas abrogés, nous amèneraient dans l'avenir autant et d'aussi dangereuses complications qu'ils nous en ont apporté dans le passé.

« Cette union, rendue nécessaire par la pensée italienne, est d'ailleurs réclamée par tous les intérêts moraux et matériels des provinces parmesanes. Ces populations savent, par une longue et dure expérience, le désavantage d'appartenir à une de ces petites agrégations politiques impuissantes pour le bien, et si fertiles cependant en maux et en dangers de toute sorte. Cette période de la civilisation italienne qui s'est accomplie par l'essor de la vie municipale est finie depuis des siècles. Maintenant, la société italienne subit la loi du temps et cherche, trop tard pour elle, à rentrer dans la voie de ces grandes agglomérations nationales au moyen desquelles les autres peuples ont trouvé la prospérité et le bonheur, et ont pu la devancer dans la civilisation et dans la puissance.

« L'expérience a prouvé qu'en dehors de ces agrégations il ne peut y avoir ni ces grandes institutions, ni ce large développement d'action qui constituent les forces mêmes de la vie moderne des peuples. Pour les provinces parmesanes, l'annexion n'est pas seulement une satisfaction donnée au sentiment national ; elle intéresse aussi au plus haut degré la prospérité matérielle du pays. Après l'union de la Lombardie au royaume sarde, ce qui était une nécessité politique devient aussi une nécessité économique. En 1848, l'union au Piémont fut votée par trente-sept mille deux cent cinquante votants. La fortune des armes brisa ce pacte solennel, mais le malheur scella la concorde des idées et des sentiments. Onze ans après, l'union au Piémont, soumise au suffrage populaire, était proclamée par soixante-trois mille cent soixante-sept votants.

« Le vote de déchéance, le vote d'annexion, qui se confondent dans la conscience populaire, ne sauraient être, ne peuvent pas être disjoints dans la réalisation publique. Puisque le droit de la volonté nationale a été admis en faveur de l'Italie, en quoi l'un de ces votes serait-il moins légitime que l'autre ? Le consentement des populations ne peut pas être requis seulement pour des arrêts négatifs, et le régime qui doit assurer la tranquillité et la prospérité du pays a surtout besoin de cette base.

« Vous ferez ressortir, monsieur, tout ce qu'une pareille solution offre de garanties pour l'avenir, soit du point de vue de la défense militaire de l'Italie, soit pour les conditions de l'ordre moral et matériel dans les provinces parmesanes.

« Elle satisfait en même temps les sympathies et les intérêts du pays ; elle pacifie les esprits par la réalisation de leur vœu unanime, et accomplit un grand progrès vers cette œuvre de reconstitution nationale qui, après avoir été initiée par la plus généreuse et la plus glorieuse des guerres, se poursuit par la sagesse et l'énergie des populations, et par les sympathies de l'Europe libérale.

« Agréez, monsieur, l'assurance de ma considération très-distinguée.

« Parme, 29 septembre 1859.

« Farini. »

On voit ce que faisaient et ce que disaient les peuples.

Que disaient et que faisaient les souverains ? Ils protestaient, ils intriguaient.

Ainsi, après avoir déserté la cause de l'Italie et son poste de souverain, Léopold II publia, dans la ville de Ferrare, gardée par l'Autriche, le manifeste suivant :

« Ferrare, le 1er mai.

« Les récentes violences exercées par suite de la révolution piémontaise avaient pour but de m'imposer des actes contraires à l'honneur de ma personne, non moins qu'à ma volonté de déclarer la guerre en raison de la violation du droit principal attaché à la souveraineté.

« En présence de cet état de choses, je me suis vu contraint d'abandonner ma chère Toscane et d'aller chercher loin d'elle, avec ma famille, un asile assuré et tranquille dans un État ami, avec lequel elle est liée par des traités réciproques.

« Déjà à Florence, dans la matinée du 27 avril, j'ai protesté solennellement en présence du corps diplomatique accrédité auprès de ma personne; j'ai protesté, dis-je, contre les violences précitées, déclarant nuls, non avenus et d'aucune valeur les actes dont il s'agit.

« Aujourd'hui, 1er mai, je proteste encore une fois à Ferrare, solennellement, contre la violence qui m'a été faite, et je réitère la déclaration alors formellement exprimée quant à la nullité des susdits actes, qui tendent évidemment à bouleverser un état de choses sanctionné par le traité de Vienne de 1815, signé et garanti par les puissances européennes.

« Pour cette raison, je veux que toute la responsabilité des actes mentionnés tombe sur ceux qui, contre toute justice, ont voulu les imposer.

« LÉOPOLD. »

Cette protestation est datée du 1er mai 1859. Elle fut suivie d'une seconde protestation ainsi conçue :

« Vienne, le 21 mai.

« Par ma déclaration datée de Ferrare le 1er mai, j'ai protesté contre l'acte de violence de la révolution qui m'avait forcé à abandonner mes États; en même temps j'ai déclaré nuls et non avenus tous les actes accomplis depuis le 27 avril. J'étais alors bien loin de supposer qu'un souverain auquel m'unissent des liens de parenté serait capable, contrairement aux traités existants et au droit des gens, sans aucune provocation de ma part, de s'emparer du pouvoir suprême dans mes États, en se déclarant protecteur de la Toscane et en nommant un commissaire royal pour gouverner le grand-duché. Je me vois, en conséquence, forcé de protester solennellement contre cet acte d'injustice, et je proteste solennellement contre cette usurpation et contre tous les actes, de quelque nature qu'ils soient, de quelque pouvoir arbitraire qu'ils aient émané, qui ont été accomplis au mépris de mes droits de souveraineté. »

Cette fois Léopold II se trouvait à Vienne, au cœur même de la monarchie autrichienne. Ce n'était pas un prince italien, c'était bien un archiduc de race étrangère par le cœur comme par la naissance.

Ces impuissantes protestations ne pouvaient avoir aucun résultat. Léopold II était parvenu à jouir d'une impopularité si manifeste, que ses amis et ses protecteurs lui conseillèrent eux-mêmes d'abdiquer en faveur de son fils le grand-duc Ferdinand. Léopold II avait soixante-deux ans. Son fils n'en a que vingt-cinq. Il a été marié à la princesse Anne-Marie, fille du roi régnant de Saxe. Cette princesse est morte à Naples quelque temps avant la guerre, laissant une fille, l'archiduchesse Marie-Antoinette, née le 10 janvier 1858.

Le grand-duc Ferdinand n'était solidaire d'aucun des actes du gouvernement de son père : il pouvait tout promettre et tout tenir. Aussi ses amis s'efforcèrent-ils de mettre à profit cette situation pour le faire accepter des populations toscanes, en lui prêtant les intentions les plus paternelles, les sentiments les plus tolérants, et en promettant en son nom une constitution très-large. Mais rien ne pouvait le laver du crime d'avoir porté les armes contre l'Italie sous le drapeau de l'Autriche. En effet, il combattait à Solferino auprès de François-Joseph Ier. Il était donc naturel que, parmi les considérants qui précèdent et motivent la proposition de déchéance votée par l'assemblée constituante, il s'en soit trouvé un qui est ainsi conçu :

« La maison austro-lorraine, qui a, pendant un temps, bien mérité de la Toscane, a volontairement brisé les liens qui l'attachaient à ce pays, et, après la restauration du 12 avril 1849, a, par ses actes et ses déclarations, convaincu les esprits que, dans le cas même où elle déclarerait vouloir rétablir le statut fondamental qu'elle a aboli et accepter le drapeau tricolore italien, que, jusqu'ici, elle a ouvertement combattu, ne pouvant plus lier son sort à la cause nationale, elle ne peut pas obtenir la confiance des Toscans ni l'autorité morale qui est la base nécessaire de tout gouvernement. »

La France ne pouvait rien tenter en faveur d'une dynastie aussi énergiquement condamnée, aussi violemment repoussée. »

Le duc de Modène excitait encore moins de sympathies. Ainsi, la cour d'Autriche elle-même renonça bientôt à soutenir la cause perdue de ce prince, qui, lui aussi, s'était réfugié sous la tente de l'empereur d'Autriche, après avoir publié la protestation suivante :

« Nous, François V, archiduc d'Autriche, prince royal de Hongrie et de Bohême, par la grâce de Dieu, duc de Modène, Reggio, Massa, Carrara et Guastalla.

« Le gouvernement de Sa Majesté le roi de Sardaigne se trouve depuis quelque temps vis-à-vis de nous en état de provocation et de menace, attendu qu'il protége des rebelles et des criminels qui sont nos sujets, qu'il cherche à détourner nos troupes de leur devoir, qu'il a reçu solennellement et publiquement incorporé dans son armée quelques-uns de nos soldats qui, oubliant leur serment, ont abandonné nos drapeaux.

« Cela a provoqué de notre part des réclamations énergiques qui s'appuyaient sur les conventions en vigueur avec ledit gouvernement. Mais, lorsque nous eûmes acquis la conviction que ce gouvernement aimerait mieux voir les conventions annulées que de nous faire rendre justice, nous avons jugé convenable de garder le silence, espérant qu'en continuant à observer loyalement et à maintenir scrupuleusement les rapports de bon voisinage envers ce gouvernement, nous finirions par l'amener à nous rendre la réciproque.

« Un pareil silence, nous le disons avec douleur, ne nous est plus permis maintenant.

« En présence des faits connus qui se sont succédé (*si svolgevano*) dans les États limitrophes de Toscane et de Sardaigne, nous avons cru qu'il nous était indiqué par les circonstances d'ordonner que les troupes qui occupaient nos territoires de Massa, Carrara et Montignoso se réunissent le 28 avril dernier dans la Lugiana, et en même temps nous avons confié le gouvernement de ces territoires, avec les pleins pouvoirs nécessaires, à un commissaire ducal, et, en son absence, aux premiers magistrats des communes. A ces mesures, qui devaient écarter jusqu'à l'ombre d'un soupçon d'hostilité de notre part, le gouvernement piémontais a répondu d'une manière tout à fait opposée.

« A peine nos troupes s'étaient-elles éloignées, que parut un commissaire qui prit, au nom de Sa Majesté sarde, les rênes du gouvernement et empêcha nos autorités de faire librement aucun acte en cette qualité. Les carabiniers sardes, violant notre territoire, vinrent appuyer ce commissaire royal.

« Des troupes toscanes, qui entre-temps étaient venues se ranger sous la dictature sarde, furent appelées à comprimer tout mouvement en faveur de la légalité. Par la suite, les troupes sardes occupèrent définitivement le pays, et, dans la *Gazette piémontaise* du 2 mai, le bulletin officiel de la guerre n° 3, daté du 30 avril, déclarait que ces troupes étaient envoyées contre une colonne de troupes d'Este qui menaçait ces populations, et que cela avait été fait parce que le gouvernement du roi se considérait comme étant en état de guerre avec le duc de Modène.

« Ayant conscience devant Dieu et devant les hommes que jamais nous n'avons donné au gouvernement sarde aucun prétexte légitime qui puisse justifier qu'il se considère comme étant avec nous en état de guerre, nous devons, après avoir constaté ce qu'il y a d'injuste dans cette conduite, faire ressortir aussi qu'elle est contraire à tous les usages que le droit des gens a consacrés en pareil cas.

« En effet, les rapports entre notre gouvernement et celui du roi subsistaient encore comme auparavant; le ministre plénipotentiaire de Sardaigne n'avait pas cessé d'être accrédité près de nous; les conventions commerciales, postales et télégraphiques continuaient à être observées de part et d'autre; la paix n'était donc pas rompue en aucune façon, et il n'y avait pas le moins du monde état de guerre lorsque le gouvernement du roi de Sardaigne envoya sur le territoire d'Este ses commissaires et ses troupes. Malgré tout cela, nous résolûmes de nous adresser encore une fois au gouvernement de Sa Majesté pour le mettre en demeure de déclarer s'il prenait sur lui la responsabilité des actes de ce genre ou s'il la déclinait. Il nous répondit qu'il était prêt à en assumer toute la responsabilité.

« En présence d'un attentat aussi flagrant au droit des gens, en présence de l'invasion armée, en pleine paix, d'un territoire qui nous appartient par droit de succession et en vertu des traités, nous nous voyons forcé pour nous-même, pour nos sujets fidèles, ainsi que pour ceux qu'on a détournés de leur devoir en leur faisant déloyalement violer leur serment, de protester solennellement, comme nous le faisons par la présente, contre tout acte du gouvernement sarde et de ses agents depuis le 28 avril dernier, jour où il a violemment envahi notre État. Nous protestons en outre contre les conséquences qui pourront résulter de ces actes et contre toute usurpation ultérieure, de quelque nature qu'elle soit, qui pourrait être faite par la suite à notre détriment et à celui de nos fidèles sujets.

« En même temps nous déclarons formellement, appuyé sur notre bon droit, que nous rechercherons et emploierons tous les moyens légitimes de même que par la présente protestation, contre les iniquités que nous avons souffertes ou que nous pourrons encore souffrir par la suite; nous faisons franchement et publiquement appel aux puissances amies qui ont signé les traités de 1815, afin qu'elles prennent le plus tôt possible, dans leur justice et dans l'intérêt commun de l'observation solennelle des traités de l'Europe, des mesures efficaces pour la situation actuelle que nous venons d'exposer.

« Donné à Modène, le 14 mai 1859.

« FRANÇOIS. »

Le duc de Modène est d'une autre époque par le costume, le langage et l'opinion. Il s'habille à la façon d'autrefois et il a l'étrange prétention de ne tenir compte d'aucun des faits qui se sont accomplis, d'aucun des progrès qui se sont réalisés depuis un demi-siècle. A ses yeux, les deux révolutions de 1830 et de 1848 n'ont pas existé, et le duc de Bordeaux est toujours le roi de France voyageant hors de son royaume sous le pseudonyme de comte de Chambord, jusqu'à ce qu'il lui plaise de redevenir Sa Majesté Très-Chrétienne Henri V.

Qu'espérer d'un tel prince, surtout lorsqu'on lit à nu dans sa pensée, comme l'a fait Napoléon III, en prenant communication des lettres confidentielles que ce souverain des temps passés avait écrites, à une autre époque, au comte Forni, son ami et son ministre, et dont voici le texte :

« Pavullo, 9.

« Cher Forni,

« Je vous renvoie un bulletin de Parme et deux dépêches télégraphiques. Celle de Nesselrode n'est qu'un simple congé temporaire, et pas autre chose. L'autre témoigne toujours de la bonne envie qu'a le Piémont de faire parler de lui et de nous ennuyer. Maintenant il est soutenu par cette chère idole de l'Europe, Napoléon. Et, à ce propos, je dois vous avertir qu'il me paraît bien peu convenable que notre journal aille glanant, comme il le fait, les gloires bonapartistes. En le lisant, personne ne devinerait qu'il est le journal du gouvernement qui n'a pas reconnu Napoléon, du seul gouvernement *qui ne veut rien savoir de ce brigand.*

« Dans le numéro d'hier, j'ai été révolté de voir rapporté sans nécessité l'article du *Moniteur* (français) sur l'arrivée de l'archiduc Maximilien à Toulon. On pouvait se taire ou dire que l'archiduc avait été fêté, qu'il avait tout vu ; mais rapporter ces paroles *qu'il a été dans l'admiration de Napoléon et de la France actuelle*, c'est à vous faire tomber les bras et à confondre tous les *honnêtes gens*, qui croiront que, moi, je veux réparer mes torts envers *monsieur* Bonaparte. L'archiduc a dû porter un toast au *soi-disant empereur*, mais on sait qu'il l'a fait sèchement et sans y ajouter un mot ; il a été invité à Paris, mais il s'en est excusé. Par conséquent, le *Moniteur* menteur nous donne à entendre des choses qui assurément ne sont pas.

« Je désire en outre, et même j'ordonne, qu'on prenne des articles du *Nord*, journal excellent et bien rédigé, que vous recevez, et qu'on laisse de côté le sale et bête *Courrier italien* et plusieurs *gazettes* sardes ou de Trieste, qui semblent être un peu trop les oracles du *Messager*. Qu'on prenne seulement des articles indifférents, mais qu'on ne copie pas les articles dans lesquels on professe des sentiments contraires aux nôtres. La *Gazette d'Augsbourg* a quelquefois d'excellents articles d'une juste défiance sur la *baraque bonapartiste;* peut-être il serait bien d'en traduire, si on trouve un bon traducteur, car je prévois cette juste objection de votre part. J'avais conseillé à Ferdinand Galvani de consulter souvent l'oncle D. César sur cette rédaction ; s'il le faisait, je crois que la chose irait mieux, en ce sens que le journal aurait plus de caractère et de couleur politique.

« Je finis en me disant, à présent et à toujours, votre bien affectionné,

Signé : « FRANÇOIS »

« Pavullo, 12 septembre 1855

« Cher Forni,

« Je réponds quelques mots à votre lettre d'aujourd'hui, qui m'a apporté les deux tristes dépêches télégraphiques de Crimée. En ce monde, mais en ce monde seulement, peuvent triompher et triomphent ordinairement les *coquins*. Je crois, du reste, que les Occidentaux sont à l'apogée de leur gloire. Dorénavant, *comme après l'incendie de Moscou*, les choses tourneront, s'il plaît à Dieu, à leur ruine. En attendant, nous verrons une *exaltation révolutionnaire* et un redoublement d'*insolence* de la part des Occidentaux. L'Autriche est dans une *impasse*, et ceci est ce qu'il y a de plus fatal pour nous. Quant à Sauli, s'il vient, vous lui déclarerez que nous sommes à l'*unisson* avec la Toscane ; quant au Casati, je ne le recevrai jamais.

« Votre bien affectionné,

« *Signé :* FRANÇOIS. »

Quels sentiments et quelles expressions! Est-ce un prince qui écrit dans un tel style ?

La publication de ces lettres devint une arme terrible contre la restauration du duc de Modène. Les peuples n'avaient jamais voulu de cette restauration. La cour d'Autriche, après une semblable découverte, pouvait-elle insister auprès de la cour de France, en faveur d'un prince qui parlait dans des termes si injurieux de Napoléon III ? Elle renonça vite à appuyer ce protégé impossible.

Mais le duc de Modène est sans héritier ; il n'a qu'une nièce, que les cours de Vienne et de Paris ont eu peut-être un instant la pensée de marier au jeune prince Robert Ier, qui devait être duc de Parme.

Le duché de Parme eût alors été décomposé ; le roi de Sardaigne en aurait eu la plus grande partie ; le grand-duc de Toscane restauré en aurait emporté un lambeau, et ses derniers débris, réunis au duché de Modène, auraient formé un État nouveau pour Robert Ier, devenu le neveu de François V.

La duchesse régente de Parme, on s'en souvient, avait quitté ses États avec son fils, moins dépopularisée que les dynasties de Modène et de Florence. Elle avait refusé l'asile que l'empereur d'Autriche lui offrait à Vienne et s'était retirée dans une petite ville suisse, où elle publia la protestation suivante :

PROTESTATION DE SON ALTESSE ROYALE MADAME LA DUCHESSE RÉGNANTE DE PARME.

Nous Louise-Marie de Bourbon, régente des États de Parme pour le duc Robert;

C'est avec la plus vive douleur qu'éloignée du pays que nous gouvernions avec un véritable amour au nom de notre fils orphelin, nous avons appris les plus graves changements politiques survenus contrairement aux dispositions par nous laissées, et contrairement aux droits et aux intérêts du duc de Parme.

Nous devons en conséquence, et malgré nous, élever nos plaintes contre une partie de nos sujets et contre un gouvernement voisin qui a entrepris de nous supplanter, et qui, sans de justes motifs, a voulu nous considérer comme ennemis.

En vérité, nous ne devions pas nous attendre à de semblables événements. A l'intérieur, nous avions eu dans la restauration spontanée du 3 mai dernier un gage rassurant des bons sentiments de nos sujets. A l'extérieur, c'étaient des démonstrations incessantes d'une cordiale amitié que nous recevions de la part de toutes les puissances, y compris les puissances belligérantes; amitié qui correspondait parfaitement à la politique que nous avons constamment suivie.

Néanmoins, les événements survenus dans les domaines de notre famille, d'abord à Pontremoli, puis dans la capitale, ensuite à Plaisance, nous ont montré des atteintes portées au droit de notre fils le duc de Parme Robert Ier, et nous ne pouvons tarder à protester publiquement et solennellement, comme nous protestons par le présent acte :

Contre les actes de rébellion par lesquels les municipalités de Parme, de Plaisance et de Pontremoli, s'érigeant en interprètes des populations, ont prétendu les délier de l'obéissance ducale, et ont proclamé l'annexion du pays au royaume de Sardaigne;

Contre les procédés employés par le gouvernement piémontais, d'abord dans la province de Pontremoli, ensuite dans les autres parties du duché, soit en y fomentant et appuyant la révolution, soit en les occupant peu à peu avec ses troupes, soit en accueillant la sédition, contre tout droit, au mépris des stipulations des traités européens et des traités conclus en particulier avec le Piémont; et cela sans provocation et sans juste cause de guerre; et, conjointement, nous repoussons tout argument que l'on voudrait faire valoir comme motif ou prétexte de droit et de fait, dans le but de nous rendre solidaire de l'Autriche dans les actes d'hostilité que cette puissance a exercés envers le Piémont en prenant pour point de départ la forteresse de Plaisance;

Contre tous ceux qui, dans le cours des vicissitudes politiques ont porté ou porteraient, en quelque manière, atteinte aux droits de notre fils; droits que, par le présent acte, nous entendons et déclarons conserver dans toute leur intégrité.

Nous protestons de plus et déclarons que nous considérons tous les actes accomplis ou à accomplir contrairement aux droits de notre bien-aimé fils dans les duchés de Parme, comme entièrement nuls et non avenus; nous protestons contre leurs conséquences et nous nous réservons de faire valoir, en tout temps et en toute manière légale et de saison, les droits sus-énoncés.

Ces protestations, nous les faisons devant Dieu et devant les hommes, non-seulement dans l'intérêt de notre fils, mais dans l'intérêt de ses sujets; et nous entendons qu'elles soient signifiées à toutes les puissances sur lesquelles repose le droit public européen.

Nous faisons appel à ces mêmes puissances, avec la confiance que, dans leur haute justice, dans leur soin des traités et de l'inviolabilité des droits des souverains et des États, et dans leur magnanimité, elles voudront prendre à cœur et soutenir efficacement la cause du jeune souverain de Parme.

Donné à Saint-Gall, en Suisse, ce jour vingtième de juin 1859.

LOUISE.

L'empereur d'Autriche avait complétement abandonné la duchesse de Parme. Mais Napoléon III paraissait incliner en sa faveur : elle s'en était remise à sa magnanimité; elle lui adressait une lettre autographe et lui envoyait le marquis Pallavicini pour plaider auprès de lui la cause du duc Robert Ier. L'Espagne aussi prenait officiellement et officieusement la défense du jeune prince, à raison de ses liens de famille avec la branche des Bourbons d'Espagne. On se rappelle que cette branche a été la souche de la dynastie parmesane.

Voici même l'analyse d'un document diplomatique que le cabinet de Madrid a adressé simultanément aux cours de France et d'Autriche, dans l'intérêt de cette dynastie :

ANALYSE DE LA NOTE REMISE, AU NOM DU GOUVERNEMENT ESPAGNOL, AUX COURS DE FRANCE ET D'AUTRICHE, EN FAVEUR DES DROITS DU DUC DE PARME.

Le gouvernement espagnol exprime aux deux grandes cours européennes l'étonnement mêlé d'affliction qu'il a éprouvé par suite du silence que paraissent avoir gardé les deux empereurs à Villafranca, au sujet des destinées des possessions de madame la duchesse de Parme et de son fils le duc Robert.

Un autre motif de peine pour le gouvernement de Sa Majesté Catholique, c'est l'idée qui semble de plus en plus s'accréditer dans les régions politiques et dans le public que les possessions du duc Robert auraient été implicitement annexées au Piémont avec la Lombardie.

Le gouvernement espagnol n'a jamais pu rester indifférent au sujet de Parme, de Plaisance et de Guastalla; depuis les traités d'Aix-la-Chapelle, en 1748, jusqu'à ce jour, l'Espagne a suivi avec une vive sollicitude les destinées de ces trois États.

On se rappelle qu'au congrès d'Aix-la-Chapelle, l'Espagne obtint la souveraineté de Parme, de Plaisance et de Guastalla pour l'infant don Philippe, en réservant la réversibilité à l'Autriche et au Piémont.

En 1815, le plénipotentiaire espagnol refusa de signer l'acte final du traité de Vienne, parce que les droits du prince qui était appelé à régner sur les trois duchés n'étaient pas assez suffisamment déterminés et éclairés pour exclure toute équivoque ou fausse interprétation dans l'avenir.

Aussi, en 1817, l'Espagne coopéra, avec les cinq autres puissances, à l'organisation définitive des duchés italiens; elle obtint toute satisfaction et toutes réparations voulues.

On n'a qu'à lire le traité signé le 10 juillet 1817 pour se convaincre du droit qu'a l'Espagne de prendre en main la défense des droits du duc Robert, et de revendiquer en son nom et pour lui la fidèle exécution des conventions solennellement signées par les puissances.

L'Espagne, même pendant la dernière guerre d'Italie, n'a pas abandonné un seul instant son rôle de surveillante et de protectrice des possessions du duc Robert et de madame la régente, sa mère. Avec la conclusion de la paix, les devoirs du gouvernement de Sa Majesté Catholique changent en se multipliant et en s'aggravant.

L'Espagne ne se contente plus de suivre avec sympathie et intérêt les tribulations de la famille des Bourbons régnant sur les trois duchés précités; l'Espagne se considère comme garant des articles 99, 101 et 102 de l'acte principal des traités de Vienne, complétés et corroborés par les dispositions du traité de 1817.

Le gouvernement de Sa Majesté Catholique revendique donc pour le duc Robert le droit sacré qu'il possède sur Parme, Plaisance et Guastalla.

Il ne s'oppose pas aux modifications que l'esprit des temps et la sagesse des puissances conseilleront d'introduire dans l'organisation intérieure des duchés.

Il veut cependant que là s'arrêtent les changements et qu'ils n'atteignent pas les droits de souveraineté du duc Robert.

Le gouvernement de Sa Majesté Catholique ne comprend pas combien on pourrait modifier quelque chose à des conventions et des arrangements solennels sans la participation de toutes les puissances qui y auraient concouru.

Le cabinet de Madrid prend la parole en faveur du duc Robert, d'abord parce que ce prince est un membre de l'auguste famille qui règne sur le peuple espagnol, ensuite parce que l'Espagne est signataire autant des traités de Vienne que de celui de 1817, qui, encore une fois, organisa définitivement les duchés italiens.

Le cabinet de Madrid a toujours pris un soin scrupuleux de ne point se mêler dans les débats des questions sur lesquelles il n'avait aucun titre pour émettre son opinion; telle n'est pas sa situation en présence des événements qui s'accomplissent à Parme, à Plaisance et à Guastalla; le plus simple bon sens et le sentiment le plus élémentaire d'équité et de droit ne peuvent manquer de le reconnaître.

Mais le mouvement qui entraînait les populations de Parme, aussi bien que celles de Modène, dans les voies de l'annexion avec une force irrésistible eût rendu stériles les sentiments de bienveillance de la cour de France, comme les réclamations de droit de la cour d'Espagne, alors même que la duchesse régente n'eût pas travaillé, à l'avance, à s'aliéner le cœur de Napoléon III.

Cette princesse n'a pas écrit, à l'exemple du duc de Modène, de lettres confidentielles à ses ministres. Mais celui qui était l'âme de ses conseils, le marquis Pallavicini, a entretenu avec les représentants diplomatiques de sa souveraine une correspondance dont la publication devait servir à édifier l'Italie, la France et l'Europe sur les sentiments vrais de la petite cour de Parme.

Voici quelques-unes des lettres qui font partie de cette correspondance instructive :

Légation de Son Altesse Royale le duc de Parme à Vienne.

(Confidentielle.)

« Vienne, le 12 mai 1859.

« Monsieur le marquis,

« Ainsi que j'ai eu l'honneur de le dire hier à Votre Excellence en lui accusant réception de son office en date du 1er de ce mois, j'ai communiqué ce matin au comte de Buol les documents que me portait ledit office. Lui, et surtout l'excellent M. Werner, m'ont félicité de l'heureux dénoûment du mouvement du 30 avril et du 1er mai, et m'ont chargé de vous en féliciter, ainsi que l'auguste régente.

« Je leur ai donné connaissance de notre gazette du 5, numéro 100, annonçant et décrivant la rentrée de madame la duchesse dans la ville de Parme, et de l'accueil enthousiaste qu'elle y avait reçu, et je leur ai fait lire sa proclamation à ses sujets, qui a paru leur faire plaisir. M. de Buol m'a prié de lui laisser les premiers documents, qui ont mis tant de temps à parvenir à Vienne, et s'est excusé sur un retard qui n'était venu, a-t-il dit, que d'un zèle mal entendu d'employés qui, sachant Parme déjà en révolution, avaient cru devoir envoyer le pli à mon adresse au commandant de Plaisance, lequel l'avait adressé au comte Giulay à son quartier général, et celui-ci à Vienne, au comte Grün.

« Je lui ai dit, du reste, que ce que je lui apportais était déjà devenu de l'histoire ancienne, mais que j'espérais bien avant peu avoir à lui faire une communication plus récente et plus agréable.

« Ci-joint je lui remets l'extrait de la lettre reçue de Paris en date du 6, que je le prie de lire à notre bien-aimée souveraine.

« Je suis avec respect, monsieur le marquis, de Votre Excellence,

« Le très-humble et dévoué serviteur,

« F. Thomassin. »

Voici le texte de la lettre dont il vient d'être parlé :

« Paris, 6 mai.

« C'est une faute de l'Autriche d'avoir laissé se faire la révolution de Toscane et chasser un membre de sa maison; cet événement aura de funestes conséquences, et la guerre qui s'ouvre sera, je le répète, fatale à la famille d'Habsbourg. On a perdu un temps irréparable dans les bavardages et les divagations de la diplomatie, et au lieu d'écraser le Piémont et d'avoir ainsi raison d'un de ses deux ennemis avant l'arrivée de l'autre, on les a laissés tous deux combiner leurs dispositions, compléter leurs armements, et aujourd'hui on trouve devant soi cent vingt mille diables et soixante mille Sardes; faute irrémédiable dont les alliés sauront bien profiter. Ils passeront bientôt, eux aussi, le Tessin, puis le Pô, puis l'Adige, et dans trois semaines les zouaves seront à Milan, et dès lors le sort de la triste Italie sera presque décidé !

« Venise doit être attaquée par trente mille hommes embarqués à Toulon.

« On s'étonne de toutes ces lenteurs de l'Autriche, et l'on se demande ce qu'est devenue cette habileté si vantée du cabinet de Vienne. En vérité, une trahison soldée par ses ennemis ne leur aurait pu faire la partie plus belle ! Aussi le vulgaire et les badauds attribuent-ils cet heureux commencement au *génie* de Napoléon III, et le proclament-ils déjà un demi-dieu ! Si les ministres de l'empereur François-Joseph ne sont qu'innocents et candides, alors, selon l'Évangile, le royaume des cieux sera pour eux; mais ils auront fait perdre le *sien* à leur auguste maître !

« Pauvres rois de l'Europe, ils ont encore besoin d'une autre leçon; celles de 1793 et de 1848 ne leur ont pas suffi. Eh bien ! ils vont peut-être en avoir une plus terrible que les précédentes, la *danse des morts va commencer !*

« Malgré tous les démentis donnés de haut, je tiens pour positif le traité entre la France et la Russie, lequel ne sera rendu public que quinze jours après l'entrée en campagne de *M. Robert-Macaire !* Est-ce que le cabinet de Saint-Pétersbourg est obligé d'avouer un traité secret? *Il joue son jeu*, et tant pis pour ceux qui le croient *si candidement* sur parole. On craint encore l'Allemagne ici; et c'est par suite de cette crainte qu'on a demandé au corps législatif de lever par anticipation la classe de 1860, c'est-à-dire *deux cent quatre-vingt mille hommes dans une seule année !*

« Vous l'avez voulu, mes agneaux ! Vous avez eu l'O... numéro 1, et vous avez plus tard voulu et acclamé l'O... numéro 2. Vous n'avez que ce que vous avez mérité. Et tous ces princes de l'Europe qui sont *bassement* venus les uns après les autres *saluer et flagorner* celui qui va briser leurs couronnes!...

« Tout ce qui arrive est la conséquence logique de la révolution de 1830, reconnue avec tant d'empressement par l'Europe! Et vous croyez peut-être qu'on est corrigé? Nullement. On m'assure que l'Autriche et l'Angleterre *songent* à une restauration de la maison d'Orléans, afin que la place ne reste plus vacante! Comme vous voyez, c'est de mieux en mieux!

Légation de Son Altesse Royale le duc de Parme à Vienne.

(Confidentielle.)

« Vienne, 21 mai 1859

« Monsieur le marquis,

« Voici les extraits que j'ai annoncés à Votre Excellence des deux lettres que j'ai reçues de Paris :

« J'ai lu avec une joie indicible les intéressants détails que vous avez eu la bonté de me donner sur le rappel purement national de Son Altesse Royale madame la duchesse régente de Parme dans les États de son auguste fils, le duc Robert Ier. Tout ce que je tremble d'apprendre, c'est que ce retour n'ait pas été de longue durée par les conséquences de la guerre actuelle, *malgré les assurances que Louis-Napoléon aurait fait donner à votre auguste souveraine qu'il ne serait rien changé à la position ducale de son fils*. En admettant et désirant que cela soit vrai, *il faut ajouter peu de foi* à ses paroles. . . . .

. . . .

. . . .

« Quant à la situation politique, ne nous faisons pas d'illusions, mon ami; la conduite tortueuse de l'Autriche depuis quelques années fera qu'on la laissera *isolée* et obligée de soutenir seule la lutte déjà commencée; il est à craindre qu'elle ne perde rapidement ses États d'Italie, pour lesquels on parle *tout bas* d'une singulière combinaison, celle de les *ériger avec les duchés en un royaume* qu'on *donnerait à l'archiduc Maximilien*. Rappelez-vous à ce sujet certains détails que je vous ai donnés dans le temps et certains articles du *Mémorial diplomatique!* Si c'est là en effet le plan de *Louis-Napoléon*, ce dont on doute fort, ce projet le brouillera avec les *patriotes italiens*, et même avec ceux d'ici, et des vengeances terribles suivraient son exécution; ce plan d'ailleurs ne pourrait convenir à *l'ambition de Victor-Emmanuel* ni moins encore à celle de son gendre!

« Vraiment, tout semble en Autriche avoir été mené avec une incapacité telle qu'on n'y peut croire ici, et j'ai entendu prononcer les mots de *trahison* et de corruption; on rappelle dans les conversations le *passe-partout d'or*, au moyen duquel s'ouvraient tous les portefeuilles et tous les secrétaires, à la demande des *Talleyrand* et des *Fouché*.

« On voit ici réunis ensemble les portraits de Louis-Napoléon flanqué à droite et à gauche de ceux de *Garibaldi* et de *Cavour*. Avant son départ, un de ses séides disait : « L'empereur arrivera tel *jour* à Gênes, se con-« certera avec Victor-Emmanuel, Cavour, Garibaldi et autres; puis « entrera en campagne, chassant devant lui les Autrichiens comme une « troupe d'agneaux; il remportera une nouvelle victoire de Marengo plus « éclatante que la première, et entrera à *Milan* triomphalement vers la fin « du mois, et là il décidera du sort de la Péninsule! »

« C'est là le beau côté de la médaille, mais ces messieurs ne parlent pas du revers; et cependant toute médaille a un revers : Mazzini, Garibaldi et Ulloa le leur *prouveront* peut-être. Il y en a qui doutent qu'il revienne d'Italie!

« J'avais, d'après le récit de votre lettre du 6, envoyé un article à la *Gazette de France* sur la rentrée de madame la duchesse de Parme dans ses États, mais il n'a pas été inséré; la rédaction ne veut plus ou n'ose plus rien faire paraître *sur les Bourbons!* C'est comme du temps du premier empire, qui avait mis *leur nom à l'index!*...

« L'empereur d'Autriche ayant dans le temps refusé poliment la demande de Louis-Napoléon, de renvoyer en France les restes du duc de Reichstadt, le numéro II des Napoléon, il pourrait se faire que le numéro III allât bientôt lui-même à Vienne les réclamer ou plutôt les prendre, et si ce caprice ne lui prend pas, on peut tenir pour certain qu'il fera de cette restitution une des conditions de la paix future, en adjonction de tous les frais de la guerre.

« Ici, en ce moment, l'*aberration des esprits est telle*, qu'on reproche la guerre à l'Autriche et qu'on lui donne tous les torts!

« L'horrible pamphlet d'Edmond About, — la *Question romaine*, — contre le pape et le cardinal Antonelli, après avoir librement circulé ici durant huit à dix jours, a enfin été saisi hier 15; mais on a eu le temps d'en vendre douze mille exemplaires, sans compter ceux qui sont venus en fraude ou directement de la Belgique, et c'est ainsi qu'on ose le proclamer comme le défenseur du pape et le protecteur du saint-siége. Quelle amère dérision! Et l'auteur de cette diatribe est de la suite du nouveau conquérant de l'Italie, sans doute en qualité d'historiographe!

« Et, malgré ces faits, nous avons la douleur de voir les évêques et le clergé de France se laisser prendre à ces mensongères protestations, à ces jongleries du plus grand T... qui se soit jamais élevé au pouvoir : un jour tous ces lâches princes de l'Église seront punis de leur basse courtisanerie, et personne alors ne les plaindra et ne prendra même leur défense.

« On est parti d'ici en manifestant l'intention de livrer bataille le 20. On a aussi le projet d'opérer un débarquement à Pola, sur les côtes de l'Illyrie, avec le corps sous les ordres du prince Napoléon, qui se complète à Gênes en ce moment.

« Trieste sera respectée ; on ménage l'Allemagne, dont on a peur aujourd'hui.

« La *Gazette de Parme* du 5 nous a apporté une proclamation de notre bonne et auguste duchesse régente, qui invoque le véritable esprit des traités, fait appel à la justice et à la courtoisie des puissances belligérantes. Pauvre mère ! puisse-t-elle être entendue !

« Nous allons avoir quatre nouveaux maréchaux de France : 1° le prince Napoléon ; 2° le général Niel ; 3° le général de Mac-Mahon, et 4° le général Regnaud de Saint-Jean-d'Angély, ce dernier, sorte de *croûte militaire*, mais qui porte un nom impérial, comme étant fils de son père ; sur ces quatre nouveaux, deux seulement ont une valeur réelle. — En vérité, tout ce qui se passe est bien affligeant !

« J'ai l'honneur d'être, monsieur le marquis, avec une respectueuse considération,

« De Votre Excellence,

« Le très-humble et obéissant serviteur,

« F. THOMASSIN. »

Ces lettres de M. Thomassin étaient écrites au marquis de Pallavicini, ministre des affaires étrangères de la duchesse régente. Une pareille correspondance ne justifiait que trop l'inébranlable résolution des Parmesans de se placer comme les Modenais sous l'autorité d'un vrai prince italien ; elle ne légitimait que trop les votes de déchéance et d'annexion de l'assemblée constituante parmesane ; elle n'expliquait que trop l'énergie et l'ardeur avec lesquelles désormais on agira à Parme, afin d'assurer l'exécution de ces votes, ainsi qu'on va le faire à Modène et à Florence.

Les trois duchés vont maintenant réunir leurs efforts dans une action unique, afin de marcher plus sûrement au but commun. La Romagne suivra résolûment leur exemple et leur impulsion. Aussi, avant de poursuivre ce récit, convient-il de montrer quelle était à la fin de septembre 1859 la situation des États de l'Église.

X

LES ÉTATS DE L'ÉGLISE

Les États de l'Église ont emprunté leurs territoires un peu à l'ancienne Étrurie et à l'ancienne Ombrie, un peu à ce qu'on a longtemps appelé les Marches, provinces voisines de Rome. Hier encore ces États formaient sept légations, ayant chacune à leur tête, pour les administrer, un cardinal assisté de quatre conseillers.

Rome avec sa campagne formait et forme toujours une de ces légations. Les autres avaient pour capitales Bologne, Ferrare, Ravenne, Forli, Urbino et Velletri, et étaient subdivisées en délégations, commes nos départements sont partagés en sous-préfectures.

Quand on agite la question du gouvernement temporel du pape, surtout lorsqu'on parle des Légations soumises à sa souveraineté, on comprend donc, sous cette dénomination, la totalité des États de l'Église, excepté cependant tout le territoire de Rome.

Je laisserai dans l'ombre la domination des papes dans cette capitale du monde chrétien, pour ne m'occuper que de la manière dont cette même domination s'est graduellement étendue aux provinces environnantes.

Avant tout, un double fait curieux à rappeler, c'est que l'origine du domaine temporel des papes est tout humaine, et que ce sont des souverains français qui en ont jeté le fondement.

Ainsi, les papes n'étaient encore que les évêques de Rome, lorsque Pépin le Bref eut l'idée de leur faire don de l'exarchat de Ravenne, dont il s'était emparé. Charlemagne y ajouta la marche d'Ancône, qui était devenue sa propriété.

Voilà comment les vicaires de Dieu prirent rang dans la famille des princes de la terre. Dans les commencements de leur domination temporelle, je cherche vainement la trace d'une sanction qui remonte au Christ; je n'y trouve même pas celle d'une consécration qui vienne de l'Église. La formation du domaine temporel des papes est donc un fait purement politique et humain.

Comme tout ce qui est politique et humain, le domaine temporel des papes subit le sort des autres États : il connut les vicissitudes des choses de ce monde. Cependant sous le pontificat de Grégoire VII, la haine que la princesse Mathilde portait à l'empereur Henri IV la décida à faire une donation de toutes ses possessions italiennes au saint-siége. Cette donation fut confirmée en 1279 par l'empereur Rodolphe Ier.

Dès ce moment, les papes possédèrent un vaste domaine temporel, que Jules II, moins pontife que capitaine, agrandit et consolida en même temps avec son épée. Il reconquit Bologne et Ravenne, que les événements avaient séparés de ce domaine ; il y ajouta Pérouse, Ancône, Rimini, Ferrare, Forli, Imola, Camerino et Faenza.

Plus tard, Jules II détacha des États de l'Église le duché d'Urbin, pour le donner en apanage à la famille de la Rovère ; mais ce duché fut réuni de nouveau, quelques années après la mort de Jules II, au domaine temporel des papes, qui, après des vicissitudes diverses, fut, comme on l'a vu, restitué au saint-siége par le congrès de Vienne.

La plus importante des villes comprises dans ce domaine est Bologne, qui compte quatre-vingt mille habitants. Fondée par les Étrusques, la ville de Bologne passa successivement du joug des Romains au joug des Barbares et au joug des Lombards. Après avoir appartenu au saint-siége, elle se constitua, vers le dixième siècle, en république. Comme toutes les villes d'Italie, elle eut alors une existence très-agitée, qui dura six siècles. Puis, en 1506, elle fut soumise à l'autorité des papes.

L'histoire des origines de la domination des papes dans toutes les cités des États de l'Église, à quelques différentes de date et de forme près, est la même. La politique de deux souverains français a établi le principe d'un domaine temporel du saint-siége. La haine d'une femme qui, étant princesse, avait un souverain pontife pour confesseur, a constitué les éléments de ce domaine. L'ambition d'un pape soldat l'a définitivement établi, à l'aide du glaive, à peu près tel qu'il existait avant la campagne de 1859.

A l'ouverture de cette campagne, le gouvernement pontifical notifia, à la date du 5 mai 1859, sa neutralité, dans la note suivante, adressée à tous les membres du corps diplomatique :

« Du palais du Vatican, le 3 mai 1859.

« Les espérances qu'on nourrissait sur le maintien de la paix en Europe viennent de s'évanouir.

« D'après ce que les journaux officiels ont déclaré et les préparatifs formidables de guerre de deux grandes nations, il parait que les hostilités commenceront bientôt. Un tel état de choses préoccupe vivement le cœur du Saint-Père, qui, revêtu du sublime caractère de père commun de tous les fidèles et en sa qualité de vicaire de Celui qui est l'auteur de la paix comme aussi par le devoir de son ministère apostolique, ne désire rien, ne demande rien à Dieu, dans ses prières ardentes, que de voir régner sur la terre un bien aussi cher et aussi précieux que celui de la paix.

« Cependant, dans la tristesse amère qui remplit son cœur, Sa Sainteté aime à se confier au bon vouloir des puissances pour arrêter et diminuer au moins les graves dangers qui menacent l'Europe, s'il est possible de les conjurer. Quelque suite que puissent avoir les événements, Sa Sainteté demande avec raison que, dans le cas d'une guerre, on respecte dans tous les rapports la neutralité que le gouvernement pontifical doit garder à cause de son caractère spécial, neutralité dont il ne pourrait jamais s'écarter, comme il l'a déclaré en d'autres circonstances, et il le déclare encore aujourd'hui par de justes raisons. Sa Sainteté espère donc que, dans cette guerre, on respectera sa neutralité et qu'on éloignera des domaines de l'Église toute collision qui pourrait tourner au détriment des États et des sujets du saint-siége.

« Quoique le Saint-Père ait pleine confiance aux raisons exprimées ci-dessus, néanmoins, en traitant une question aussi importante, il a cru devoir donner au soussigné cardinal secrétaire d'État le mandat spécial d'adresser à Votre Excellence la présente Note, avec la prière de la communiquer à votre gouvernement et de lui faire comprendre la convenance qu'il y a pour lui à laisser le gouvernement pontifical et ses États dans une condition qui n'altère en rien la neutralité qui lui est propre en conséquence de son caractère exceptionnel; neutralité que le droit public reconnaît et que les puissances ont toujours admise en semblable circonstance. En attendant que Votre Excellence veuille faire une réponse affirmative à cette communication, le soussigné a l'honneur de vous renouveler les sentiments de sa haute considération.

« JACQUES, cardinal ANTONELLI. »

De son côté, l'empereur Napoléon III avait, comme on l'a vu, tenu, dans sa proclamation de la même date, un langage plein de respect et de bienveillance pour le vicaire de Dieu.

Enfin, dès le lendemain, Son Excellence M. Roulland, interprétant et commentant ce langage, avait adressé, en sa qualité de ministre des cultes, à tous les prélats de France, une circulaire dont voici le texte :

« Paris, 4 mai.

« Monseigneur,

« La question italienne pouvait être pacifiquement résolue ; c'était le désir sincère de l'Empereur, qui l'a manifesté de la manière la plus expressive, en adhérant franchement à toutes les conditions que les grandes puissances médiatrices jugeaient utiles pour le succès du congrès et pour le repos de l'Europe. Mais, au moment même où les difficultés semblaient aplanies, l'Autriche, brisant tout à coup les négociations entamées, a voulu et déclaré la guerre. Elle assume ainsi la terrible responsabilité des événements, et le monde entier jugera sa conduite et ses desseins.

« Il importe maintenant, monseigneur, d'éclairer le clergé sur les conséquences d'une lutte devenue inévitable. On a beaucoup commenté, suivant des passions et des intérêts divers, le rôle que la France va prendre au milieu des circonstances actuelles. L'Empereur y a songé devant Dieu, et sa sagesse, son énergie et sa loyauté bien connues ne feront défaut ni à la religion ni au pays.

« Le prince qui a donné à la religion tant de témoignages de déférence et d'attachement, qui, après les mauvais jours de 1848, a ramené le Saint-Père au Vatican, est le plus ferme soutien de l'unité catholique, et il veut que le chef suprême de l'Église soit respecté dans tous ses droits de souverain temporel. Le prince qui a sauvé la France des invasions de l'esprit démagogique ne saurait accepter ni ses doctrines ni sa domination en Italie.

« Mais, dans ce pays, où l'oppression étrangère est la cause de souffrances et d'agitations perpétuelles, l'Empereur croit, avec l'expérience et la justice, que le plus grand bienfait pour les gouvernements est de rétablir leur existence indépendante, leur liberté d'action et la possibilité de travailler, sans crainte des bouleversements, au bien-être et au légitime progrès des peuples. Ces idées pratiques, généreuses et chrétiennes, tendent à fonder sur des bases solides l'ordre public et le respect des souverainetés dans les États italiens.

« Tels sont les sentiments de Sa Majesté, souvent révélés par ses actes et qu'elle vient de confirmer dans le noble manifeste adressé à la nation. Ils doivent faire naître dans le cœur du clergé français autant de sécurité que de gratitude. L'Empereur et l'armée seront bientôt en présence de l'ennemi : que Dieu protège la France et l'Empereur ! Cette ardente prière, j'en suis convaincu, monseigneur, sera celle du clergé tout entier prosterné au pied des autels, et s'associant ainsi aux vœux et aux émotions de la patrie.

« Agréez, monseigneur, l'assurance de ma haute considération.

« *Le ministre de l'instruction publique et des cultes,*

« *Signé :* ROULLAND. »

Fort de ces deux manifestations publiques de la volonté formelle de Napoléon III de protéger les États de l'Église, l'éminentissime cardinal secrétaire d'État Antonelli, comme on dit à Rome, écrivit, le 7 mai, aux chefs ecclésiastiques des Légations, la circulaire suivante :

« A l'occasion des événements actuels de l'Italie, le gouvernement français, afin de calmer les appréhensions et les craintes des fidèles au sujet du souverain pontife et des États de l'Église, s'est empressé d'assurer, dans les termes les plus formels, le gouvernement pontifical que, dans le cours de la présente guerre, Sa Majesté l'Empereur et son gouvernement ne permettront pas que l'on manque aux égards dus à l'auguste personne du Saint-Père, ou que l'on attente à sa domination temporelle. Quelles que puissent être les conséquences de la guerre dans la partie septentrionale de l'Italie, l'attitude du gouvernement français vis-à-vis des États pontificaux sera, comme il le déclare, en tout point conforme au but que la France s'est proposé quand elle est intervenue pour réprimer les désordres de l'ancienne anarchie. Ces assurances ont acquis plus de force encore depuis que, dans sa réponse officielle, le gouvernement impérial a bien voulu reconnaître et respecter complétement la neutralité que le gouvernement pontifical, il y a quelque temps, annonçait vouloir constamment maintenir, comme il avait déjà protesté de vouloir le faire dans d'autres circonstances analogues. Il m'a paru convenable d'en donner connaissance à Votre Éminence, sachant combien il importe, pour la meilleure direction des dispositions et des mesures dont vous vous occupez actuellement, de bien connaître l'attitude de la France vis-à-vis de nous. »

L'orage des révolutions devait, en soufflant sur les États de l'Église, renverser ces rêves d'un calme chimérique et d'une impossible résignation des populations soumises au joug de la cour de Rome. La force les contenait dans l'obéissance au dedans et au dehors de la capitale du monde catholique. Au dedans, c'était la France qui donnait et donne encore cette force au gouvernement du souverain pontife. Au dehors, c'était l'Autriche. Mais les troupes de François-Joseph Ier, rappelées sur le théâtre de la guerre, évacuaient Bologne, Ferrare, Ancône, Ravenne, toutes les villes enfin où elles campaient en conquérants plus qu'en alliés, depuis plusieurs années. Le cardinal Nulesi, qui gouvernait la légation de Bologne, abandonna son poste après le départ des Autrichiens, laissant dès lors le champ libre à l'explosion des vœux et des sentiments du peuple, qui, se hâta de proclamer la déchéance de l'autorité temporelle du Pape. Imola, Ravenne, Ferrare, Forli suivirent cet exemple avec un élan miraculeux, et bientôt toute la Romagne cessa d'obéir aux ordres de la cour de Rome.

Bologne avait accompli sa pacifique révolution le 12 juin. Étourdis et déconcertés par les rapides victoires de l'armée franco-sarde, les Autrichiens, maitres de cette ville à cette date, l'ont abandonnée pendant la nuit d'une manière furtive et mystérieuse, à la façon de fuyards qui échappent à un danger par une retraite clandestine. Les habitants ne voulaient pas y croire, tant l'événement s'accordait avec leurs désirs.

Dès cinq heures du matin, une multitude littéralement ivre de joie parcourait les rues avec des drapeaux : en criant : Vive l'Italie ! Vive Victor-Emmanuel ! Toutes les fenêtres étaient pavoisées et les cloches du palais communal annonçaient une fête publique.

Il ne restait qu'un drapeau pontifical sur la tour du palais où réside le cardinal-légat. Ce drapeau a été respecté jusqu'au moment où, sans y être ni provoquée ni contrainte d'aucune sorte, Son Éminence a cru devoir abandonner son poste. Il était dix heures du matin quand elle a quitté Bologne au milieu d'une foule silencieuse et respectueuse.

Ce départ inattendu du légat, qu'aucun excès de la population ne justifiait, a été le signal d'une manifestation populaire.

Les membres de la municipalité ont pris aussitôt les rênes du gouvernement, ou plutôt ont constitué un gouvernement, puisque le cardinal-légat n'avait pas, à l'exemple de la duchesse de Parme, pourvu aux nécessités du pouvoir. Ils ont nommé une junte provisoire, composée de MM. le marquis Pepoli, le marquis Tanari, le comte Malvezzi et le comte Cesarini.

Le premier acte de ce gouvernement provisoire fut d'envoyer au roi de Sardaigne une adresse enthousiaste pour lui offrir son adhésion.

Cette adresse qui lui conférait la direction suprême des affaires comme à Florence, à Parme et à Modène, jusqu'à l'issue de la guerre, lui fut portée au quartier général de l'armée sarde par une commission composée du marquis Pepoli et de l'avocat Cesarini pour la province de Bologne, du comte Rasponi pour Ravenne, du professeur Gherardi pour Ferrare, du comte Albicini pour Forli.

Victor-Emmanuel II refusa avec fermeté la dictature qui lui était offerte par la junte provisoire de Bologne. Il reçut la députation que cette junte lui avait envoyée, mais ce fut pour lui exprimer de vive voix sa désapprobation d'actes qui seraient contraires aux droits du Pape, et pour prier ses membres de faire comprendre à leurs concitoyens que, dans les circonstances où on était alors, il convenait d'éviter toutes démarches, toutes résolutions inconsidérées qui seraient de nature à compromettre la cause de l'indépendance. Il ne faut pas, leur dit-il, que l'Europe puisse m'accuser de n'agir que par ambition personnelle, et de substituer l'absorption piémontaise à l'oppression autrichienne. Nous ne devons pas oublier, d'ailleurs, que le souverain pontife, le chef vénéré des fidèles, est resté à la tête de son peuple ; il ne s'est pas comme les souverains de Parme, de Modène et de Toscane, démis de son autorité temporelle, que nous devons non-seulement respecter mais consolider.

La députation repartit; mais elle laissa l'adresse qu'elle était venue remettre au roi de Sardaigne. A quelques jours de là, M. de Cavour écrivait à la junte provisoire de Bologne, en réponse à cette même adresse, la lettre suivante :

« Turin, le 24 juin 1859.

« Messieurs,

« Sa Majesté le roi m'ordonne de remercier Vos Seigneuries de l'adresse qui lui a été présentée au nom des populations de la Romagne, et dans laquelle, exprimant le vœu d'être réunies au Piémont, ces populations invoquent sa dictature. Sa Majesté, uniquement préoccupée par la pensée de délivrer l'Italie du joug étranger, ne peut condescendre à un acte qui, suscitant des complications diplomatiques, tendrait à rendre plus difficile la réalisation de ce but. Toutefois, reconnaissant ce qu'il y a de noble et de généreux dans le sentiment qui a poussé ces peuples à concourir à la guerre soutenue pour cette grande cause par le Piémont et son généreux allié l'Empereur des Français, Sa Majesté ne peut se refuser, malgré son profond respect pour le saint-père, à prendre sous sa direction les forces que ces pays organisent en ce moment et qu'ils se disposent à mettre au service de l'indépendance italienne. Elle accomplira ainsi la double tâche de diriger le concours de la Romagne à la guerre, et d'empêcher que le mouvement national qui vient de s'opérer ne dégénère en désordre et en anarchie.

« Je dois ajouter que Sa Majesté a déjà résolu de choisir pour son commissaire à cette fin M. le chevalier Massimo d'Azeglio, qui en a accepté la charge.

« Je prie Vos Seigneuries d'agréer les sentiments de ma considération la plus distinguée.

« Comte DE CAVOUR. »

Au fond, la cour de Turin tenait à Bologne une conduite conforme aux actes qu'elle avait accomplis à Parme, à Florence et à Modène : elle y acceptait la même autorité et allait y exercer, à l'aide du même mode, la même influence.

Toutefois quelques jours encore allaient s'écouler avant l'arrivée de M. Massimo d'Azeglio à Bologne.

La situation cependant devenait inquiétante et la fermentation des esprits qui allait croissant pouvait amener de sanglantes catastrophes, faute d'une main ferme qui sût et qui pût contenir le mouvement, en lui imprimant une direction sage et modérée. Déjà même la ville de Pérouse, ville de vingt mille âmes, ancienne capitale de l'Ombrie, avait été le théâtre d'un conflit déplorable qui a provoqué dans le domaine de la publicité des polémiques passionnées.

Ce conflit a été l'objet de récits complétement contradictoires, quoique ces récits aient tous une source officielle. La cour de Rome et la junte de Pérouse ont publié sur les événements, qui ont attristé cette ville, chacune sa version.

Voici ce que le gouvernement du Pape a fait dire par le *Journal de Rome*, qui est son organe :

« Les mensonges et les calomnies qui ont été publiés et qu'on continue de répandre, dans un but révolutionnaire, sur les événements de Pérouse, nous obligent à les faire connaître dans toute leur vérité, en en empruntant les détails à des sources sûres et impartiales, parce que tout le monde comprendra quelle confiance on peut avoir à tout ce qu'ont écrit le *Moniteur toscan*, le *Corriere mercantile*, le *Monitore bolognese* et autres journaux de même espèce. En attendant, le gouvernement ne néglige pas de faire de nouvelles recherches, afin de prendre les mesures convenables dans les cas où l'on n'aurait pas agi selon les lois de la discipline militaire.

« Nous avons déjà dit comment, dans la journée du 14 du mois dernier, quelques factieux avaient usurpé le pouvoir légitime, et, poussés par des comités qui dirigeaient partout la révolution, avaient proclamé un gouvernement provisoire, à la tête duquel ils avaient placé des hommes bien connus pendant les révolutions de 1830 et de 1849. Le gouvernement ne pouvait se montrer indifférent à cet acte de rébellion; étant tenu de le réprimer, il a eu recours à des moyens nécessaires et convenables, et, désirant ne pas se trouver amené à recourir à des moyens de rigueur, il a voulu d'abord envoyer à Pérouse M. le chevalier Lattanzi, conseiller d'État, parce que, mettant à profit la grave influence qu'il pouvait exercer dans cette ville, où, pendant plusieurs années, il avait d'abord exercé les fonctions de juge, et ensuite celles de président du tribunal, il chercherait à ramener les rebelles à l'ordre et à l'obéissance envers leur gouvernement, avant de les exposer aux conséquences de l'action d'une force armée.

« M. Lattanzi, prenant seulement la qualité de patricien de Pérouse, afin de donner surtout à sa mission un caractère amical, se présenta, dans la matinée du 20, à la junte du soi-disant gouvernement provisoire, afin de la décider à ne faire aucune résistance aux troupes qui allaient être envoyées par le gouvernement, et à les recevoir amicalement, lui annonçant que toute résistance contre une force aguerrie et résolue serait inutile et fatale. Il n'oublia pas de leur représenter quelles seraient les victimes en cas de résistance, et les maux qui en résulteraient pour la cité. Mais, malheureusement, ces avertissements ne furent pas écoutés : Guardabassi, Faina et Berardi, qui composaient la junte provisoire, répondirent que le pays voulait résister ; que tout le monde, femmes, vieillards et enfants, jetteraient par les fenêtres et du haut du toit des maisons tout ce qu'ils pourraient avoir, afin de repousser la force par la force.

« Après avoir vainement employé tous les moyens, le chevalier Lattanzi dut abandonner la ville et remettre toute action au colonel Schmidt, qui, à la tête de sa troupe, se tenait auprès du pont Saint-Jean. A peine la troupe se fut-elle mise en marche, que des coups de fusil furent tirés contre elle ; c'est pourquoi le commandant jugea inutile de faire toute autre sommation, craignant que les factieux, foulant aux pieds toutes lois et usages, et n'ayant aucun centre de subordination, ne respectassent pas davantage le parlementaire qui leur aurait été envoyé. Tel est le récit véritable des faits qui ont précédé l'attaque de la ville, et que les membres du soi-disant gouvernement provisoire ont voulu altérer au moment où ils se réfugiaient en Toscane.

« Par le rapport du colonel Schmidt, qui a été inséré dans le *Journal de Rome*, chacun a pu connaître les détails particuliers de la lutte soutenue par la troupe pour dompter les rebelles et rétablir l'ordre dans la ville. Un conflit à main armée, et surtout entre soldats et rebelles, est toujours une circonstance déplorable, parce qu'il entraîne après lui de tristes conséquences, et la responsabilité de ceux qui mettent le gouvernement légitime dans la nécessité douloureuse de soutenir ses droits par la force doit donc être plus grave. Les mêmes récits, publiés par les fauteurs et défenseurs de la révolte, apprennent que les citoyens furent appelés aux armes; qu'après *quelques heures, trois mille hommes étaient accourus des divers quartiers de Pérouse, décidés à repousser la force par la force; qu'ils furent promptement armés, et que trois officiers italiens vinrent de la Toscane et prirent la direction de la défense, en plaçant les hommes armés aux endroits convenables*. Il est cependant notoire que ces défenseurs se composaient du même peuple ramassé dans les campagnes environnantes, accouru de la Toscane et séduit par l'argent et les promesses ; il est également connu que la résistance fut désespérée; que, dans la soirée du 19, il arriva à Pérouse quatre cents fusils de munition, envoyés par le commissaire chevalier Boncompagni, et que ceux qui n'avaient pas d'armes lançaient sur la troupe, par les portes et les fenêtres, et du haut des toits, de l'eau bouillante, des cailloux, des poignards et autres instruments de destruction.

« Qu'y a-t-il maintenant d'étonnant que les soldats, assaillis avec tant d'acharnement, se soient élancés avec impétuosité pour se défendre et venger la mort de leurs camarades qui venaient de tomber à leurs côtés? Et, dans une pareille lutte, où le plus grand nombre était du côté des rebelles, qu'y a-t-il d'étonnant qu'il y ait eu des incendies, des dégradations de maisons, et que malheureusement des personnes non coupables aient péri? Toute personne connaissant les faits de la révolution de Paris en 1849, le bombardement de Gênes arrivé la même année, n'ignorant pas les conséquences déplorables qui résultèrent en 1848 de la lutte entre les troupes du gouvernement et les révoltés de Berlin, de Vienne et d'autres villes, ainsi que les faits de Novare après la bataille de mars 1849, ne peut s'empêcher de remonter au commencement de ce siècle pour en trouver une suffisante explication.

« Les factieux de Pérouse, à partir du monastère de Saint-Pierre, en suivant tout le faubourg jusqu'à San Ercolano, firent une résistance acharnée. En beaucoup d'endroits on jetait du haut des maisons des pierres et autres agents de destruction sur les soldats. Dans la rue Saint-Pierre, trente rebelles étaient montés sur le toit de l'hôpital des Orphelins de la Providence, pour combattre avec des armes à feu et à coups de pierres les soldats qui s'avançaient ; et, en se sauvant, ils abandonnèrent sept fusils dans la maison. Ils étaient montés sur le toit du monastère della Combe, où ils avaient porté des pierres et autres projectiles. Ils avaient attaqué la porte du monastère della Maddalena, qui était contigu, mais n'avaient pas réussi à l'enfoncer. Dans la rue Saint-Pierre, ils avaient ordonné avec menaces qu'on tînt ouvertes les portes des maisons, afin de pouvoir y entrer librement, et, dès le matin, ils y avaient amassé des pierres qui devaient être jetées par les fenêtres. Partout les révoltés se sont trouvés en présence des soldats. Devant cette résistance, les soldats ont été obligés d'agir militairement, d'où il est résulté des conséquences certainement déplorables, mais qu'il était impossible d'éviter en pareille circonstance.

« La résistance fut ensuite considérable dans le monastère de Saint-Pierre, où quelque rebelles furent tués et d'autres blessés. Dans cette mêlée, le couvent ne fut pas à l'abri des dégâts; les religieux furent épargnés. Après l'occupation du monastère, un soldat suisse, pendant qu'il buvait à la cantine avec ses autres compagnons, fut tué d'un coup de fusil, tiré par des insurgés qui étaient cachés. Dans le faubourg de Saint-Pierre, on a vu brûler la maisonnette d'un nommé Vignaroli, la maison et l'atelier de teinture des frères Santarelli et la maison du marchand de tabac François Borromei, qui fut tué (non pas avec sa femme, comme l'ont dit les journaux que nous avons cités) par une balle pendant qu'il se tenait derrière une jalousie.

« La maison du forgeron Mauro Passerini a été envahie et pillée; il a été tué ainsi que sa femme Carolina et sa belle-sœur Candida; les soldats y ont trouvé un de leurs camarades tué. Ont été endommagées les maisons des propriétaires Giacomo Rossi, d'Antonio Tommasoni, de Salvatore Rosa, de Giacomo Temperini, du comte Valenti et d'Adamo Ceccarelli. Les maisons tout à fait inoffensives et dont les portes étaient closes n'ont rien eu à souffrir de la part de la troupe. La même chose serait arrivée aux autres, si elles avaient fait disparaître toute cause de suspicion. Le servant du monastère delle Colombe, sur les toits duquel se tenaient beaucoup de rebelles, est tombé victime au moment où il sortait de la maison. La même chose est arrivée à Feliciano Corsi, garçon de café, vis-à-vis l'hôpital San-Erculano. A été tué l'hôtellier Francesco Morini pour s'être imprudemment mis à la fenêtre, et sur la petite place a été tué un vieux savetier. L'ébéniste Emilio Lancella a été tué au moment où, d'une fenêtre, il faisait feu sur la troupe. M. Temperini a été blessé à une main.

« Le *Corriere mercantile* de Gênes dit qu'on lui a volé deux mille écus et le *Moniteur toscan* parle du double. Nous voici aux contradictions de ceux qui cependant sont toujours d'accord quand il s'agit d'exagérer. Nous n'avons la certitude ni de l'une ni de l'autre assertion. Il n'est pas constant non plus qu'Adamo Ceccarelli ait été tué, avec sa femme, comme l'assure le *Corriere mercantile*. L'assassinat d'un tambour devant l'épicerie Bellucci a inspiré une telle fureur aux soldats, qu'entrés dans le magasin ils ont tout abîmé, menaçant de mort Bellucci lui-même; mais, s'és'étant aperçus que le coup était parti d'une fenêtre vis-à-vis, ils ne lui ont pas fait de mal. Toutefois le *Moniteur de Bologne*, organe de la junte révolutionnaire qui s'est emparée de cette ville, donne à entendre que Bellucci a été tué vis-à-vis la porte Santa Croce; des pierres ayant été lancées du toit d'une maison, les soldats y sont entrés furibonds, et malheureusement dans la bagarre il n'est pas toujours donné de pouvoir distinguer le coupable du citoyen paisible. Irène-Gioia Polidori, couturière, a été victime et ses deux ouvrières ont été blessées. Les soldats sont également entrés furieux dans l'auberge de Giuseppe Storti, d'où étaient partis des coups de fusil qui avaient tué un soldat et blessé le lieutenant Crufci. Des fenêtres, on avait lancé aussi des pierres et toutes sortes de meubles. Là, quelques individus se sont jetés les armes à la main sur les soldats; parmi les agresseurs était l'ex-postillon Luigi Bindocci, armé d'un fusil. Dans la mêlée ont été tués l'aubergiste Storti, le garçon Luigi Genovesi, et l'ex-postillon.

« Dans la soirée du jour de l'attaque, à sept heures et demie, les soldats étaient retirés dans les casernes; mais plusieurs étaient disséminés dans la ville, et pendant la nuit ils sont entrés dans les maisons d'où étaient partis des projectiles, pour voir s'il n'y avait pas d'armes cachées. Peut-être dans ce nombre se trouvait l'auberge ou hôtel Storti, où était logée une famille américaine qui a été garantie dans ses membres par l'intervention de plusieurs de ces mêmes soldats. Plusieurs objets soustraits ont été rendus à cette famille. Les membres de la junte, à la fin du combat, suivant leur habitude, qui consiste à pousser à la révolte et à s'éclipser ensuite à la vue du péril, se sont présentés à la municipalité, abdiquant le pouvoir usurpé; ils se sont enfuis sur-le-champ avec les autres principaux compromis, passant par la porte del Balagujo, et, prenant la colline du Cardinal, ils se sont dirigés vers la Toscane.

« Les chefs de la révolte de Pérouse se vantent d'avoir donné de la gloire à l'Italie, parce qu'ils sont parvenus à grouper autour d'eux une multitude de factieux ou d'imprudents égarés par des promesses et séduits par de l'argent. Ils ont, au contraire, plongé la patrie dans le malheur. La dépravation des esprits est arrivée à un tel point, que beaucoup de gens ne trouvent plus de l'infamie, mais voient de l'honneur et de la gloire à se révolter contre leur souverain et à encourager et soutenir la révolte à des titres spécieux.

« C'est après la déclaratiou des membres de la junte que le maire (gonfalonier), et un ancien (notable) de la ville, qui se trouvaient au palais municipal, dans le désir de faire le seul bien qui leur fût possible de faire en cette crise, arborèrent le drapeau blanc sur la tour de la place. Néanmoins les rebelles, des toits et fenêtres, rue Saint-Pierre, continuèrent à faire résistance, ce qui a exaspéré les soldats; de là de plus grands maux pour la ville et de plus nombreuses victimes de part et d'autre. C'est ainsi que le secrétaire de la commune, Porta, compromis dans le mouvement révolutionnaire, a été tué au moment où il parcourait la rue en agitant un mouchoir blanc. Le même sort a été partagé par les deux employés de l'octroi qui s'étaient trouvés malheureusement sur le théâtre de la lutte.

« Dans la matinée, un ordre sévère du commandant a rappelé la troupe à la plus rigoureuse discipline pour empêcher des désordres. On doit beaucoup à l'intégrité des officiers qui, remplis de zèle, ont contribué au maintien de l'ordre, de manière à mériter les éloges de la municipalité pour la conduite tenue dès leur entrée à Pérouse.

« Ce simple exposé des faits prouve la foi que méritent les rapports émanés des journaux précités. Non contents d'ajouter au nombre des tués, quelques portiers, un Fabretti, une fille du capitaine Polidori, quelques moines de Saint-Pierre, certains époux Basti et Checcarello, ils ajoutent que les frères del Monte s'amusaient à tirer sur les pauvres gens qui fuyaient. Ils ajoutent qu'une petite fille, allaitée par sa mère, a été arrachée des bras de celle-ci et jetée dans le Tibre. En voilà assez pour caractériser des correspondants si bien informés des choses. Le drapeau noir, arboré sur l'hôpital, a été respecté par les militaires; les détracteurs crient qu'il a été fait feu même sur ce drapeau.

« Non contents de déclamer contre la troupe, les apologistes et les défenseurs de la révolte accusent le gouvernement pontifical d'être l'auteur des malheurs de Pérouse, et, pour soulever contre lui l'opinion publique, ils ont osé inventer même des ordres supérieurs tendant à permettre les actes de violence et de barbarie. Et comme si c'était peu d'une pareille invention, afin de provoquer contre lui la haine, ses systématiques détracteurs ont fait mettre à la poste, à Pérouse, des feuilles en blanc, se chargeant eux-mêmes d'y écrire des mensonges, des exagérations et des calomnies pour les faire circuler, leur donnant un cachet de vérité à l'aide du timbre de la poste dont ils avaient revêtu ces feuilles. Il y a des gens qui n'épargnent aucun moyen immoral pour atteindre leur but. Ces relations, que nous avons vues publiées, ont été écrites, en grande partie, en Toscane, par les acteurs factieux de la révolte.

« Le gouvernement pontifical déplore, tout le premier, l'événement de Pérouse; mais une responsabilité terrible pèse sur ceux qui, après avoir poussé les choses à l'extrême, se sont enfuis, suivis par les exécrations de leurs honnêtes concitoyens.

« Le saint-père, en attendant, pour subvenir aux plus pressants besoins des malheureux qui ont souffert dans ces événements, leur a donné une somme considérable. »

Cette publication officielle du *Journal de Rome* y paraissait le 4 juillet 1859, et le récit qu'on vient de lire était conforme au rapport du colonel Schmidt, chef des troupes qu'on avait envoyées à Pérouse, où il fut chargé de diriger les mouvements de la force publique.

Voici maintenant les passages du rapport de la junte de Pérouse qui peuvent servir à contrôler la version de la cour pontificale :

« Dès que la nouvelle des douloureux événements de Pérouse fut connue, un cri d'indignation s'éleva de tous les cœurs. Ce n'est pas seulement l'Italie qui doit pleurer une fille, c'est toute l'Europe, c'est le monde entier qui doit protester au nom de l'humanité outragée. Dans une cité chrétienne, au milieu des peuples civilisés et en plein dix-neuvième siècle, le sang innocent a été répandu en abondance. Mais nous savons qu'au-dessus des oppresseurs et des opprimés, au-dessus des bourreaux et des victimes, l'opinion publique est debout, juge impartial, suprême, universel, à la sentence duquel nul n'échappe, fût-il revêtu de la pourpre et couronné de la tiare. C'est devant ce tribunal de l'opinion publique que nous portons notre cause : l'opinion publique jugera entre nos ennemis et nous. L'exposition que nous allons faire sera nette et brève ; nous parlerons devant le public comme nous parlerons, la main sur le cœur, devant notre conscience. »

La junte jette ici un coup d'œil sur la situation générale de l'Italie avant la guerre ; elle dit les frémissements de l'opinion d'un bout à l'autre de la Péninsule, et aborde ensuite, en ces termes, l'examen des événements de Pérouse :

« Qui eût vu la place publique de Pérouse dans la matinée du 14 juin, lorsque arriva la nouvelle du changement de gouvernement, aurait pensé que ce peuple se livrait à quelque grande réjouissance bien plus qu'à l'accomplissement d'une révolution. Le peuple, parmi lequel étaient représentées toutes les classes de la société, était d'abord calme et silencieux ; puis à ce calme succédèrent des applaudissements frénétiques : toutes les voix acclamaient l'Italie, l'indépendance nationale et les princes libérateurs. Pas une arme, pas un cri de haine ou de menace : jamais on ne vit tant de modération dans l'ivresse d'un si pacifique triomphe.

« Le légat, après avoir consulté les chefs militaires et en présence de la municipalité, déclara toute résistance impossible, et demanda à se retirer avec la troupe. Mais, en quittant les rênes du gouvernement, il ne les confiait à aucun maire : il les laissait tomber sur la place publique. La municipalité, produit du choix gouvernemental et presque entièrement composée d'éléments hostiles aux progrès, ne se baissa pas pour les ramasser. Ceux qui avaient reçu du peuple le mandat de le représenter près du légat crurent qu'il était de leur devoir de prendre provisoirement possession du pouvoir, avec la ferme résolution de le remettre aux mains du roi Victor-Emmanuel, s'il daignait l'accepter.

« Une junte de gouvernement provisoire fut donc constituée. Le légat partit au milieu du silence de la population, accompagné par un membre de la junte.

« La troupe s'éloigna, emportant mille écus que la junte lui remit pour les frais de marche. Dès qu'il fut installé, le gouvernement provisoire fit connaître son avénement au cardinal Picci, évêque du diocèse, et lui donna l'assurance la plus formelle que non-seulement sa personne, mais le dernier membre du clergé serait scrupuleusement respecté. Le cardinal se montra très-satisfait de ce message. Ces assurances furent par deux fois renouvelées, et le bon peuple de Pérouse donna à ses représentants une belle occasion de les maintenir. L'évêque put traverser à pied les rues de la ville, environné du respect de tous, et jamais, même dans les moments les plus critiques, on ne vit un geste, on n'entendit une parole contre un seul membre des autels, même le moins respectable.

« Le gouvernement provisoire, fidèle interprète et exécuteur des volontés du peuple, avait, dès le premier moment, offert, par l'intermédiaire du comte de Cavour, la dictature au roi Victor-Emmanuel. Le gouvernement pontifical redouta la force morale qui serait résultée de l'acceptation de cette offre, et les intrigues contre le gouvernement provisoire commencèrent. On tenta d'abord d'organiser une réaction, mais la fermeté du peuple déjoua ces tentatives. De Foligno, où le légat s'était réfugié avec les troupes et ses fidèles, arrivèrent des lettres adressées à quelques-uns d'entre nous pour engager la junte à se démettre de ses fonctions. Un officier supérieur, qui osait se qualifier du titre d'homme d'honneur, avait l'impudence de proposer à un membre du gouvernement, le baron Danzetta, de commettre une mauvaise action, en lui promettant une honnête récompense. »

Le rapport énumère ensuite toutes ces manœuvres, toutes ces intrigues, suscitées par le légat et ses affidés. La junte surmonte tous les obstacles qu'on lui oppose ; elle fait régner l'ordre le plus parfait. Nul citoyen n'eut à se plaindre du moindre désordre ; nulle voix ne s'éleva sur la place publique pour troubler le calme nécessaire aux représentants de la cité. Un seul délit fut commis, et il avait pour moteur un partisan de la réaction. Pas un soldat des troupes régulières, pas un gendarme n'était resté dans la ville. Tout citoyen était soldat pour assurer le maintien de l'ordre.

« Lorsqu'on apprit que les troupes papales, et surtout les régiments étrangers, composés du rebut de toutes les nations, s'avançaient à marches forcées contre la ville, dont deux étapes seulement les séparaient, toutes les classes de citoyens se levèrent comme un seul homme pour appuyer le nouveau gouvernement, disposant du très-petit nombre d'armes qui étaient restées dans les habitations particulières.

« Malgré la pression morale que le déploiement des forces ennemies avait exercée sur les plus timides, une adresse au roi Victor-Emmanuel, pour le supplier d'accepter la dictature, circula de main en main et fut couverte de deux mille signatures ; ce qui, en tenant compte des femmes, des enfants et des illettrés, représentait la volonté de la ville entière.

« C'était ainsi qu'à la veille du péril Pérouse répondait aux menaces de la cour de Rome. C'était par une dignité pleine de calme que se traduisait l'irritation profonde causée par les intrigues, les actes et les menaces du gouvernement clérical.

« Frappée de ce sentiment universel, la municipalité se rapproche du gouvernement provisoire, et, dans une conférence avec les membres de la junte, et dans la résidence de celle-ci, elle se montre disposée à adresser un rapport au légat pour l'éclairer sur le véritable sentiment du pays, ajoutant que, en cas d'attaque de la part des troupes, la municipalité elle-même ferait cause commune avec le gouvernement pour assurer le salut de la ville. Un rapport dans ce sens fut en effet expédié à Foligno dans la soirée du 19 juin. Quel résultat produisit-il? C'est ce que nous allons voir.

« Quand on fut certain que les troupes expédiées de Rome étaient vraiment destinées à soumettre la ville, la junte du gouvernement décréta la remise de toutes les armes possédées par des citoyens. Quatre-vingt-trois fusils de chasse seulement furent apportés, ce qui, avec les trente-neuf fusils de munition que possédait le gouvernement, formait un misérable total de cent vingt-deux armes à feu. Les munitions de poudre et de plomb étaient très-rares, et pas une seule pièce d'artillerie en notre pouvoir. C'est avec ce faible matériel qu'il fallait défendre un mur d'enceinte de six à sept milles contre un ennemi fort de deux mille deux cents hommes, muni d'artillerie.

« Le gouvernement ne voulut manquer à aucun de ses devoirs. Il put obtenir du dehors quatre cents fusils de munition, il put se procurer de la poudre et du plomb. Il ordonna la confection de cartouches ; il institua un comité militaire et procéda à un enrôlement militaire pour la sécurité intérieure et la défense extérieure. C'était à la ville, à la population elle-même, de décider si elle voulait céder ou résister. Le pays se prononça pour la résistance.

« Bien que huit cents volontaires fussent déjà partis pour prendre part à la guerre de l'indépendance, chiffre considérable pour une ville de dix-huit mille habitants ; bien que le gouvernement n'ait pas dit un mot pour provoquer l'enthousiasme, en peu d'heures un millier de volontaires de tout âge et de tout état se firent inscrire, sans compter ceux qui, libres de tout lien, promettaient leur concours à l'heure de la lutte ; sans compter les secours que l'on attendait de toutes les parties de la province.

« Le gouvernement décréta la résistance, organisa de son mieux la milice, fit faire quelques travaux de défense, et nomma les officiers chargés de les diriger.

« Dans la nuit du 19 au 20, deux déserteurs des troupes pontificales arrivaient successivement dans la ville ; ils rapportaient qu'ils étaient plusieurs centaines disposés à déserter aussi; que le bruit s'était répandu dans le camp qu'il serait accordé aux soldats vingt-quatre heures de pillage. Nous ne voulûmes pas croire à une pareille énormité. Nous sûmes ensuite qu'une partie des troupes refusant de marcher, il leur avait été formellement promis que le pillage leur serait accordé. L'événement a confirmé l'assertion des deux déserteurs et nos autres informations particulières.

« Le gouvernement pontifical a affirmé, dans la feuille officielle, le 21 juin, qu'une personne de confiance fut expédiée au gouvernement provisoire pour le sommer de rentrer dans l'ordre; au cas contraire, qu'il y serait soumis par la force. Mensonge ! L'avocat Louis Lattanzi, conseiller d'État, se présenta en effet devant la junte dans la matinée du 20, trois ou quatre heures avant le combat. Mais il se présenta sans aucun caractère officiel, dans le seul but de visiter comme simple particulier les membres du gouvernement, se disant l'ami de chacun d'eux, et ajoutant *qu'il n'avait aucune mission du gouvernement pontifical;* que la ville serait certainement ensanglantée, mais que la résistance était inévitable. M. Louis Lattanzi a postérieurement confirmé la vérité de ces faits. Nous insistons sur ce fait, parce qu'il est bon que l'Europe sache comment le gouvernement paternel de Rome omet vis-à-vis de ses peuples des mesures que l'humanité prescrit même entre des parties étrangères belligérantes.

« Peu après le départ de l'avocat Lattanzi, les troupes s'étaient avancées jusque sous les murs. Les quatre cents fusils arrivés la veille avaient été distribués trois heures avant le combat, sauf une cinquantaine, reconnus impropres au service. Des munitions insuffisantes, les travaux défensifs les plus nécessaires à peine tracés, les rues intérieures non barricadées, la milice citoyenne organisée en compagnies depuis un jour seulement, les officiers chargés de la direction de la défense arrivés depuis deux heures à peine, tout cela était bien insuffisant. La ville toutefois persévérait dans sa résolution de repousser l'ennemi, de défendre ses propres foyers. Elle y persévérait surtout, sachant qu'elle succomberait sous le nombre, voulant laisser à l'Europe une solennelle et sanglante assurance de sa ferme volonté de participer aux dangers, aux sacrifices, au sort définitif de tous les autres peuples italiens.

« Le combat commença à trois heures de l'après-midi. Quelques centaines de citoyens, — on peut dire, en toute vérité, que les hommes armés ne dépassaient pas le nombre de cinq cents, — résistèrent pendant trois heures à un ennemi fort de deux mille hommes et muni d'artillerie. Ils cédèrent au nombre, disputant pied à pied le terrain. La porte Saint-Pierre fut courageusement défendue; mais il fallut la fermer pour couvrir la retraite. Elle céda sous le canon. Les barricades intérieures manquant, ce furent les poitrines des citoyens qui seules firent obstacle à l'ennemi. Ce second combat dura encore deux heures, et les troupes eurent un grand nombre de morts et de blessés.

« Toute résistance ultérieure étant impossible, la junte chargea la municipalité de tenter un effort pour obtenir au moins le salut de la ville. Vain espoir ! Le parlementaire, précédé du drapeau blanc, fut renversé par deux coups de fusil, et son cadavre, insulté, fut criblé de coups de baïonnettes, dépouillé, outragé sur la voie publique. Mais déjà les massacres, disons mieux, les assassinats, étaient commencés à trois milles de la ville, au village de Pont-Saint-Jean, avant toute résistance. Les crimes qui se sont commis là dépassent toute croyance. Les troupes étrangères pontificales ont surpassé les excès des Haynau, des Zobel et des Urban. »

Après avoir exposé les faits précédemment relatés, l'insuffisance des moyens de défense que possédait la ville en présence de l'attaque qui se préparait; après avoir raconté les événements qui venaient de s'accomplir à trois milles de Pérouse, dans le village de Ponte-San-Giovanni, le rapport continue ainsi :

« Il n'est pas dans notre intention de décrire les dégâts, les violences et les cruautés commises par ces nouveaux janissaires de Rome. Une simple note renvoyée à la fin de ce rapport, et rangée parmi les documents officiels, sera plus éloquente que la description la plus vive et la plus colorée. Cette note ne contient que les faits dont l'exactitude peut être scrupuleusement vérifiée, malgré la soupçonneuse vigilance de la police militaire. Nous nous bornons à dire sommairement ici que beaucoup de maisons ont été incendiées, un plus grand nombre saccagées et entièrement dévastées. Beaucoup d'objets ont été dérobés; ceux qui ne pouvaient être dérobés ont été détruits; des familles ont été dépouillées. Partout où ces pillards ont pu pénétrer, ils ont enlevé tout ce qu'ils ont trouvé en argent, bijoux, objets précieux, etc. Des hommes inoffensifs, des vieillards, des femmes, ont été impitoyablement tués, à ce point que nous avons perdu plus de monde pendant le sac de la ville que pendant la lutte. Les cadavres de ces malheureux ont été outragés et privés de sépulture pendant plus d'un jour sur la voie publique. Il est à remarquer que toutes ces victimes étaient innocentes, puisqu'elles n'avaient pris aucune part ni à l'insurrection ni au combat.

« Cette horrible et sanglante orgie a duré bien au delà du temps nécessaire à la répression; les maisons portent la trace des coups de fusil tirés sur les fenêtres; on compte quatorze balles dans une seule chambre. L'hôpital n'a pas même été respecté. Malgré le drapeau noir qui flottait sur cet édifice, il a reçu cinquante coups de feu environ. La troupe, furieuse, s'est introduite par force, même le lendemain, dans les auberges et dans les maisons, où elle voulut manger et s'enivrer gratuitement; elle a envahi les magasins et s'est emparée de tout ce qui plaisait à ses instincts de rapine. Nous passons sous silence les violences et les crimes honteux qu'il vaut mieux ensevelir dans l'oubli, par respect pour les victimes de ces attentats. Nous dirons seulement que les sbires dont le cardinal Antonelli entoure le chef de l'Église, que ces héroïques défenseurs de l'autel, n'ont pas même respecté le temple; qu'ils l'ont profané, qu'ils ont enlevé les vases sacrés, et que ce qu'il y a de plus saint dans notre religion a été sacrilégement foulé aux pieds et dispersé. Voilà quels sont les soldats que la cour de Rome trouve pour appuyer sa domination temporelle!

« Beaucoup, parmi ceux qui sont éloignés du théâtre où se sont accomplies ces scènes horribles, croiront peut-être qu'il y a dans notre récit l'exagération de l'esprit de parti. Nous donnons notre parole que tous les faits rapportés par nous ont été constatés par les relations les plus impartiales et par les témoignages des personnes présentes à ces tristes événements. Nous n'avons retardé de quelques jours la publication de ce rapport que pour mieux vérifier les détails qu'il était de notre devoir d'exposer publiquement.

« De pareilles énormités, inouïes dans l'histoire des guerres civiles de notre temps, devaient au moins être hautement réprouvées par le gouvernement qui en a été la cause, ne fût-ce que par pudeur, ne fût-ce que pour éloigner l'infamie dont un gouvernement ecclésiastique ne peut volontairement se couvrir. Mais le gouvernement romain a agi en barbare : il a la honte de légitimer, de récompenser, de louer des brigandages dignes des Huns et des Sarrasins. Il publie dans la feuille officielle du 21 juin « que le Saint-Père, pour témoigner sa grande satisfaction « au colonel Schmidt, commandant de l'expédition, a daigné l'élever au « grade de général de brigade, et a ordonné qu'on mît à l'ordre du « jour les troupes qui ont pris part avec tant de distinction à ces événe- « ments. »

« Le commandant général des troupes pontificales a fidèlement exécuté cet ordre en adressant à l'armée les paroles suivantes : « Rendons à ces « braves soldats l'hommage qui leur est dû, et que leur noble et géné- « reuse conduite vous serve d'exemple ! »

« Et à ces braves soldats, en effet, on a distribué six mille écus au nom du Saint-Père, en sus de tout ce qu'ils ont dérobé ; des médailles commémoratives, à l'image du souverain Pontife, seront pendues à leurs boutonnières comme souvenir de leurs belles actions.

« L'opinion publique, en Europe, fera justice des excès qui ont été commis et de la conduite de la cour de Rome. Partout où est parvenue la nouvelle des événements de Pérouse, l'indignation publique s'est soulevée. Partout où sont arrivés ceux qui ont eu la chance d'échapper au massacre, la sympathie publique les a accueillis. Et il nous est doux ici d'acquitter une dette de justice et de reconnaissance en disant hautement que, même dans le clergé de notre ville, il s'est trouvé des cœurs compatissants. Les moines de Cassines, victimes, eux aussi, de la fureur des soldats, de ces champions de la sainte foi, n'ont reculé devant aucun danger pour secourir, pour sauver les malheureux qui s'étaient réfugiés dans leur couvent. Nous sommes assurés que l'abbé de ce monastère, s'étant rendu à Rome pour se plaindre des violences et des dévastations commises contre la communauté, n'a pu obtenir audience du Saint-Père et a reçu l'ordre de repartir aussitôt. »

Après avoir rendu hommage aux sympathies que les municipalités et les citoyens de la Toscane ont témoignées aux habitants de Pérouse en cette circonstance, le rapport termine en ces termes :

« En attendant, Pérouse gémit sous un gouvernement militaire qui, après avoir ordonné le désarmement, fait des perquisitions dans toutes les maisons avec un grand déploiement de forces; on emprisonne les citoyens suspects; nous disons suspects, car tous ceux qui peuvent être compromis respirent l'air libre de l'hospitalité toscane. Un conseil de guerre est institué pour juger les délits politiques commis ou à commettre. Telles sont les formes dont use le gouvernement pontifical, lequel, on le sait, n'admet jamais la juridiction ordinaire pour les faits politiques. Il ne nous reste qu'à nous soumettre à la loi martiale publiée par M. Schmidt, jaloux de montrer au monde qu'il sait faire son métier mieux que les généraux autrichiens qui les premiers occupèrent les provinces romaines.

« Nous sommes arrivés au terme de notre tâche. Nous ne pouvons croire qu'au moment où deux généreuses nations répandent leur sang pour l'indépendace italienne, on permette que des provinces italiennes, déjà mûres pour la civilisation, qui ont payé largement leur tribut à la guerre de l'indépendance, qui ont protesté au prix de leur sang contre la domination étrangère, soient abandonnées à un gouvernement inique, que ses actes ont mis au ban des nations civilisées. Nous avons trop de foi dans la grandeur d'âme et la sagesse politique des deux princes qui ont pris en main la cause italienne, pour n'être pas assurés qu'une si grande injustice ne sera pas tolérée, et que nos sacrifices deviendront des fruits de rédemption non-seulement pour eux, mais pour les autres provinces, nos compagnes d'infortune. Nous recommandons avec confiance notre malheureux pays à Dieu d'abord, et ensuite à l'empereur Napoléon III et au roi Victor-Emmanuel. Nous attendons le jour où nous pourrons célébrer, avec toute l'Italie, la fête de notre délivrance.

« Florence, 2 juillet 1859.

« Ont signé : Francesco Guardabazzi; baron Nicolas Danzelta; comte Z. Faina Baldini; Tiberio Berardi. »

Pérouse cependant devait retomber et rester sous l'autorité du gouvernement pontifical, qui règne encore dans toutes les Marches.

Il n'en fut pas de même des Romagnes, où cette autorité ne s'est pas rétablie.

Le 11 juillet 1859, le premier commissaire royal extraordinaire désigné par la cour de Turin pour gouverner les Romagnes pendant la guerre arrivait à Bologne, où il avait été précédé par la proclamation suivante :

« Peuples de Bologne et des Romagnes unies,

« Les vœux que vos députés ont portés aux pieds de Victor-Emmanuel sont exaucés. Massimo d'Azeglio, nommé commissaire extraordinaire de Sa Majesté Sarde pour les Romagnes, arrivera ce soir à Bologne.

« Le roi honnête homme (*il Re galantuom*) n'aurait pu nous envoyer un homme plus loyal, un Italien plus illustre, un soldat de la cause nationale plus vaillant que le champion magnanime de la sainte guerre de l'indépendance.

« Quel est le nom plus glorieux et plus cher pour ces pays que celui de Massimo d'Azeglio, qui, à une époque malheureuse, racontait à l'Europe émue et surprise les malheurs de la Romagne, et ensuite, au milieu de la jeunesse romagnole, versait son sang en Vénétie?

« Massimo d'Azeglio chérit les Romagnes, car c'est la terre des bras forts, des poitrines robustes dont on forme les soldats victorieux. Ceux d'entre nous qui ont combattu à San-Martino ont mérité déjà les éloges de Victor-Emmanuel et de son grand allié, et le commissaire qui se fait aujourd'hui l'interprète de cette satisfaction en attend les plus grands résultats d'enthousiasme pour former des rangs de guerriers.

« Recevez donc aujourd'hui l'illustre envoyé avec la joie d'un peuple, sensible et reconnaissant, et nous resserrerons demain les liens qui nous unissent à lui par le baptême de sang que nous avons reçu à Vienne.

« Peuples des provinces unies,

« Si nous voulons être libres et Italiens comme nos frères Sardes, Lombards, Toscans et Vénitiens, voilà le moment. Pensons que l'Europe s'apprête à nous faire les destinées que nous aurons méritées.

« Bologne, le 11 juillet 1859.

« La junte centrale provisoire du gouvernement :

« GIOCCHINO-NAPOLEONE PEPOLI, GIOVANNI, MALVEZZI, ANTONIO MONTANARI, CAMILIO CASARINI, LUGGI TANARI. »

Le lendemain, M. Massimo d'Azeglio publiait à son tour, dans le *Moniteur de Bologne*, une proclamation ainsi conçue :

« Je ne viens pas préjuger des questions politiques ou de souveraineté aujourd'hui intempestives. Je viens seulement mettre en œuvre dans ces provinces d'élite le sage conseil de Napoléon III : « Soyez aujourd'hui soldats si vous voulez demain devenir citoyens libres et indépendants. » Je ne viens donc pas vous inviter au repos, mais à la fatigue. Je ne vous apporte pas la licence, mais l'ordre et la discipline.

« Oubli de tous les souvenirs amers du passé. Donnez-vous tous la main comme des frères, et songez qu'en voulant se faire libre, l'Italie tout entière n'a qu'une volonté. *Vive Victor-Emmanuel et l'indépendance italienne!*

« Bologne, le 11 juillet 1859.

« Massimo d'Azeglio. »

Mais ce jour-là même la paix était signée. Nommé commissaire royal extraordinaire pendant la guerre, M. Massimo d'Azeglio, qui du reste devait être envoyé en mission à l'étranger, fut rappelé presque aussitôt par le cabinet de Turin. Il fut cependant remplacé par le colonel Falicon, qui se rendit à Bologne, toujours en qualité de commissaire royal extraordinaire. Mais ses fonctions ne furent pas de longue durée. Il fut rappelé à son tour, comme l'avaient été MM. Boncompagni, Farini et Pallieri, et comme eux il n'eut pas de successeur.

C'est aussi au commencement d'août que le colonel Falicon remit ses pouvoirs entre les mains d'un gouvernement provisoire, composé de MM. Napoleone Pepoli, Antonio Gamba, Cesare Albiani, Filgio Martinelli, Ferdinando Pinelli.

Le premier soin de ce gouvernement provisoire fut d'élire un chef qui, en centralisant le pouvoir entre ses mains, pût maintenir l'ordre et la sécurité. Ce chef fut le colonel Cypriani, connu par son dévouement à la cause italienne.

Ce même gouvernement provisoire s'empressa également de convoquer, comme on l'avait fait à Parme, à Modène et à Florence, une assemblée nationale ayant pour mission d'exprimer les vœux du pays sur ses futures destinées. Le 2 août, il publiait à cet effet une proclamation dont nous extrayons les passages suivants :

« Concitoyens des Romagnes,

« Il y a dans l'histoire des peuples des moments solennels qui décident des destinées de longues années. Vous devez comprendre que nous sommes arrivés à l'un de ces moments suprêmes. L'Europe a la conviction que, pour être tranquille et heureuse, l'Italie a besoin d'une organisation et d'institutions qui répondent à la civilisation de l'époque, aux exigences légitimes de la nation. Le grand homme qui s'est qualifié de premier soldat de l'indépendance italienne nous conserve sa sympathie et nous promet de concourir par tous les moyens à lui permis à la réalisation de nos vœux justes et raisonnables. A l'œuvre donc, avec zèle, concorde et confiance! »

Ce fut le 28 août qu'eurent lieu les élections des députés à cette assemblée nationale. Depuis plus d'un mois déjà un comité s'était constitué en prévision de ces élections.

Ce comité avait inauguré sa mission en publiant une proclamation dont voici les termes :

« Citoyens, la manifestation du vœu général sur l'organisation de la chose publique est le droit naturel de tout peuple.

« Ce droit a été solennellement proclamé par l'empereur des Français en face du monde comme la véritable base du droit public.

« Dans les graves circonstances où se trouve actuellement l'Italie, victorieuse sur les champs de bataille, mais où son avenir est remis encore une fois aux mains de la diplomatie, c'est à ce droit que les Italiens doivent recourir avec confiance en manifestant leurs vœux avec ordre.

« Que si la brave jeunesse des États romains a versé, elle aussi, son sang avec intrépidité pour la cause nationale, en illustrant le nom italien, ce noble sang serait perdu si tout citoyen qui le peut librement n'accourait pas accomplir son œuvre en manifestant sa volonté sur le futur régime de ces peuples.

« Modène, Parme, la Toscane, ont élevé la voix devant l'Europe et protesté contre toute pensée de restauration.

« Protestez, vous aussi, citoyens, et dites franchement ce que vous ne voulez pas, ce que vous désirez.

« Une déclaration explicite du vœu public, qui, repoussant le passé, aspire à être Italiens avec Victor-Emmanuel, est prête et vous attend.

« Citoyens qui pensez comme nous, accourez signer, et que vos suffrages se comptent par milliers.

« L'histoire récente des principautés danubiennes nous apprend que, dans les conseils des puissants, le véto des peuples est désormais aussi écouté.

« Bologne, 22 juillet 1859.

« Le comité,

« Prince RINALDO SIMONETTI, docteur RAMPONI, G. ZOBOLI, docteur RUSCONI, A. AGLEBERT. »

Ce qui s'était passé à Florence, à Modène, à Parme, se reproduisit à Bologne. Au commencement de septembre, l'assemblée nationale de la Romagne, suivant l'impulsion universelle, émit formellement un double vote dont le premier prononçait la déchéance du pouvoir temporel du pape et dont le second réclamait l'annexion du territoire des États de l'Église au royaume de Piémont ou plutôt au royaume de la haute Italie, car tel est déjà le titre que Victor-Emmanuel II reçoit des populations du nord et du centre de la Péninsule.

Les considérants du vote d'annexion furent les mêmes à Bologne qu'à Florence, comme ils avaient été les mêmes à Parme et à Modène. Mais ceux du vote de déchéance sont, à raison du caractère particulier de la situation civile et politique de la Romagne, conçus dans des termes spéciaux qui leur donnent une sorte d'importance historique. Voici le texte de ces considérants :

« Considérant que les peuples des Romagnes, après avoir eu dans les siècles passés des statuts et des lois propres, et avoir fait partie au commencement de ce siècle d'un royaume civil, ont été contre leur gré replacés en 1815 sous le gouvernement temporel pontifical;

« Considérant que ce gouvernement, sans rendre les anciennes franchises, a détruit toutes les bonnes institutions du royaume italique, et par sa mauvaise administration, notoire en Europe, a opprimé les sujets;

« Considérant que depuis lors l'histoire de ces provinces a été une douloureuse série de révolutions et de réactions, au point qu'enfin les mesures exceptionnelles et l'état de siége sont devenus la règle ordinaire du gouvernement;

« Considérant qu'un tel système a porté non-seulement une grave atteinte à la prospérité publique, mais a perverti encore le sens moral des populations et mis en péril perpétuel la tranquillité de l'Italie et de l'Europe;

« Considérant que toute tentative de réforme a été vaine, que les prières des peuples ont été inutiles, aussi bien que les conseils des potentats de l'Europe, et que toutes promesses ont été illusoires;

« Considérant que ce gouvernement s'est montré incompatible avec la nationalité italienne, avec l'égalité civile et avec la liberté politique;

« Considérant qu'il n'a pas même su défendre la vie et la propriété de ses sujets;

« Considérant qu'il a abdiqué de fait la souveraineté, lorsqu'il en a livré les plus nobles prérogatives aux mains des généraux autrichiens, qui pendant plusieurs années ont exercé le gouvernement civil et militaire dans ces provinces et en ont fait un cruel abus;

« Considérant qu'il ne peut se soutenir par ses propres forces, mais seulement par des armes étrangères et mercenaires, moyen incompatible avec la tranquillité publique et l'ordre stable;

« Considérant enfin que le gouvernement temporel pontifical est essentiellement et historiquement distinct du gouvernement spirituel de l'Église, pour laquelle la vénération de ces peuples ne sera jamais affaiblie;

« Nous, représentants des peuples des Romagnes, réunis en assemblée générale, en appelant à Dieu de la rectitude de nos intentions, déclarons :

« Que les peuples des Romagnes ne veulent plus du gouvernement temporel pontifical. »

Du reste, le gouvernement provisoire avait agi, même avant le vote de déchéance, comme si la cour de Rome avait perdu tous ses droits à la possession de la Romagne, en y promulguant le Code Napoléon et en prenant d'autres mesures analogues constituant une séparation de fait entre le gouvernement des cardinaux et la population des Romagnes.

C'est le 28 juillet 1859 que la mise en vigueur du Code Napoléon avait été décrétée dans les termes suivants :

« Considérant que la variété et l'inconstance de la législation sont une source d'incertitude du droit et une occasion de contestation;

« Considérant qu'une législation recueillie en un seul corps, uniforme, constant et inaltérable, est un besoin universellement senti par la civilisation et les aspirations des peuples indépendants;

« Considérant que l'expérience des premières années du siècle courant a suffi pour convaincre les populations de l'opportunité du Code civil Napoléon, comme monument de sagesse, et a fait de sa remise en vigueur un désir et un besoin universel.

« Décrète :

« Art. 1er. Sont abolis toutes les lois et tous les règlements civils et de procédure en vigueur; il leur est substitué et subrogé le Code Napoléon civil, organique de procédure.

« Art. 2. Le présent décret aura de l'effet à partir du 1er septembre 1859.

« Fait en conseil, ce 28 juillet 1859. »

La cour de Rome cependant n'acceptait aucun de ces actes et ne se résignait nullement à perdre les provinces insurgées. Ainsi, dès le 18 juin, le souverain Pontife condamnait tous les faits contraires à son autorité temporelle dans ces provinces, ainsi qu'on en peut juger par la pièce suivante :

PIE IX, PAPE.

« Vénérables frères,

« Salut et bénédiction apostolique. Les mouvements séditieux qui ont éclaté récemment en Italie contre l'autorité des princes légitimes dans les régions les plus voisines des États de l'Église ont envahi quelques-unes de nos provinces comme la flamme d'un incendie. Soulevées par ce funeste exemple, excitées par les intrigues du dehors, elles se sont soustraites à notre régime paternel, et, malgré leur petit nombre, les adhérents de la révolte demandent qu'elles soient soumises à celui des gouvernements italiens qui, dans ces dernières années, s'est porté l'adversaire de l'Église, de ses droits légitimes et de ses ministres sacrés. Réprouvant et déplorant les actes de la rébellion, par lesquels une portion seulement du peuple, dans ces provinces troublées, méconnait avec tant d'injustice notre zèle et nos soins paternels, et déclarant publiquement que la souveraineté temporelle, que s'efforcent de lui enlever les plus perfides ennemis de l'Église du Christ, est nécessaire à ce saint-siége pour qu'il puisse exercer sans nul empêchement la puissance sacrée pour le bien de la religion, nous vous adressons les présentes lettres, vénérables frères, pour chercher, au milieu 'un si grand trouble de la paix publique, quelque consolation à notre douleur. A cette occasion, nous vous exhortons aussi, en raison de votre piété déclarée envers le Siége apostolique et votre zèle singulier pour sa liberté, de veiller à l'accomplissement de la prescription que nous lisons avoir été faite autrefois par Moïse à Aaron, souverain pontife des Hébreux (*Nombres*, ch. XVI) : « Prends l'encensoir, et le feu de l'autel, et « jette l'encens dessus, et cours en toute hâte vers le peuple, afin que tu « pries pour eux; car déjà la colère du Seigneur est envoyée, et la plaie « fait rage. » De même, nous vous exhortons pour que vous répandiez des prières à l'instar de ces frères, Moïse et Aaron, qui, la face prosternée, dirent : « Très-puissant Dieu des esprits de toute chair, est-ce que, « pour les péchés de quelques-uns, votre colère se déchaînera contre tous? » (*Nombres*, ch. XVI.) C'est pourquoi, vénérables frères, nous vous envoyons les présentes lettres, dont nous attendons un grand soulagement, parce que nous avons confiance que vous répondrez surabondamment à nos désirs et à nos soins. Du reste, nous le déclarons hautement, revêtu de la vertu d'en haut, que Dieu, touché par les prières des fidèles, mettra dans notre faiblesse, nous affronterons tous les périls, nous subirons toutes les épreuves, plutôt que de manquer en rien à notre devoir apostolique ou que de faire quoi que ce soit contre la sainteté du serment par lequel nous nous sommes lié, lorsque, malgré notre indignité, nous avons été élevé, Dieu le voulait ainsi, sur ce siége suprême du prince des Apôtres, citadelle et rempart de la foi catholique. Pour l'accomplissement de votre charge pastorale, appelant sur vous, vénérables frères, toute allégresse et toute félicité, nous vous accordons pour vous et votre troupeau la bénédiction apostolique, gage de la céleste béatitude.

« Donné à Rome, près Saint-Pierre, le dix-huitième jour de juin de l'année 1859, de notre pontificat l'an quatorzième. »

Deux jours après, dans un consistoire secret tenu à l'occasion des premiers événements de Bologne, de Pérouse et de Ravenne, Sa Sainteté Pie IX prononçait une allocution dont voici les principaux passages :

« Vénérables frères,

« A la vive douleur dont, ainsi que tous les hommes de bien, nous nous sentons saisi, à raison de la guerre qui a éclaté entre nations catholiques, une autre, bien grande, vient s'ajouter : elle est causée par les déplorables désordres fomentés dans quelques provinces de nos États pontificaux par la criminelle et sacrilége audace d'hommes impies.

« Vous comprenez, vénérables frères, que nous gémissons ici de cette scélérate conjuration et rébellion de factieux contre notre souveraineté civile, sainte et légitime, et du saint-siége. Des hommes d'une iniquité extrême, demeurant dans ces provinces, ont osé tenter, fomenter et réaliser cette conjuration et rébellion par des réunions clandestines et iniques, par de honteuses menées, avec des personnes d'États limitrophes, par des publications calomnieuses, par des armes venues du dehors et par une foule d'autres artifices pervers. »

Suit le récit de ce qui s'est passé à Bologne le 12 juin. Les rebelles y ont poussé l'iniquité et l'impudence jusqu'à ne pas craindre de changer le gouvernement et de demander la dictature du roi de Sardaigne; à cette fin, ils ont envoyé leurs députés audit roi. L'allocution rappelle ensuite les faits coupables qui se sont passés à Ravenne et à Pérouse, où la dictature du roi de Sardaigne a été également invoquée. En affaiblissant et ruinant la puissance temporelle du souverain Pontife, les ennemis de la très-sainte religion cherchent surtout à s'attaquer à elle.

« Obligé, par le devoir de notre ministère apostolique et par serment solennel, à pourvoir avec une extrême vigilance à la défense de la religion et des droits et possessions de l'Église romaine en leur intérêt et inviolabilité totales, ainsi qu'à soutenir et conserver la liberté du saint-siége, liberté sans aucun doute attachée à l'avantage de toute l'Église catholique, et tenu en conséquence de défendre la souveraineté concédée par la divine Providence aux pontifes romains pour le libre exercice de la primatie ecclésiastique sur tout l'univers, et devant la transmettre entière et intacte à nos successeurs, nous ne pouvons que condamner hautement et détester les efforts et attentats impies et criminels des sujets rebelles et leur résister fortement.

« Par ces motifs, après avoir, par note de notre cardinal secrétaire d'État, envoyée à tous les ambassadeurs, ministres et chargés d'affaires accrédités auprès de nous et du saint-siége, réprouvé et détesté les violences de ces rebelles, aujourd'hui, en présence de votre très-respectable assemblée, vénérables frères, élevant notre voix de toute la force de notre âme, nous protestons contre tout ce que les rebelles ont osé faire dans lesdits lieux, et, de notre autorité suprême, nous condamnons, réprouvons, cassons et abolissons tous et chacun des actes à Bologne, Ravenne et Pérouse, et en tout autre lieu et à quelque titre que ce soit, qui auront été faits, par ces rebelles, contre notre souveraineté sacrée et légitime et contre celle du saint-siége, et nous déclarons et décrétons que lesdits actes sont nuls, illégitimes et sacriléges.

« De plus, nous rappelons à tous l'excommunication de premier ordre et les autres peines et censures ecclésiastiques lancées par plusieurs canons, les constitutions apostoliques et les décrets des conciles généraux, et notamment celui de Trente (XXIIe sess., chap. XI, *de Reform.*), qui seront encourues, sans qu'il soit besoin d'autres déclarations, par ceux qui, d'une manière quelconque, oseront s'attaquer à la puissance temporelle du Pontife romain, et nous déclarons qu'elles ont été déjà malheureusement encourues par tous ceux qui, à Bologne, Ravenne, Pérouse et ailleurs, ont osé, par acte, conseil, assentiment, et de toute autre manière, violer, troubler et usurper notre puissance et juridiction civile et celle du saint-siége et le patrimoine de Saint-Pierre.

« Soutenu par cette confiance en Dieu, nous sommes consolé par l'espérance que les souverains de l'Europe, comme par le passé, voudront encore aujourd'hui, d'un commun accord et avec sollicitude, mettre tous leurs soins à défendre et à conserver entière notre souveraineté temporelle et celle du saint-siége, attendu qu'il importe au plus haut point, à chacun d'eux, que le Pontife romain jouisse de la plus complète liberté, afin qu'il puisse être dûment satisfait à la tranquillité de la conscience des catholiques qui demeurent dans leurs États.

« Cette espérance, assurément, est encore accusée par ce fait que les armées françaises actuellement en Italie, suivant les déclarations de notre très-cher fils en Jésus-Christ l'empereur des Français, non-seulement ne font rien contre notre puissance temporelle et celle du saint-siége, mais encore les défendront et les maintiendront. »

Le 12 juillet, le souverain Pontife, s'adressant, par l'intermédiaire du secrétaire d'État, le cardinal Antonelli, aux puissances européennes, tenait aux souverains étrangers ce langage :

« Au palais du Vatican, 12 juillet 1859.

« Au milieu des craintes et des soucis occasionnés par la déplorable guerre actuelle, il semblait au saint-siége qu'il pourrait être tranquille après les nombreuses assurances qu'il avait reçues, assurances auxquelles était même venue se joindre celle que le roi de Piémont, sur le conseil de l'empereur des Français, son allié, avait refusé la dictature qui lui était offerte dans les provinces soulevées des États pontificaux. Mais il est douloureux de remarquer que les choses se passent tout autrement et qu'il s'accomplit sous les yeux du saint-père et de son gouvernement des faits qui rendent chaque jour plus inqualifiable la conduite du cabinet sarde envers le saint-siége, conduite qui démontre clairement qu'il veut enlever au saint-siége une partie intégrante de son domaine temporel.

« Depuis la révolte de Bologne, que Sa Sainteté a déjà eu l'occasion de déplorer dans son allocution du 20 juin, cette ville devint le rendez-vous d'une foule d'officiers piémontais venus de Toscane et de Modène dans le but de préparer des logements pour les troupes piémontaises. De ces États étrangers, ils introduisirent des milliers de fusils pour armer les révoltés et les volontaires, des canons pour accroître le trouble des provinces soulevées et rendre plus audacieux les perturbateurs de l'ordre.

« Un autre fait qui rend complétement illusoire le refus de la dictature est venu mettre le comble à cette violation flagrante de la neutralité, jointe à une active coopération pour maintenir l'émeute dans les États de l'Église. La nomination du marquis d'Azeglio en qualité de commissaire extraordinaire dans les Romagnes pour diriger le concours des légations à la guerre, et sous le prétexte spécieux d'empêcher que ce mouvement national n'amenât aucun désordre, est une véritable attribution de fonctions qui lèsent les droits du souverain territorial.

« Les choses ont marché avec une telle rapidité, que les troupes piémontaises sont déjà entrées sur le territoire pontifical, occupant Torte, Urbano et Castelfranco, où sont arrivés des bersaglieri piémontais et une partie de la brigade Real-Navi ; tout cela afin d'opposer avec les révoltés une résistance énergique aux troupes pontificales qui sont expédiées pour revendiquer le pouvoir usurpé dans les provinces rebelles et de créer de nouveaux obstacles à l'exécution de ce juste dessein.

« Enfin, pour compléter l'usurpation de la souveraineté légitime, deux officiers du génie, dont un Piémontais, ont été envoyés à Ferrare pour miner et détruire cette forteresse.

« De si odieux attentats, dans la perpétration desquels se manifeste une flagrante violation du droit des gens à plus d'un point de vue, ne peuvent que remplir d'amertume l'âme de Sa Sainteté et lui occasionner une vive et juste indignation, augmentée encore de la surprise de voir que de telles énormités sont le fait du gouvernement d'un roi catholique, qui avait accepté le conseil à lui donné par son auguste allié de refuser la dictature qui lui était offerte.

« Toutes les mesures prises pour prévenir et amoindrir cette série de maux ayant été vaines, le saint-père, non oublieux des devoirs qui lui incombent pour la protection de ses États et pour l'intégrité du domaine temporel du saint-siége, essentiellement connexe avec l'indépendant et libre exercice du suprême pontificat, réclame et proteste contre les violations et les usurpations commises malgré l'acceptation de la neutralité, et veut que sa protestation soit communiquée à toutes les puissances européennes ; confiant dans la justice qui les distingue, il croit qu'elles voudront lui donner leur appui et qu'elles ne permettront pas le succès d'une violation si ouverte du droit des gens et de la souveraineté du saint-père ; il espère qu'elles n'hésiteront pas à coopérer à sa revendication, et, à cet effet, il invoque leur assistance et leur protection.

« Le soussigné cardinal secrétaire d'État, conformément à l'ordre pontifical, envoie la présente note à Votre Excellence, avec prière de la transmettre à sa cour, et profite de cette circonstance, etc., etc.

« G. C. Antonelli. »

La cour de Rome ne laissait pas s'écouler un seul jour sans protester contre ce qu'elle appelait la révolte des Romagnes. Ainsi, le 15 juillet, Sa Sainteté Pie IX invite l'évêque d'Albano à célébrer de solennelles actions de grâces à l'occasion du rétablissement de la paix. La lettre adressée au prélat à ce sujet contient les mêmes plaintes. Voici, en effet, en quels termes elle est conçue :

« Monsieur le cardinal,

« Tout le monde catholique sait quels ont été, dans la présente lutte, en

Italie, nos sentiments, n'ayant pas nous-même en vue autre chose que le rétablissement de la paix; et, à cette fin, nous avons adressé à tout l'épiscopat nos lettres pour l'inviter à faire des prières publiques, afin d'obtenir du Dieu de la paix un si grand don. Maintenant que ce don a été obtenu, nous vous chargeons de prévenir les fidèles de cette capitale du christianisme, pour qu'ils assistent aux solennelles actions de grâces à offrir au Seigneur, qui a daigné faire cesser le plus terrible de tous les fléaux, la guerre.

« Quelles que doivent être les conséquences de cette paix, nous les attendrons avec calme, toujours confiant dans la protection que Dieu daignera accorder actuellement et toujours à son vicaire, à son Église et au maintien de leurs droits à tous deux.

« En conséquence, on récitera les prières ordinaires à la fin de la messe, substituant à l'oraison *Pro pace* celle *Pro gratiarum actione*. Remercier Dieu pour la paix obtenue entre les deux grandes puissances catholiques belligérantes est notre devoir ; mais continuer les prières est un véritable besoin, attendu que diverses provinces de l'État de l'Église sont encore en proie aux démolisseurs de l'ordre établi ; et c'est dans ces provinces que, de nos jours, une autorité usurpatrice étrangère proclame que *Dieu a fait l'homme libre de ses propres opinions, soit politiques, soit religieuses*, méconnaissant ainsi les autorités établies par Dieu sur la terre, auxquels sont dus l'obéissance et le respect; oubliant également l'immortalité de l'âme, qui, alors qu'elle passe du transitoire à l'éternel, devra rendre un compte tout spécial de ces opinions religieuses au juge tout-puissant, inexorable, apprenant alors, mais trop tard, qu'il n'y a qu'un Dieu et qu'une foi, et que quiconque sort de l'arche de l'unité sera submergé dans le déluge des peines éternelles.

« Il est donc évident qu'il faut continuer de prier Dieu pour qu'il daigne, en sa miséricorde infinie, rétablir la droiture de l'esprit et du cœur chez tous ceux qui ont été entraînés à s'éloigner du sentier de la vérité, et obtenir qu'ils pleurent, non sur les massacres imaginaires et mensongers de Pérouse, mais sur leurs propres fautes et sur leur aveuglement personnel. Cet aveuglement a poussé ces jours derniers une foule d'insensés, la plupart Israélites, à chasser violemment une famille religieuse de sa sainte retraite. Ce même aveuglement a produit bien d'autres maux qui affligent et saignent le cœur. Mais la prière est plus puissante que l'enfer, et toute chose demandée à Dieu par ceux qui seront assemblés en son nom sera infailliblement obtenue. Que demanderons-nous? que tous les ennemis de Jésus Christ, de son Église et du saint-siége, se convertissent et vivent.

« Recevez la bénédiction apostolique que nous vous envoyons de tout cœur.

« Au Vatican, 15 juillet 1859.

« PIE IX. »

Enfin, dans un nouveau consistoire tenu avant le 26 septembre, le Souverain Pontife renouvelait ainsi ses plaintes, au sujet de l'insurrection des Romagnes :

« Vénérables frères,

« Dans l'allocution que nous vous avons adressée au mois de juin dernier, le cœur plein de douleur, nous avons déploré, vénérables frères, tout ce qui a été fait par les ennemis de ce saint-siége à Bologne, à Ravenne et ailleurs, contre la souveraineté civile qui nous appartient légitimement à nous et à ce saint-siége. Nous avons de plus déclaré, dans la même allocution, qu'ils avaient tous encouru les censures et les peines ecclésiastiques portées par les sacrés canons, et nous avons décrété que tous leurs actes étaient nuls et sans valeur.

« Nous gardions l'espérance que ces fils rebelles, émus et touchés de nos paroles, voudraient rentrer dans le devoir; ils savent tous de quelle douceur et de quelle mansuétude nous avons toujours usé depuis le commencement de notre pontificat, et avec quel amour, avec quel zèle, au milieu des difficultés si graves des temps présents, nous avons constamment appliqué tous nos soins et toutes nos pensées à assurer, sous le rapport temporel, comme sous tous les autres, la prospérité et la tranquillité de nos peuples. Mais cet espoir a été complétement déçu. Soutenus par des conseils, par des instigations, par des secours de toutes sortes venus du dehors et sentant par là redoubler leur audace, ils n'ont reculé devant aucun attentat, et, portant le trouble dans toutes les provinces émiliennes soumises à notre pouvoir pontifical, ils les ont soustraites à notre souveraineté, à la souveraineté de ce saint-siége. Le drapeau de la défection et de la rébellion s'élevant dans ces provinces, et le gouvernement pontifical y étant renversé, on y a établi d'abord des dictateurs du royaume subalpin, qui ensuite ont pris le nom de commissaires extraordinaires et puis celui de gouverneurs généraux, et qui, s'arrogeant audacieusement les droits de notre pouvoir suprême, ont destitué des fonctions publiques ceux que leur fidélité bien connue envers le prince légitime faisait regarder comme incapables de s'associer à leurs desseins pervers. Ces hommes n'ont pas même craint d'usurper le pouvoir ecclésiastique, en soumettant à des lois nouvelles les hôpitaux, les orphelinats, les legs et les institutions pieux. Ils sont allés jusqu'à maltraiter des membres du clergé, les envoyant en exil ou les jetant en prison. Dans leur haine déclarée contre le siége apostolique, ils ont réuni le 6 de ce mois, à Bologne, une assemblée qu'ils appelaient l'Assemblée nationale des peuples de l'Émilie, et y ont promulgué un décret rempli de faux prétextes et de fausses accusations, par lequel, alléguant mensongèrement l'unanimité des populations, ils ont déclaré, au mépris des droits de l'Église romaine, qu'ils ne voulaient plus être soumis au gouvernement pontifical. Le jour suivant, nouvelle déclaration portant, comme c'est maintenant la coutume, que ces provinces veulent être annexées au domaine et au royaume du roi de Sardaigne.

« Au milieu de ces déplorables attentats, les chefs du parti ne cessent de travailler par tous les moyens dont ils disposent à corrompre les mœurs des populations, surtout en répandant des livres et des journaux imprimés, soit à Bologne, soit ailleurs, et dans lesquels on encourage toute espèce de licence, on outrage la personne du vicaire de Jésus-Christ, on livre à la risée les pratiques de la religion et la piété chrétienne, on tourne en ridicule les prières communément adressées à la très-sainte et immaculée Vierge Marie, Mère de Dieu, soit pour l'honorer, soit pour obtenir sa puissante protection. Dans les représentations théâtrales, il n'y a nul respect pour l'honnêteté publique, pour la pudeur et la vertu; les personnes consacrées à Dieu sont livrées à la dérision et au mépris.

« Voilà ce que font des hommes qui se disent catholiques, qui prétendent honorer et respecter la souveraine puissance et autorité spirituelle du Pontife romain. Il n'est personne, assurément, qui ne voie combien sont fausses de pareilles protestations, car ceux qui agissent de la sorte s'associent aux complots de ceux qui livrent au Pontife romain et à l'Église catholique la guerre la plus acharnée, et qui font tout ce qui dépend d'eux pour que, s'il était possible, notre divine religion et ses enseignements salutaires fussent à jamais extirpés et bannis de tous les esprits.

« Aussi, vénérables frères, vous qui êtes particulièrement associés à nos travaux et à nos peines, vous comprenez aisément quelle est notre douleur et à quel point nous partageons la tristesse et l'indignation que vous éprouvez avec tous les gens de bien.

« Mais ce qui nous console dans une si rude affliction, c'est que la partie de beaucoup la plus nombreuse des peuples de l'Émilie, contristés de tout ce qui se passe et s'abstenant avec soin d'y prendre part, demeurent fidèles au prince légitime et restent constamment attachés à notre pouvoir séculier et à celui du saint-siége; c'est aussi que tout le clergé de ces provinces, toujours digne des plus grands éloges, n'a rien eu de plus à cœur, au milieu de tout ce bouleversement, que de remplir fidèlement son devoir et de donner les meilleures preuves de sa parfaite soumission et de son respect envers nous et envers le siége apostolique, au mépris de toutes les difficultés et de tous les dangers.

« Maintenant, comme nous devons, à raison de notre charge, dont le poids est si lourd, et astreint par un serment solennel, défendre sans crainte la cause de notre très-sainte religion, garder courageusement de toute atteinte les droits et les possessions de l'Église romaine, défendre constamment notre souveraineté civile, celle de ce siége apostolique et la transmettre intacte à nos successeurs comme patrimoine du bienheureux Pierre, nous ne pouvions pas ne pas élever de nouveau notre voix apostolique, afin que tout l'univers catholique, et surtout nos vénérables frères dans le sacerdoce, dont nous avons reçu, au milieu des plus vives angoisses et avec une si grande consolation pour nous, tant et de si illustres témoignages d'amour, de zèle, de foi immuable envers nous, envers le saint-siége et le patrimoine du bienheureux Pierre, connaissent avec quelle force nous réprouvons ce que ces hommes ont osé entreprendre dans les provinces émiliennes de notre domination. C'est pourquoi, dans cette nombreuse assemblée, nous réprouvons tant les actes sus-mentionnés que tous les autres actes de rébellion, de quelque nom qu'on les appelle, qui ont été accomplis contre la puissance et l'immunité ecclésiastique, contre notre suprême pouvoir, contre la domination civile, souveraineté, puissance et juridiction du saint-siége, et nous les déclarons nuls et sans effet.

« Personne n'ignore que tous ceux qui, dans ces provinces, ont coopéré aux actes ci-dessus, par conseil, par adhésion, ou les ont favorisés de quelque autre manière, ont encouru les censures et les peines ecclésiastiques que nous avons rappelées dans notre précédente allocution

« Au reste, vénérables frères, adressons-nous avec confiance au trône de la grâce, afin que, par le secours divin, nous obtenions consolation et courage, au milieu de tant de calamités, et ne cessons pas, par nos prières assidues et ferventes, de supplier, d'implorer humblement le Dieu riche en miséricorde, afin que, par sa toute-puissante vertu, il rappelle à de meilleures pensées et dans les voies de la justice, de la religion et du salut, tous ceux qui s'en sont écartés, et parmi lesquels il en est quelques-uns peut-être qui, malheureusement trompés, ne savent ce qu'ils font. »

Dans la Romagne, comme dans les duchés, par l'inexorable logique des faits et l'irrésistible entraînement des esprits, les événements dépassaient et trompaient les prévisions des plus clairvoyants, et préparaient un dénoûment inattendu, en créant aux populations la nécessité de se placer sous la protection de la maison de Savoie.

La ville de Rome elle-même frémissait sourdement d'impatience aux nouvelles qui lui arrivaient du dehors, et, n'osant secouer l'autorité temporelle du pape, elle manifestait du moins ses sympathies pour la cause italienne, en applaudissant aux victoires de Magenta et de Solferino et, en osant offrir deux épées d'honneur, l'une, à Napoléon III, l'autre à Victor-Emmanuel II.

Un comité composé du prince Gabrielli, du marquis Gavolli, de Ruspoli, de Silvestrelli, de Maitricola et de Santangelli, s'est mis à la tête de la souscription qui a été une véritable manifestation publique par la quantité et par la qualité des citoyens qui ont voulu y participer. Le célèbre Castellani, chargé du travail d'art de ces deux épées, a gravé sur la lame de chacune d'elles deux phrases du discours du roi de Piémont au parlement sarde et de la proclamation de Napoléon III au peuple français.

La présence de l'armée française contenait seule, contient seule encore l'explosion de l'esprit de révolte dans la ville éternelle. Il a fallu, à coup sûr, toute la prudente fermeté du général comte de Goyon qui commande cette armée pour que la tranquillité de Rome n'ait pas été troublée. Dès le 23 mai, cet officier publiait l'ordre du jour suivant :

« Au quartier général à Rome, le 23 mai 1859.

« Son Excellence l'ambassadeur de France arrive d'Alexandrie, où il a eu l'honneur de voir l'Empereur. Sa Majesté l'a chargé de vous exprimer toute sa satisfaction de votre conduite et de votre attitude à Rome. Ajoutons que je devais faire connaître par la voie de l'ordre que les services rendus par vous au Saint-Père et à son gouvernement sont considérés par notre Empereur comme ayant une si haute importance, qu'il vous le prouvera un jour par des marques de sa bienveillance.

« Je suis heureux et fier d'avoir à transmettre à ma belle et bonne division de pareils témoignages, et j'ai la confiance qu'elle se conduira toujours de manière à les justifier et à les mériter.

« *Le général commandant la division*,

« Comte DE GOYON. »

Tels sont les sentiments qui ont inspiré constamment le général comte de Goyon dans sa conduite et qui lui ont permis de conserver un double ascendant sur l'armée d'occupation, dans l'intérêt de l'ordre et de la discipline, sur la cour de Rome, pour empêcher le Souverain Pontife de compromettre sa situation par une démarche imprudente, en désertant la capitale du monde chrétien, afin de se réfugier à Gaëte ou à Majorque, comme il en a eu la pensée.

La municipalité romaine était si persuadée que le maintien de la tranquillité publique était en grande partie le résultat de cette attitude habile et prudente du comte de Goyon, qu'elle voulait lui en témoigner sa reconnaissance, en inscrivant son nom sur la liste des patriciens. Voici comment le *Journal de Rome* du 20 août rend compte de la manière dont cette résolution a été portée à sa connaissance :

« La municipalité romaine, réunie le 27 juillet, sous la présidence de Son Éminence le cardinal Roberto Roberti, président de Rome, voulant donner à Son Excellence le général de division comte de Goyon, aide de camp de Sa Majesté l'Empereur Napoléon III, commandant en chef les troupes françaises à Rome et Civita-Vecchia, un témoignage de la reconnaissance publique pour la sollicitude avec laquelle il a toujours concouru au maintien de l'ordre et de la tranquillité dans des temps difficiles, a résolu, à l'unanimité, d'inscrire Son Excellence sur la liste des membres du patriciat romain, et, de plus, de faire frapper une médaille d'or en son honneur.

« Le Saint-Père, avec sa bienveillance ordinaire, a daigné approuver cette pensée, et, voulant ajouter encore à cette distinction, il a daigné, par résolution du 3 août, condescendre à un autre désir louable de la municipalité, en étendant à la femme du général et à leurs enfants l'admission à la noblesse romaine.

« Le 14 août, Son Excellence le marquis Escalleo Antici Mattei, sénateur de Rome, s'est rendu, avec la municipalité, au palais Ruspoli, résidence de Son Excellence le général comte de Goyon, pour remettre à ce dernier les lettres-patentes en date du 6 août courant. Cette députation a été reçue par le général avec la distinction due à la position des membres dont elle se composait. Le général était entouré de ses aides de camp et d'officiers d'état-major. Le sénateur a adressé au général un discours qui exprimait les sentiments de bienveillance de la capitale pour lui et ses braves subordonnés, ainsi que l'appréciation de leurs services émanée de la municipalité romaine.

« Le général de division, comte de Goyon, ayant reçu des mains du sénateur le brevet qui ajoute à tous les titres dont il est déjà décoré le nouveau titre très-éclatant, a dit :

« La très-honorable récompense qui m'a été décernée est de beaucoup

« supérieure aux services que j'ai rendus. Parfaitement secondé par mes « braves subordonnés, je n'ai fait que remplir mon devoir d'après les « inspirations de mon cœur, et en obéissant aux ordres reçus de Sa « Majesté l'empereur Napoléon III, mon maître. J'accepte avec orgueil ce « brevet, plutôt comme une preuve de la bienveillance du Saint-Père et de « la municipalité de Rome que comme un témoignage d'une reconnais- « sance que je ne crois pas avoir méritée. Toutefois je suis heureux d'y « voir la preuve que j'ai bien rempli les ordres de l'empereur Napoléon. »

« Le général a ajouté qu'il saurait toujours, en quelque circonstance que ce soit, et secondé par les braves troupes qu'il a l'honneur de commander, remplir son devoir et prouver de plus en plus son respectueux dévouement à la personne vénérée du Saint-Père, ainsi que l'intérêt qu'il prendra toujours à concourir à assurer le calme et l'ordre dans la ville sainte, dans la ville éternelle. »

Deux mois plus tard, le général comte de Goyon prévenait par son énergie les scènes de désordre dont Rome allait être le théâtre, à l'occasion du départ de cette ville, du ministre piémontais, qui avait reçu du gouvernement pontifical l'injonction de s'éloigner des États de l'Église, ainsi que le constate la circulaire suivante adressée par le cardinal Antonelli à tous les fonctionnaires :

« Les actes exercés par le Piémont dans la Romagne pendant la guerre d'Italie, malgré la neutralité reconnue du gouvernement du saint-siége, la conduite ultérieure du gouvernement piémontais, conduite qui viole le droit des gens aussi bien que la sainteté des traités, enfin l'acceptation du roi Victor-Emmanuel lorsque les députés de la soi-disant assemblée nationale de la Romagne, révoltée contre son souverain légitime, vinrent lui offrir l'incorporation de leurs provinces au royaume de Sardaigne, tout ceci ne permettait pas de souffrir plus longtemps à Rome et dans les États de l'Église la présence du chargé d'affaires intérimaire de Sardaigne.

« Comme en tolérant cette présence on eût compromis au delà de toute mesure la dignité et la position du Saint-Père, on a, le 1er octobre, envoyé au chargé d'affaires et à tout le personnel de sa légation, qui a maintenant cessé d'exister, les passe-ports nécessaires. Malgré cela, le chargé d'affaires continua de résider à Rome jusqu'au 9, et ce jour-là, à quatre heures après-midi, il prit le chemin de Florence. Comme il a donné lieu par cette conduite au soupçon fondé de vouloir, à l'aide de ses partisans, organiser une démonstration quelconque en sa faveur, il a fallu, de concert avec le commandant des forces françaises, prendre des mesures pour prévenir tout malheur et maintenir l'ordre public, ce qui a été fait de tout point. »

Le ministre sarde emportait, en partant, la certitude que le gouvernement du pape était dépopularisé, même dans Rome, et il pouvait, en rentrant à la cour de Turin, donner à Victor-Emmanuel II la certitude que, sans qu'il s'en mêlât, les Romagnes d'abord et ensuite les Marches, feraient un jour partie des domaines de la maison de Savoie, du moment qu'il n'y aurait pas, ce qui serait préférable, de royaume de l'Italie centrale.

On va voir, en effet, la Romagne faire désormais, plus résolûment encore que par le passé, cause commune avec la Toscane, le Parmesan, le Modenais, et entrer dans ce qu'on a appelé depuis la ligue de l'Italie centrale.

XI

TRIOMPHE DES ANNEXIONISTES

Les faits vont marcher désormais avec rapidité et avec ensemble vers un dénoûment que la France n'a pas cherché, que l'Europe n'a pas voulu, que l'Italie n'aurait pas désiré peut-être, s'il y avait eu pour elle une autre garantie d'indépendance.

Je supprimerai les détails pour n'indiquer que les généralités caractéristiques.

Après les votes de déchéance des anciens pouvoirs et d'annexion aux provinces sardes, la première pensée des hommes qui conduisaient le mouvement politique à Bologne, à Parme, à Modène et à Florence fut de s'assurer le concours de l'empereur des Français et du roi de Piémont.

Les Toscans continuaient quelque temps encore à agir isolément, en dehors des États de Parme et de Modène qui ne formaient déjà plus qu'une seule unité et qui devaient bientôt absorber la Romagne dans cette unité compacte.

Tout d'abord l'assemblée toscane prit la résolution d'envoyer à Turin auprès de Victor-Emmanuel II une députation chargée de lui présenter une adresse et de lui exprimer les vœux du peuple, en faveur de l'annexion.

Voici le texte de l'adresse destinée au roi de Piémont :

« Majesté,

« Un vote unanime de l'assemblée nationale, interprète fidèle des sentiments de tout un peuple, a solennellement proclamé la volonté de la Toscane de faire partie d'un royaume italien sous le sceptre constitutionnel de Votre Majesté. Le gouvernement de la Toscane, chargé d'implorer de la bienveillance de Votre Majesté un favorable accueil pour ce vote, a accepté cette très-haute mission avec la joie que donne l'accomplissement d'un grand devoir, alors qu'il est en même temps la satisfaction d'un long et très ardent désir.

« Majesté,

« Si cet hommage de confiance et de dévouement du peuple toscan n'avait pas d'autre objet, s'il ne devait pas avoir d'autre effet que de procurer à Votre Majesté un agrandissement de son État, nous pourrions douter du succès de nos prières ; mais, le vote de l'assemblée toscane ayant été dicté par l'amour de la nationalité italienne et se proposant la grandeur et la prospérité de la patrie commune, nous sommes soutenus par l'espérance que la pensée de l'Italie l'emportera dans votre âme généreuse sur toute autre pensée, et que Votre Majesté daignera donner à la Toscane la joie de son auguste acquiescement aux vœux qu'avec tant d'effusion, de reconnaissance et de foi ses légitimes représentants ont exprimés à la face du monde.

« Florence, le 31 août 1859.

« *Signé :* B. Ricasoli, C. Ridolfi, E. Poggi, R. Basacca, V. Salvagnoli, P. de Cavero, C. Bianchi. »

Les députés porteurs de cette adresse se rendirent à Turin par Gênes dans les premiers jours de septembre.

Le maire de Gênes accueillit cette députation avec une faveur significative. Il leur donna même lecture d'une adresse du conseil municipal dans laquelle il était dit que les vœux de la Toscane seront approuvés par le généreux allié du magnanime roi de Sardaigne qui a tant fait et dont on attendait encore tant au bénéfice de l'Italie, et sanctionnés par les autres grandes puissances européennes, à la sagesse et à la justice desquelles l'assemblée florentine avait eu raison de se confier. « Désormais, ajoutait le maire de Gênes, rien n'empêchera plus les Italiens d'être les maîtres d'eux-mêmes, et d'arriver un jour au sublime rang qui fut le rêve de tant de grands hommes et l'aspiration de tant de siècles. »

Stimulée par l'exemple de Gênes, la ville de Turin fit à cette même députation une réception splendide. La municipalité eut l'heureuse idée d'aller la recevoir à la gare, avec un grand nombre de membres du Parlement. Déjà une proclamation du maire de la capitale du royaume sarde avait annoncé l'arrivée des envoyés de la Toscane. Cette proclamation était ainsi conçue :

« Concitoyens !

« Le plus illustre peuple de l'Italie moderne, celui qui plus que tout autre a aidé à dissiper les ténèbres de la barbarie, dont ainsi qu'elle l'Europe était enveloppée, à prendre l'initiative et favoriser le développement de la civilisation ; qui, plus que tout autre, s'est distingué par sa sagesse dans son organisation civile, son étude des arts de la paix ; qui a été fort pour protéger sa liberté et son indépendance ; ce peuple donne aujourd'hui un nouvel exemple de vertu civique, subordonnant les rivalités de province à l'amour sacré de la patrie commune.

« Le peuple toscan, par un vote libre et unanime, demande à unir son sort à celui du peuple piémontais ; il entend et veut confier ses destinées au brave et loyal roi, notre Victor-Emmanuel II. Répondons à cette honorable preuve d'estime et de confiance avec toute la reconnaissance et toute l'affection possibles. Puissent les députés de l'Assemblée toscane être convaincus, par notre accueil, que le peuple piémontais, ni faible ni fanfaron, sera toujours disposé à remplir le devoir d'un frère et prêt à affronter, à tout événement, avec l'âme tranquille, le jugement de la conscience publique et de l'histoire. »

Le soir, la ville entière fut illuminée ; deux jours après, un banquet fut offert officiellement par le Parlement piémontais à la députation toscane, qui, ayant ensuite été solennellement reçue par Victor-Emmanuel II, en présence de toute la cour de Turin, présenta l'adresse déjà citée.

Voici la réponse du roi de Piémont à cette adresse :

« Je suis profondément reconnaissant du vœu de l'Assemblée toscane, dont vous êtes auprès de moi les interprètes ; je vous en remercie, et avec moi vous en remercient aussi mes peuples. Je reçois ce vœu comme une manifestation solennelle de la volonté du peuple toscan, qui, en faisant cesser sur cette terre, naguère la mère de la civilisation moderne, les derniers vestiges de la domination étrangère, désire contribuer à la constitution d'un royaume fort, qui mette l'Italie en mesure de suffire à la défense de son indépendance.

« L'Assemblée toscane a compris toutefois, et avec elle l'Italie tout entière comprendra que la réalisation de ce vœu ne pourra être effectuée qu'à l'aide des négociations qui auront lieu pour l'organisation des affaires italiennes.

« Secondant votre désir, fort des droits qui me sont conférés par votre vote, je défendrai la cause de la Toscane devant les puissances dans lesquelles l'Assemblée, avec une grande sagesse, a mis ses espérances, et surtout auprès du généreux empereur des Français, qui a tant fait pour la cause italienne.

« L'Europe ne refusera pas, j'espère, d'accomplir vis-à-vis de la Toscane l'œuvre réparatrice que, dans des circonstances moins favorables, elle a déjà accomplie en faveur de la Grèce, de la Belgique et des principautés de Moldavie et de Valachie. Messieurs, en ces derniers temps votre noble pays a donné un admirable exemple de modération et de concorde! A ces vertus, que l'école du malheur a enseignées à l'Italie, vous ajouterez, j'en suis certain, celle qui sait vaincre les épreuves les plus ardues et assurer le triomphe des justes entreprises, la persévérance! »

Cette même députation prit la résolution de se rendre auprès de Napoléon III, qui ne la reçut qu'à son retour de Biarritz, au palais de Saint-Cloud, dans les premiers jours d'octobre. L'empereur des Français l'accueillit avec beaucoup de bienveillance, mais ne s'exprima qu'avec une extrême réserve, se bornant à lui donner l'assurance que la force ne serait point employée contre la Toscane pour la contraindre à rentrer sous l'obéissance de la maison de Lorraine. Enfin les députés de Florence ne purent jamais parvenir à être reçus officiellement par le prince régent de Prusse.

Rien n'était donc encore décidé à l'égard du sort futur de la Toscane à cette époque. Le roi de Sardaigne voulait, mais n'osait pas laisser voir qu'il voulait l'annexion ; l'empereur des Français n'était pas disposé à la vouloir ; la Prusse ne la prévoyait même pas.

L'irrésolution, plus grande au sujet de la Romagne, se prolongea plus longtemps encore. L'Assemblée de Bologne, elle aussi, envoya au roi de Sardaigne une députation, qui devait également se rendre auprès de l'empereur des Français. Napoléon III ne crut pas devoir lui accorder l'audience qu'elle sollicitait de sa bienveillance. Victor-Emmanuel II l'avait accueillie à Monza, entouré de tous ses ministres. Cette audience eut lieu le 24 septembre. D'après la *Gazette piémontaise*, qui raconte l'entrevue du roi de Sardaigne et des envoyés de Bologne, cette entrevue eut lieu à onze heures du matin. La députation était composée de MM. Joseph Scarabelli, vice-président de l'assemblée des Romagnes ; comte G. Bentivoglio, comte G. Gozzadini, marquis L. Tonari, comte V. Salvoni, comte L. Laderchi, et M. Ange Marescotti. Ils ont été introduits auprès de Victor-Emmanuel II, en présence des ministres et des dignitaires de la cour. M. Scarabelli a alors donné lecture de l'adresse suivante :

« Sire,

« Les populations des Romagnes, après avoir revendiqué leur droit, ont proclamé, par le vote unanime de l'assemblée légalement constituée, leur annexion au royaume de Sardaigne. Les qualités que l'Italie entière aime et admire en Votre Majesté, votre loyauté dans la paix, votre bravoure dans la guerre, ont conquis tous les cœurs, et la plus noble des victoires a été celle de l'influence morale. Mais ce vœu d'annexion n'a pas été seulement un élan d'enthousiasme, il a été encore un calcul de mûre raison. Les Romagnes, travaillées pendant quarante ans par les dissensions civiles, aspirent à clore l'ère des révolutions et à fonder un ordre de choses stable et définitif. Tout en professant un complet respect pour le chef de l'Église catholique, elles veulent un gouvernement qui assure l'égalité civile, la nationalité italienne, l'ordre et la liberté. La monarchie constitutionnelle de Votre Majesté est la seule qui puisse nous donner ces biens.

« Les traditions de la maison de Savoie, qui a su s'identifier avec les aspirations de ses peuples, la nature guerrière du Piémont, sa forte organisation, ses institutions libérales, les sacrifices faits pour la cause italienne, sont un sûr garant que, dans l'intime union avec vos autres provinces, nous trouverons l'organisation définitive compatible avec l'indépendance nationale et les destinées de la patrie commune.

« Agréez nos vœux, Sire; défenseur de notre cause devant l'Europe, vous ferez une très-noble chose : vous redonnerez la tranquillité et la prospérité à ces provinces qui ont souffert le plus longtemps pour l'amour de l'Italie. »

Voici maintenant le texte de la réponse du roi :

« Je suis reconnaissant des vœux des populations des Romagnes dont vous êtes, messieurs, les interprètes auprès de moi. Prince catholique, je conserverai, en tout événement, un profond et inaltérable respect pour le chef suprême de l'Église. Prince italien, je dois me souvenir que l'Europe, reconnaissant et proclamant que la condition de votre pays appelait de promptes et efficaces mesures, a contracté des obligations formelles vis-à-vis de lui.

« J'accueille toutefois vos vœux, et, fort du droit qu'ils me confèrent, je soutiendrai votre cause devant les grandes puissances. Ayez foi dans leur sagesse et leur justice; ayez foi dans le généreux patronage de l'empereur des Français, qui voudra compléter la grande œuvre de réparation à laquelle il a si puissamment mis la main et qui lui assure la reconnaissance de l'Italie entière.

« La modération qui a présidé à vos actes dans les plus douloureux moments d'incertitude a démontré, par l'irrésistible preuve des faits, que dans les Romagnes l'espérance seule d'un gouvernement national suffirait pour apaiser les désordres civils.

« Recevez mes remercîments, messieurs; lorsqu'aux jours de la lutte nationale vous avez envoyé de nombreux volontaires qui ont déployé tant de bravoure sous mes drapeaux, vous compreniez que le Piémont ne combattait pas pour lui seul, mais pour la patrie commune. Maintenant, en conservant l'unanimité de volonté et en maintenant intact l'ordre intérieur, vous faites l'œuvre la plus chère à mon cœur et celle qui peut le mieux assurer votre avenir. L'Europe comprendra que c'est un commun devoir, comme il est de l'intérêt commun, de clore l'ère des révolutions italiennes en donnant satisfaction aux votes légitimes des peuples. »

Évidemment, à l'égard de la Romagne, Victor-Emmanuel II agissait encore sous l'influence d'une pression de la France contraire à l'annexion de cette province, comme à l'annexion de la Toscane au royaume de Sardaigne.

Mais déjà des résolutions différentes avaient été prises au sujet des duchés de Parme et de Modène, dont les envoyés avaient obtenu du roi de Piémont la certitude d'un appui plus décidé, donnée dans un langage plus ferme. Napoléon III lui-même s'était montré plus accessible pour ces mêmes envoyés. Ainsi ceux de la dernière de ces deux villes, ayant porté à l'empereur des Français, qui était alors à Saint-Sauveur, une adresse de l'assemblée nationale, rapportèrent de cette visite des paroles d'encouragement significatives. Voici le texte de cette adresse :

« Majesté,

« Les représentants des provinces de Modène, à peine réunis en assemblée souveraine, ont vivement senti le besoin de s'adresser à Votre Majesté, en faisant acte d'hommage, de reconnaissance et de confiance.

« L'assemblée, reconnaissant en vous le souverain magnanime qui se consacre constamment à protéger le droit du faible, s'adresse avec confiance et reconnaissance à l'âme généreuse de Votre Majesté, bien digne de gouverner l'héroïque nation qui, en paix comme en guerre, est toujours à l'avant-garde du progrès et de la civilisation.

« L'assemblée, invoquant votre puissant patronage, compte persévérer avec une constance à toute épreuve dans la rénovation politique des provinces sur les bases solides des droits sacrés des nations devenus désormais, de par le génie de Votre Majesté, le véritable droit des gens. »

Au retour de leur mission, les envoyés de Modène s'exprimèrent ainsi qu'il suit dans la *Gazette de Modène*, qui leur servit d'organe auprès de leurs compatriotes :

Aux députés de l'assemblée nationale dans les provinces de Modène.

« Les soussignés tiennent à honneur et se font un devoir d'informer leurs honorables collègues qu'en vertu du mandat dictatorial rendu en exécution du décret de l'assemblée, ils se sont rendus à Saint-Sauveur, en France, à titre de députés de ladite assemblée près Sa Majesté Napoléon, pour lui faire hommage de l'adresse votée par l'assemblée, par acclamation, aussitôt qu'elle a été constituée.

« Les soussignés sont charmés d'annoncer que la députation, à peine arrivée à Saint-Sauveur, a été accueillie avec la plus grande bienveillance. L'auguste souverain a daigné recevoir l'adresse en disant : « Qu'aucune « force étrangère ne combattrait la volonté de ce pays, dans le but de « nous imposer le prince déchu, qui, à beaucoup d'égards, est désormais « reconnu impossible par tous. »

« Notre magnanime protecteur, qui est aussi celui de la patrie commune, daignant répondre à l'adresse que nous lui avions remise, nous a donné l'honorable et agréable mandat de dire à l'assemblée « qu'il était « grandement ému de la confiance mise en lui. Si quelque difficulté s'op- « posait encore à l'entière exécution de nos vœux, jamais sa protection « ne nous ferait défaut. » Il a ajouté qu'il ferait tout ce qu'il pourrait « pour le bonheur de l'Italie en général et de ces provinces en parti- « culier.

« *Signé*, le président GIUSEPPE MALMUSI ;
« le député CAMILLO FONTANELLI. »

La ville de Parme, de son côté, avait député, dès le commencement du mois d'août, son maire, le comte Felipo Linati, auprès de Victor-Emmanuel II et auprès de Napoléon III. Victor-Emmanuel II l'avait accueilli comme un futur sujet, et Napoléon III, qui le reçut à Paris même, lui donna l'assurance formelle que les vœux de ses concitoyens, quels qu'ils fussent, seraient respectés. Voici comment cet envoyé s'exprimait, à son retour à Parme, dans une proclamation qui fut placardée sur les murs de la ville :

« Habitants des États de Parme !

« Pendant que les cent mille soldats de la guerre italienne défilaient avec une joyeuse et superbe solennité pendant six heures à Paris, et que les drapeaux et les canons de l'Autriche rappelaient à la France ses victoires et nos espérances, je présentais à Napoléon III l'expression de nos vœux et de nos désirs. Sa réponse a été digne de lui ; elle a été conforme à la solennité de ce jour : « Dites aux populations qui vous ont envoyé au-« près de moi que mes armes ne violenteront jamais leur volonté, et que « je ne permettrai pas qu'aucune force étrangère vous fasse violence ! » Ces paroles vous font les arbitres de vos destinées ; je serai fier toute ma vie de les avoir rapportées.

« M. LINATI. »

D'autres missions analogues furent ultérieurement données par les cités de Parme et de Modène à d'éminents citoyens de ces deux villes, dont ils furent chargés de faire connaître de nouveau les intentions, et de plaider les intérêts à Turin, à Paris et à Londres.

On voit les chefs du mouvement annexioniste travailler, avec une rare prudence et une habileté remarquable, à s'assurer le concours actif de Victor-Emmanuel II et de Napoléon III ; on les voit, à force de déférence et de fermeté, placer ces deux souverains dans l'impossibilité de soutenir par la force la restauration des gouvernements de l'Italie centrale, déclarés déchus par des assemblées régulièrement élues, interprètes légitimes du vœu populaire, et composées des représentants légaux de la nation.

Ces chefs ont été admirables d'esprit de conduite, de sens politique, de modération de langage. Bien décidés à sacrifier les anciennes traditions fédérales de leur pays à ce qu'ils croient être l'intérêt suprême et la nécessité dominante du moment; bien résolus de travailler à l'union compacte de toutes les forces vives de la haute Italie, en y constituant un seul État qui puisse être en mesure de lutter avec succès contre l'Autriche et de secourir Venise, ils évitent tout ce qui pourrait fournir à l'Europe un prétexte d'intervention.

Les événements qui se succèdent à Parme, à Modène, à Florence, à Bologne, attestent une direction générale s'inspirant d'une pensée unique. Cependant ces quatre États, qui étaient distincts, agissent d'abord séparément et manifestent, chacun de son côté, leur intention de se réunir au Piémont. C'est seulement lorsque tous, ayant agi dans leur indépendance et leur individualité propres, ont exprimé, par des votes analogues, le même désir, qu'on voit les gouvernements provisoires qu'ils ont élus se concerter pour une action militaire commune et préparer de fait, d'une part leur unification, d'autre part leur réunion au Piémont, par l'adoption d'une législation et d'une organisation uniformes, qui sont la législation et l'organisation sardes.

Voyons d'abord comment les inspirateurs du mouvement annexioniste ont procédé à l'égard de l'union militaire.

On sait que le général Ulloa avait été nommé, par le premier gouvernement provisoire toscan, général en chef du corps des chasseurs des Apennins, et que ce corps comprenait tous ceux des volontaires italiens qui ne faisaient pas partie du corps des chasseurs des Alpes, commandés par Garibaldi.

On sait aussi que le général Ulloa, qui avait accompagné le prince Napoléon en Lombardie, y ayant trouvé la paix conclue, était revenu à Florence où il publiait l'ordre du jour suivant :

« Soldats de l'armée toscane,

« Dans un moment solennel pour notre patrie, en ce moment où notre gouvernement travaille à constituer libéralement le pays et à tenir d'une main ferme, contre tous les obstacles, la bannière constitutionnelle italienne, j'éprouve, ô soldats! le besoin de vous faire entendre ma voix, pour vous rappeler ce que vous avez fait et ce qu'il vous reste à faire. Soumis par un souverain étranger et un général étranger à la politique de l'esclavage, vous avez secoué le joug, vous avez senti que vous étiez Italiens, et, de votre main puissante, vous avez brisé l'obstacle, entraînant avec vous, dans un mouvement calme et digne, un pays qui veut recouvrer sa liberté. Vous êtes accourus dans les champs de la Lombardie, et vous avez enduré les fatigues d'une longue et pénible marche sans exhaler une seule plainte, et n'ayant d'autre espérance, d'autre désir, que celui de joindre l'ennemi, et, au prix de votre sang, de rendre à votre pays la liberté qu'on lui refusait depuis tant d'années; arrivés devant l'ennemi, sur le point de vous mesurer avec lui, la nouvelle d'un armistice conclu, puis d'une paix offrant les caractères de la stabilité, est venue soudainement vous frapper de douleur. La gloire des combats n'a point couronné vos armes; mais dans vos cœurs généreux brillait le désir de vivre libre ou de mourir pour la liberté. La conscience d'avoir fait dans ce but tout ce qu'il était en votre pouvoir de faire satisfait votre honneur de citoyens et vos susceptibilités guerrières. Les éloges que vous ont décernés le prince Napoléon et le général la Marmora retentissent dans vos cœurs et les réconfortent contre toute défaillance; les murmures de quelques rares partisans de l'ancien système arriveront à peine à votre oreille et n'y laisseront aucun souvenir.

« Soldats! aujourd'hui la voix de votre pays vous rend complète justice. Délivrée du gouvernement d'un prince autrichien et heureuse de reconquérir sa propre indépendance, la Toscane déclare Léopold d'Autriche et sa dynastie déchus du trône, et attend avec impatience le moment où le suffrage des citoyens lui permettra de se jeter dans les bras du roi honnête homme, du roi soldat, du brave Victor-Emmanuel, qui, dans les champs de Palestro et de San-Martino, a conquis la souveraineté sur les cœurs des Italiens.

« Ainsi que nous, les duchés qui ont recouvré leur liberté sont menacés par leurs souverains détrônés ; ils sont prêts à se défendre. La Toscane a fait cause commune avec eux, et nous sommes d'accord pour défendre le droit qu'ont ces peuples d'exprimer librement leurs vœux, et pour empêcher à jamais la restauration des dynasties autrichiennes.

« Soldats ! la Toscane, sans désordre, sans effusion de sang, est rendue à la liberté ; consacrez-lui vos armes, pour assurer son salut et sa sécurité future ! Les citoyens de la Toscane sont unis dans un seul sentiment pour déclarer hautement l'aversion qu'ils éprouvent contre le retour de l'ancien ordre de choses, et le pays, plein de la sécurité qu'il puise dans ses propres forces, se prépare à jouir des bienfaits du gouvernement constitutionnel.

« Soldats, nous soutiendrons, fût-ce au prix de notre vie, cette politique, qui est la nôtre ; nous défendrons notre drapeau contre tout ennemi, et sera considéré comme notre ennemi quiconque voudra nous imposer un gouvernement autrichien et un prince expulsé. Et la patrie, confiante en votre garde, attendra tranquillement le résultat de ses libres vœux.

« Et si dans l'accomplissement de cette sainte mission nous rencontrons de grands obstacles, si nous avons à combattre de nombreux ennemis, alors vos vœux seront accomplis, et les armes toscanes auront leur part dans les glorieuses batailles de la liberté.

« Le lieutenant général commandant la division toscane,

« GIROLAMO ULLOA. »

Le 15 août, le général Ulloa fit accepter sa démission et fut remplacé par le général Garibaldi. En se démettant de ses fonctions de général en chef de l'armée toscane, qui, après avoir été connue sous le nom de chasseurs des Alpes, allait s'appeler la onzième division de l'armée italienne, Ulloa publia un ordre du jour dans lequel il exaltait son successeur.

Le gouvernement de Florence décerna au général en chef démissionnaire, à titre honorifique, le grade de lieutenant général avec le droit d'en revêtir l'uniforme et le titre de citoyen. Puis il publia à son tour une proclamation pour annoncer la nomination du général Garibaldi au poste de commandant supérieur de la onzième division de l'armée italienne. Ce n'était plus l'armée toscane; c'était une division de l'armée italienne, division dans laquelle allait se fondre l'armée de la Romagne, que l'on disait alors menacée par le roi de Naples et la cour de Rome, et que Garibaldi songea bientôt à secourir avec ses troupes.

Le 11 août, Garibaldi avait fait à ses anciens compagnons d'armes du corps des chasseurs des Alpes, incorporés dans une brigade régulière de l'armée sarde, à la tête de laquelle il avait été placé, les adieux suivants :

« Mes compagnons d'armes,

« Je suis obligé de me retirer actuellement du service. Le général Pomaretto est destiné par Sa Majesté au commandement de la brigade. J'espère que, de même que vous fûtes braves dans les combats, vous serez disciplinés et que vous tâcherez d'acquérir sous les armes l'habileté qui vous placera à votre rang, en face des ennemis de notre pays.

« Bergame, le 11 août 1859.

« GARIBALDI. »

Garibaldi avait sollicité un congé du roi de Piémont, non pour se reposer, mais pour être libre de prendre, avec son même grade de général de brigade, le commandement de la onzième division de l'armée italienne. A peine investi de ce commandement, il se préparait à soutenir une lutte sérieuse contre les ennemis de l'indépendance toscane, romagnole, parmesane et modénaise. Il ouvrait une souscription pour acheter un million de fusils et il recueillait aussitôt des sommes considérables. Enfin, prodigue au surplus de proclamations, le général Garibaldi publiait déjà, à la fin de septembre, un ordre du jour ainsi conçu :

Aux Italiens.

« A Ravenne s'assemblent les fils de l'Italie, qui, sur les champs de Lombardie, ont mis en fuite les Autrichiens et bravement vengé nombre d'années d'insultes. Accourez auprès d'eux, jeunes gens désireux de marcher sur les traces de ces braves, jurant tous avec moi de ne déposer les armes qu'après avoir assuré notre indépendance.

« J'espère que les hommes de cœur ne voudront pas nous laisser en petit nombre dans l'entreprise qui doit décider du sort de notre noble patrie.

« A Bologne, Ferrare et Forli, il y aura des officiers délégués pour réunir les volontaires le plus à la portée de ces villes, pour les diriger ensuite à Ravenne, où ils recevront l'organisation définitive.

« Ravenne, le 22 septembre 1859.

« GARIBALDI. »

Moins de deux semaines plus tard, Garibaldi se disposait ouvertement à ouvrir la campagne contre les soldats pontificaux et napolitains, qui devaient envahir la Romagne. Le document qui suit atteste qu'on fut, en effet, à la veille d'une collision sanglante :

ARMÉE D'ITALIE. — ONZIÈME DIVISION.

« Soldats !

« L'heure d'une nouvelle lutte approche. L'ennemi nous menace et nous attaquera peut-être avant peu. M'adressant à mes compagnons d'armes de Lombardie, je sais que je ne parle pas à des sourds, et que c'est assez de leur dire : Nous allons combattre les ennemis de l'Italie. Je vous attends donc à l'œuvre, fermes dans les rangs !

« Quartier général de Bologne, 5 octobre 1859.

« GARIBALDI. »

Les cabinets de Paris et de Turin intervinrent secrètement pour empêcher cette collision. L'armée napolitaine ne sortit pas de ses foyers; la cour de Rome, qui avait un instant songé à recruter une armée en Espagne, renonça bientôt à ce projet; on n'envoya pas de troupes dans la Romagne, et Garibaldi donna sa démission de commandant en chef de la onzième division de l'armée italienne, à la demande du roi de Piémont, qui l'éleva au grade de lieutenant général dans ses armées.

Toutefois il ne pouvait être question de dissoudre les forces qui composaient la onzième division de l'armée italienne, mais bien d'arriver à une plus complète fusion de toutes les troupes de l'Italie centrale.

En même temps que le général Garibaldi devenait commandant en chef de la onzième division l'armée italienne, division composée de troupes toscanes et romagnoles, le général Fanti prenait le commandement des forces militaires de Parme et de Modène.

Après la démission du général Garibaldi, le gouvernement de Florence décida de placer cette onzième division sous les ordres du général Fanti. Une convention fut arrêtée dans ce sens à Modène, convention à laquelle adhéra le gouvernement de Bologne.

Les troupes de Parme, de Modène, de Florence et de Bologne formèrent, dès ce moment, l'armée de la ligue de l'Italie centrale.

Fanti était un général sarde comme Garibaldi. Toutes les forces de l'Italie centrale étaient donc, en réalité, quoique d'une manière indirecte, placées sous l'autorité du roi de Piémont.

Ces forces sont aujourd'hui de quarante-six mille hommes, dont vingt-deux mille Toscans, douze mille Romagnols, six mille Parmesans, six mille Modenais, qui tous ont prêté serment de fidélité au roi de Sardaigne, sans se préoccuper de ce que l'Europe en pourrait penser et de ce qu'elle en pourrait dire. L'année 1859, du reste, n'était pas achevée, que l'annexion de Bologne, de Parme et de Modène ainsi que celle de Florence aux États de la maison de Savoie était déjà un fait sans être encore un droit. Ainsi tout d'abord la Romagne, le Parmesan et le Modenais ne forment plus dès les premiers jours de décembre qu'une seule province qui prend le nom de province de l'Émilie, et M. Farini, qui gouverne ces territoires pour le compte de Victor-Emmanuel II, rend le décret suivant :

« Art. 1er. Les gouvernements distincts des provinces de Parme, Modène et des Romagnes, ainsi que leurs administrations, sont supprimés à dater du 8 décembre prochain.

« Art. 2. Les provinces de Parme, Modène et des Romagnes auront un seul gouvernement constitué sur les bases de la monarchie constitutionnelle de la maison de Savoie, à laquelle elles appartiennent en vertu de la volonté nationale. »

Afin de mieux apprécier la portée de cette résolution, il est utile de se rapporter au texte du décret suivant qui l'avait précédée :

« Article 1er. Ordre est donné de publier le statut constitutionnel du royaume sarde du 4 mars 1848 (n° 674).

« Art. 2. Jusqu'à la réunion effective des provinces de Modène et de Parme avec la monarchie sarde, le pouvoir législatif et exécutif est exercé par le dictateur, conformément au décret du 23 août 1859 des assemblées nationales, les garanties constitutionnelles subsistant.

« Art. 3. Les directeurs des ministères de grâce et justice et des cultes et de l'intérieur, chacun en la partie qui le concerne, sont chargés de l'exécution du présent décret, qui sera publié en la forme voulue par la loi.

« Donné à Parme, au Palais-National, le 2 septembre 1859.

« Farini. »

Ce langage est précis. Le dictateur Farini ne se considérait que comme le représentant provisoire du roi de Sardaigne ; et, afin qu'on n'en puisse douter, il avait ordonné que l'intitulé des actes authentiques passés par-devant notaire fût ainsi conçu : *Sous le règne de Sa Majesté Victor-Emmanuel II, roi de Sardaigne.*

Maintenant que la Romagne passe sous l'autorité de M. Farini, elle passe donc également sous le sceptre de la maison de Savoie. Qui pourrait nier qu'au mois de décembre 1859 l'annexion de toute cette partie de l'Italie centrale ne fût matériellement réalisée ?

Mais qu'y pouvait la France ? qu'y pouvait l'Europe ? Quels griefs pouvait alléguer celle-ci contre les peuples de Parme, de Modène et de Bologne ? Quels reproches pouvait-elle adresser aux chefs provisoires de ces peuples, en voyant quel ordre et quel calme admirables y régnaient sous le gouvernement de ces chefs improvisés ?

Parme seul fut un seul jour le théâtre d'un crime. Voici le récit des faits qui ont précédé, accompagné et suivi ce crime, que ce même récit va faire connaître :

« Turin, 8 octobre.

« Je vous résumerai, le plus brièvement possible, tout l'ensemble des renseignements parvenus jusqu'ici sur le déplorable événement de Parme.

« Sur la frontière de Modène et Parme, à Enna, un pont, rompu par suite des événements militaires, je crois, interrompt la voie ferrée qui conduit de Bologne à Plaisance. Là, les voyageurs doivent descendre et se rendre, par un pont de bateaux, de l'autre côté de la rivière. C'est dans ce trajet que le colonel comte Anviti, vêtu en bourgeois, fut reconnu par un homme à la bastonnade duquel il avait autrefois assisté et qu'il avait insulté pendant son supplice : c'est du moins la version la plus répandue. Il est d'ailleurs notoire que le colonel Anviti avait coutume, lorsqu'il assistait aux bastonnades, sous le duc Charles III, en 1849-1850, de dire à chaque coup : « Ceci est pour *Vive Pie IX !* ceci est pour *Vive l'Italie !* » et autres choses semblables.

« D'après un récit, l'homme qui avait reconnu Anviti n'aurait rien dit ; il l'aurait seulement montré en silence à l'un de ses camarades, avec lequel il l'aurait surveillé pendant le reste de la route. Un autre récit, qui ne me paraît pas très-authentique, veut qu'à une certaine station de *Saint-Hilaire* un sellier, qui avait reconnu le comte au moment où il cherchait une voiture pour aller on ne sait où, l'ait sur-le-champ interpellé comme espion et conspirateur, et l'ait fait remonter immédiatement en waggon.

Arrivé à Parme, d'après le second récit, le colonel aurait voulu poursuivre jusqu'à Plaisance ; mais tous les voyageurs se seraient récriés, et on se serait emparé de lui pour le conduire en prison. Ici les faits deviennent absolument certains.

« Dès la gare, l'exaspération était considérable. A l'entrée en ville, par la porte San Barnabé, la foule était considérable et déjà très-menaçante. C'est alors que survint, retournant de promenade à cheval, le colonel Doda, appartenant à l'armée de la Ligue. Instruit de ce qui en était, le colonel Doda parvint à calmer la multitude, tira de ses mains avec fermeté le comte Anviti, en annonçant qu'il allait le mettre en lieu sûr, et que le peuple pouvait être tranquille. Le colonel Doda, pour soustraire plus vite le malheureux à la vue du public, le conduisit à la caserne des gendarmes ou carabiniers, située près de là ; il le confia au major des carabiniers, fit fermer la grille de la caserne, et, comme tout lui parut rentré dans l'ordre, il se retira. On aurait trouvé sur Anviti un passe-port pontifical, des lettres graves, beaucoup d'or, etc. Mais, pendant ce temps-là, la nouvelle de l'arrestation s'était répandue dans la ville entière.

« Tous les gens qui avaient eu à se plaindre d'Anviti, notamment les victimes des arrêts de bastonnades, parmi eux Carini, frère d'un jeune sergent fusillé en 1855 sur la déposition du seul colonel, se mirent à entraîner la foule vers la caserne. Tout cela se fit dans l'espace d'une demi-heure, sans qu'on pût présumer ce qu'il y avait au fond de cette agitation, du reste compréhensible. Anviti avait été enfermé à cinq heures trois quarts ; à sept heures moins vingt-cinq minutes, les abords de la caserne étaient envahis. Il n'y avait à la caserne que six à sept carabiniers. Des chefs militaires, accourus sur les lieux, voulurent éloigner la foule. Le colonel commandant les troupes, le major de la garde nationale Vincenzo Campani, le major Buraggi, firent mille efforts dans ce but. Ce fut en vain. Lorsqu'il arriva environ trente gardes nationaux, la grille était déjà forcée, et, au milieu d'une horrible confusion, les envahisseurs commencèrent à chercher Anviti. Le major Buraggi l'avait fait cacher sous une table, en ayant soin d'éteindre toutes les lumières. A l'entré de la chambre, aidé de deux carabiniers, il essaya encore de résister, en priant, menaçant, donnant des coups. La chambre fut forcée.

« Tiré de dessous la table, le malheureux fut littéralement écrasé sous les pieds de la foule. On le traîna ; il fut achevé d'un coup de pistolet au sortir de la caserne. Le cadavre fut traîné au *Café suisse*, où Anviti avait coutume d'aller et où ses discours l'avaient rendu odieux, et là sa tête fut tranchée avec un sabre. La tête, portée sur une fourche, fut bientôt exposée, à la lueur d'une torche, sur la colonne de la place, pendant que des enfants traînaient encore le cadavre dans les rues. La garde nationale, après avoir couru après la foule qui lui échappait, parvint à reprendre ces restes sanglants. La tête lui fut longtemps disputée par l'un des hommes qu'Anviti avait fait bastonner; cet homme a reçu sept blessures. On dit que plusieurs autres personnes ont reçu des coups de baïonnette.

« J'ai parlé de Carini; voici ce que c'est que cette affaire des frères Carini : L'un de ces jeunes gens, Andrea Carini, âgé de vingt ans, était sergent. En 1855, il se trouva en rivalité d'amour, ou plutôt d'amourette, avec Anviti. Le 13 avril, à la nuit tombante, Anviti reçut un coup de pistolet. Il accusa Andrea Carini, qui fut condamné immédiatement par le conseil de guerre, et fusillé. Cette exécution produisit une impression considérable. Il n'y avait pas eu de témoins. Un seul, appelé par Anviti, s'était étranglé dans sa prison avant de témoigner. Carini protestait de son innocence en termes saisissants. Le bruit se répandit que le coup de pistolet avait été tiré par Anviti lui-même. Tout Parme l'a cru et le croyait encore quand l'horrible événement du 5 est arrivé. Encore une fois rien n'excuse cette scène de sang; mais il importe de tout connaître. »

D'après une autre version, Anviti, favori et séide de l'ancien duc de Parme, le père de Robert Ier, celui-là même qui fut assassiné dans un lieu de débauche, aurait enlevé de vive force et livré à ce prince une sœur des frères Carini. Telle aurait été l'origine de la haine que ceux-ci portaient à cet homme.

C'est là, sans doute, un douloureux souvenir. Mais on ne pourrait pas citer un second fait qui pût seulement témoigner du plus léger désordre dans toute l'Italie centrale, depuis que les princes l'ont abandonnée, désertant leur poste au jour du danger, depuis que le légat qui gouvernait à Bologne s'est retiré en même temps que les troupes autrichiennes. Il y a bien eu les événements de Pérouse. Mais ici la provocation est venue du côté du gouvernement pontifical, qui a eu l'imprudence de vouloir employer la force pour contraindre des sujets mécontents à l'obéissance dans des circonstances où il convenait d'attendre ce que le temps déciderait et ce que ferait l'Europe.

En fait, à la fin de l'année 1859, la Romagne, le Modénais et le Parmesan étaient gouvernés sous le nom de province de l'Émilie, comme si ces territoires eussent été en droit des territoires sardes, avec la même constitution, le même code, la même magistrature et la même administration.

De son côté, quoique réunie à l'Émilie seulement sous le rapport militaire, et bien que séparée d'elle sous le rapport administratif, la Toscane était dans une situation analogue. Elle avait bien tenté, le 9 novembre, de faire un pas plus précipité vers l'annexion. Ce jour-là, en effet, à l'imitation des assemblées nationales de Parme, de Modène et de Bologne, celle de Florence vota une résolution en vertu de laquelle la régence était offerte au prince de Carignan, cousin du roi de Sardaigne. Une entente préalable s'était établie entre ces diverses assemblées, afin de donner à leur détermination, par cette unanimité, une plus grande autorité morale.

Cinq jours après ce vote, les chefs du gouvernement provisoire publiaient pour se justifier un nouveau mémorandum, où se retrouvent exprimés les sentiments qu'on a vus dans le premier mémorandum.

Que fera, en présence du vote du 9 novembre, la cour de Turin? que fera le prince de Carignan? Il y a le vœu de la Toscane, fortifié des vœux identiques du Parmesan, du Modénais et de la Romagne; mais il y a aussi la politique de la France et la volonté de l'Europe.

Je dirai plus loin quel a été, au milieu de toutes ces circonstances, l'attitude du cabinet de Paris. Ici je dois me borner à constater le refus que fit le prince de Carignan d'accepter la régence qui lui était offerte par l'assemblée nationale de la Toscane. C'est le 12 novembre, dans la soirée, que Son Altesse Royale donna audience à MM. Marco Minghetti et Ubaldino Peruzzi, qui venaient prier le cousin du roi de Piémont d'accepter la régence des États de l'Italie centrale. Son Altesse Royale a daigné répondre dans les termes suivants :

« Je suis profondément ému et je remercie les Assemblées de l'Italie centrale qui m'ont donné une si grande preuve de confiance. Je l'attribue moins à mon mérite qu'à leur dévouement pour le roi et aux sentiments non-seulement libéraux et nationaux, mais encore d'ordre et monarchiques dont les populations sont animées.

« De puissants conseils et des raisons de convenance politique, au moment où l'on nous annonce comme prochaine l'ouverture du congrès, m'empêchent, à mon grand regret, de pouvoir me rendre au milieu de ces populations pour y exercer le mandat qui m'est confié. J'aurais ambitionné, je l'avoue, de donner cette preuve de mon affection à l'Italie; mais je me console à la pensée que, même en m'abstenant, mon sacrifice n'en sera que plus utile à la patrie commune. Néanmoins, me prévalant de la confiance dont elles m'ont honoré, j'ai pensé faire un acte d'un grand intérêt et avantageux pour ces populations en désignant le commandeur Carlo Boncompagni pour se charger de la régence de l'Italie centrale.

« Soyez, messieurs, les interprètes des sentiments que je vous exprime vis-à-vis des populations; dites-leur de persévérer dans leur conduite, qui a mérité les sympathies de toute l'Europe, et d'avoir toujours confiance dans le roi, qui soutiendra leurs vœux et n'abandonnera pas ceux qui avec tant de foi se sont livrés à sa loyauté. »

Cette régence qu'il refusait, le prince de Carignan proposait de la conférer au commandeur Boncompagni, ancien commissaire royal extraordinaire à Florence pendant la guerre.

M. Boncompagni accepta; mais sa régence de l'Italie centrale se brisa contre les mêmes obstacles. Un instant ces obstacles parurent aplanis; il devait se rendre à Florence. Cependant il ne partit pas, et aujourd'hui encore, aujourd'hui 1er mars 1860, M. Farini est toujours le dictateur suprême de l'Émilie, qui comprend Bologne, Parme et Modène, et la Toscane est encore gouvernée par le conseil des ministres, dont M. Ricasoli exerce la présidence.

Il y a eu moins d'empressement à Florence à s'incorporer de fait au royaume de Sardaigne. Ainsi on a vu que la province de l'Émilie avait, dès les premiers jours du mois de décembre 1859, adopté la constitution politique de ce royaume.

Cette constitution n'a été promulguée en Toscane que dans les derniers jours de janvier 1860. Seulement les termes du décret qui la met en vigueur sont la preuve manifeste, ainsi qu'on va en juger, que l'annexion de ce duché aux États de la maison de Savoie doit être déjà considérée comme matériellement réalisée.

Voici ce décret :

« Est proclamé en Toscane le Statut constitutionnel du royaume sarde, pour être mis en vigueur par décrets successifs et sous la réserve des institutions particulières, qui en accroîtront les avantages, en conservant les bienfaits des libres traditions.

« Donné à Florence, le 20 janvier 1860. »

Ainsi, à cette date du 1er mars 1860, il semblait évident que, par le cours des événements et la force des choses, l'Italie centrale tout entière tenidt à s'incorporer au royaume de Sardaigne, qui pourrait s'agrandir encore par l'adjonction de la Vénétie à ses autres provinces.

Je persiste à penser que dans l'avenir de graves difficultés intérieures naîtraient de cette réunion d'États, qui ont longtemps vécu séparés les uns des autres, qui longtemps ont eu leur individualité, leur autonomie, et dont chacun a, dans le passé, son histoire et sa grandeur propres.

Je persiste à penser que plus tard les cités de Venise, de Florence et de Milan se souviendraient avec amertume, en voyant leur absorption dans la monarchie sarde, de leur importance perdue.

Je persiste à penser que, si ce dénoûment de la guerre de 1859 eût été possible, il eût mieux valu rétablir les anciennes républiques de Florence et de Venise. Je reconnais cependant que cette idée de République aurait pu froisser les sentiments et exciter les préventions de l'Europe monarchique et rencontrer, dès lors, de grands obstacles au sein de la diplomatie. Je reconnais surtout qu'elle aurait enlevé à la cause de l'indépendance italienne l'appui de la maison de Savoie, en détruisant les espérances d'ambition de cette illustre maison.

Seulement ici s'élève une autre question. Du moment où on renonçait à restaurer la dynastie de Lorraine en même temps que la république de Florence, pouvait-il convenir aux intérêts de la France que toute l'Italie centrale passât sous le sceptre de la maison de Savoie, surtout quand on peut prévoir que la Vénétie aura bientôt la même destinée?

Je suis convaincu que, dès l'origine de la guerre d'Italie, la maison de Savoie aspirait à la possession de la Lombardie, des duchés et de la Romagne, ainsi qu'à la possession de la Vénétie. Je suis également convaincu que la France n'était nullement disposée à favoriser, à seconder cette espérance, au point de se prêter à l'incorporation de la Toscane et de la Romagne au royaume de Sardaigne, et qu'elle n'avait réellement d'autre désir que celui d'adjoindre à ce royaume la Lombardie, le Modénais et le Parmesan, peut-être même seulement la première et la dernière de ces trois provinces.

C'est ce que l'étude des documents et des faits qui vont suivre prouvera d'une manière incontestable.

Aucun doute n'est possible, à l'égard des intentions, des désirs, des espérances de la maison de Savoie.

Ainsi, avant la conclusion de la paix, M. de Cavour adressait successivement aux agents diplomatiques de la cour de Turin à l'étranger deux circulaires, la première relative à la Lombardie, la seconde relative aux duchés de Parme et de Modène.

Dans ces deux circulaires, le cabinet de Turin manifestait déjà son intention de réunir ces trois provinces au royaume de Piémont. On retrouve la même idée dans une lettre, également antérieure à la paix, adressée par M. de Cavour à M. d'Azeglio, alors à Londres, en réponse à des observations de lord Malmesbury. La paix de Villafranca n'était pas encore conclue. Lord John Russel remplaça lord Malmesbury et lord Palmerston succéda à lord Derby. Le nouveau cabinet de Londres était moins favorable à l'Autriche, moins défavorable au Piémont. M. de Cavour se serait sans doute mieux entendu avec ce cabinet.

Mais la politique adoptée le 11 juillet 1859, dans l'entrevue des deux empereurs, entraîna presque immédiatement la retraite de ce ministre, qui donna sa démission de président des conseils du roi de Sardaigne. La France ne voulait pas ou ne paraissait pas vouloir aller jusqu'à la création d'un royaume de la haute Italie; elle ne voulait pas ou ne paraissait pas vouloir de l'annexion de toute l'Italie centrale aux États sardes; elle renonçait enfin à la conquête de la Vénétie. M. de Cavour devait abandonner la direction des affaires publiques; c'est ce qu'il fit.

M. Ratazzi, qui devint ministre de l'intérieur, fut considéré comme le membre le plus influent du nouveau cabinet sarde. Mais le portefeuille des affaires étrangères passa aux mains du général Dabormida.

La maison de Savoie avait-elle renoncé, en changeant de conseillers, à ses vues annexionistes?

Nullement.

Appuyé sur les votes, réguliers cette fois, des assemblées nationales de Florence, de Parme et de Modène, M. le général Dabormida reprend le thème de M. de Cavour, et, sans parler de la Romagne, il adresse à Paris et Londres, à Pétersbourg et à Berlin, le mémorandum suivant, où perce de nouveau la pensée de la création d'un royaume de la haute Italie.

« Turin, le 28 septembre 1859.

« Monsieur le ministre,

« Vous connaissez les délibérations des assemblées de Toscane, de Modène et de Parme, ainsi que la réponse que Sa Majesté le roi, notre auguste maître, a faite aux députations de ces assemblées.

« En présence d'événements aussi graves que ceux dont l'Italie centrale vient d'être le théâtre, le gouvernement du roi a le devoir de s'expliquer nettement sur la situation et d'appeler l'attention la plus sérieuse des cabinets des grandes puissances sur des faits qui n'ont peut-être pas de précédents dans l'histoire.

« Lorsque l'Autriche, au mois d'avril dernier, mettant fin tout à coup aux débats diplomatiques et se dégageant des promesses formelles données à l'Europe, envahit le Piémont, l'Italie entière comprit qu'il ne s'agissait pas d'une question tout isolée et particulière au royaume sarde, mais que le sort des armes allait décider de l'indépendance nationale et des destinées de la Péninsule.

« Malheureusement, les gouvernements de l'Italie centrale avaient depuis longtemps séparé leur cause de la cause de l'Italie, en se liant en droit et en fait avec l'étranger, qui, dès lors, était devenu le seul soutien d'un pouvoir décrié et voué à la désaffection générale. Les souverains de ces pays n'ont pas été les victimes d'une révolution proprement dite; ils ont choisi eux-mêmes entre leurs devoirs comme princes italiens et leurs engagements avec l'Autriche; ils ont quitté leurs États, sans y laisser de gouvernement; d'eux d'entre eux se sont rangés sous les drapeaux de leur allié et en ont partagé les défaites. Ils ont ainsi creusé eux-mêmes un abîme entre eux et leurs anciens sujets.

« Après des victoires mémorables, la main du vainqueur assignait à Villafranca des limites territoriales plus restreintes à la domination autrichienne dans la Péninsule, mais le règlement définitif des affaires de l'Italie centrale devait rester en suspens, puisqu'en signant les préliminaires de paix on ne pouvait prévoir les obstacles insurmontables que la rentrée des princes aurait rencontrés de la part des populations. Sa Majesté avait, de son côté, ordonné le rappel des autorités qu'elle avait envoyées, soit en Toscane, soit à Modène et à Parme. Par ce fait, les populations rentraient de nouveau dans la libre disposition d'elles-mêmes, et se trouvaient en même temps soustraites à toute influence extérieure.

« Les hommes honorables qui, en l'absence de toute autorité reconnue, avaient pris en main la direction des affaires publiques, jugèrent que, placés en de telles circonstances, ils avaient la mission de faire appel aux populations au moyen de l'élection des assemblées nationales. On sait ce qui est arrivé. Les assemblées ont confirmé à l'unanimité la déchéance des anciens gouvernements et proclamé l'annexion au Piémont.

« En considérant ce qui s'est passé à Florence, à Modène et à Parme, on est d'abord frappé de l'accord et de la spontanéité qui ont dicté toutes les délibérations des corps constitués, et de l'ordre qui a constamment régné pendant la crise imprévue qu'on devait traverser. Cet ordre et cette régularité s'expliquent aisément si l'on considère que ce ne sont pas les partis avancés, ni des esprits exaltés ou aigris par des anciens griefs et d'injustes souffrances personnelles, qui se sont placés à la tête du mouvement.

« Ce que la noblesse a de plus illustre, ce que le commerce a de plus marquant, ce que l'intelligence a de plus éclairé, ce que la grande propriété a de plus influent, a concouru à l'accomplissement d'un acte qui devait assurer à ces pays un avenir plus conforme à leurs intérêts et à l'intérêt général de la Péninsule. Ces délibérations n'ont pas été l'effet d'un entraînement irréfléchi; elles ont été pesées avec maturité et adoptées sur des considérations d'un ordre supérieur et permanent.

« En rompant à jamais les liens qui les rattachaient à un passé odieux et qui pouvait donner lieu aux récriminations les plus amères, les populations des duchés ont surtout voulu secouer le joug de la domination étrangère, s'affranchir de l'influence autrichienne et concourir, par leur union sous le sceptre du roi, notre auguste souverain, à la constitution d'un royaume assez fort pour asseoir sur des bases solides et durables la prospérité et le repos de l'Italie.

« Ces populations, poussées par les mauvais conseils du désespoir, déroutées par l'inexpérience du maniement des affaires, auraient pu, dans un moment d'égarement, se tourner vers des projets chimériques et dangereux. Elles pouvaient se laisser entraîner par des courants subversifs, démolir le principe monarchique pour y substituer l'idée républicaine. Elles pouvaient se croire en droit de le faire; elles ne l'ont pas même essayé! L'Italie centrale a donné, par une conduite aussi ferme que sage, un démenti sans réplique à l'accusation qu'on a trop légèrement lancée contre la mobilité des Italiens et leur incapacité de se donner un bon gouvernement. Une pareille accusation, qui n'était jusqu'ici qu'une injustice, sera désormais une calomnie.

« Les traditions séculaires, les longues habitudes, pouvaient conseiller et faire désirer la conservation de leur autonomie à des États qui avaient vécu jusqu'à ce jour d'une vie indépendante et séparée du reste de la nation. Non; on a renoncé à des affections bien naturelles et à un orgueil historique qui pourrait se justifier, pour se fondre dans la vie commune. La Toscane en a donné la première l'exemple; la partie de l'Italie qui doit être la plus fière de ses souvenirs n'a pas hésité. Il y avait en Italie une monarchie qui a su allier l'ordre aux libertés publiques; la Toscane, aussi bien que Modène et Parme, se sont réunies sans conditions et sans réserves à cette monarchie. On chercherait en vain un témoignage plus éclatant de puissance irrésistible du sentiment de la solidarité nationale.

« C'est que tous les Italiens ont compris par une longue et cruelle expérience que la Péninsule ne serait à l'abri de la pression étrangère, et que son indépendance ne sera réelle et viable, que le jour où il y aura dans le nord de l'Italie un État assez puissant pour s'opposer aux influences prépondérantes du dehors.

« Ce n'est pas au moment où la paix se négocie à Zurich entre les plénipotentiaires du Piémont, de la France et de l'Autriche, que le gouvernement du roi se permettrait un langage moins correct envers l'adversaire qu'il a combattu sur les champs de bataille. Mais il y a des vérités qu'on ne saurait se dissimuler parce qu'elles ont le caractère de l'évidence; il y a des périls sur lesquels il est impossible de se faire illusion, parce qu'ils existent dans la nature des choses et sont une nécessité invincible de la situation.

« Si la guerre qui vient de finir avait eu pour résultat la cessation complète de la domination autrichienne dans la Péninsule, les considérations que nous allons développer ne seraient pas moins fondées, mais elles seraient moins puissantes sur les esprits prévenus en faveur des anciens gouvernements des duchés. Dans l'état actuel des choses, il n'y a personne, monsieur le ministre, qui puisse se refuser à reconnaître que si la puissance de l'Autriche en Italie a été limitée en extension, elle n'a rien perdu en force offensive et envahissante. Elle conserve les grandes forteresses de la Vénétie, et ce qui est plus, Peschiera et Mantoue, qui appartiennent à la Lombardie, et qui en forment la défense naturelle; cette province est démantelée, et partant exposée à un coup de main.

« Le gouvernement du roi n'entend pas mettre en doute la sincérité des intentions que l'Autriche apporte dans le règlement des cessions stipulées, mais les circonstances changent, les intérêts restent; les occasions encouragent quelquefois, et les regrets de la politique sont un héritage qui se transmet de génération en génération. La dernière guerre n'a pu élever une barrière entre les États du roi de Sardaigne et son formidable voisin, l'Italie n'est ni garantie ni rassurée sur l'avenir; car il n'y a point d'équilibre entre les forces nationales organisées et l'Autriche retranchée derrière les boulevards du Mincio et de l'Adige. Si la paix de Villafranca ne recevait pas son complément en respectant les vœux des populations délivrées par la guerre, elle n'aurait pas établi cette balance des pouvoirs, cette proportion des forces relatives qui existait en Italie dans le dernier siècle et que le congrès de Vienne n'a pas rétablie.

« L'Italie du Nord était alors divisée en plusieurs petits États, faibles et sans consistance, qui ne pouvaient entretenir des forces militaires de quelque importance, ni contribuer efficacement à la défense de l'Italie. Les États du roi de Sardaigne faisaient seuls une exception. Ils étaient peu étendus à la vérité, mais l'éducation militaire des peuples, l'habileté et la fermeté des princes, les avantages de la situation géographique du pays, rangeaient le Piémont parmi les puissances de second ordre, et le faisaient considérer comme le défenseur naturel de l'indépendance italienne.

« L'Autriche ne possédait alors que les duchés de Milan et de Mantoue, qui étaient détachés et éloignés du corps de ses États héréditaires. En temps de paix, elle n'y entretenait que peu de troupes; si une guerre venait à éclater, la distance et les difficultés des transports donnaient à la maison de Savoie le temps de préparer ses moyens de défense. L'Autriche était alors un puissant voisin, mais elle n'était pas un voisin menaçant.

« Cette combinaison politique n'était pas exempte d'inconvénients; mais la division sanctionnée à Paris et à Vienne en 1814 et 1815 fut infiniment plus désastreuse pour l'Italie en général, et en particulier pour le Piémont.

« L'annexion des États de Gênes, cette union de deux peuples sous un gouvernement national, a été un bienfait dont on doit savoir gré au congrès de Vienne, mais elle n'était nullement suffisante pour contre-balancer l'énorme agrandissement de l'Autriche en Italie. Cette puissance non-seulement acquérait une extension territoriale deux fois supérieure à l'ancienne, mais elle reliait les provinces italiennes aux États héréditaires. La république de Venise isolait, au dernier siècle, les possessions autrichiennes dans l'Italie supérieure. La dévolution des dépouilles vénitiennes à l'Autriche détruisit entièrement la puissance relative des États dans laquelle le Piémont puisait sa force, et l'Italie sa sécurité. Un demi-siècle d'expérience autorise le gouvernement de Sardaigne à répéter ce qu'il déclarait dès 1814 : *Dans l'ancienne division on voyait la source de l'affaiblissement de l'Italie supérieure; dans celle-ci on voit son asservissement complet.*

« Une occasion unique et providentielle se prépare aujourd'hui pour réformer un arrangement aussi préjudiciable et contraire même, on peut le dire sans crainte de se tromper, aux vœux et aux prévisions de ceux qui l'ont approuvé. La Toscane, Parme et Modène, réunis aux États du roi, pourraient désormais former une agglomération politique, insuffisante encore pour résister à la puissance possédant la Vénétie, mais offrant au moins des éléments propres à conjurer les dangers les plus pressants. L'Europe voudrait-elle s'opposer à une modification territoriale qui est dans les vœux de toute une nation, et qui est en même temps conforme aux intérêts généraux? Et pourquoi s'y opposerait-elle?

« On ne prétendra pas, monsieur le ministre, que l'équilibre européen soit compromis par l'union de ces provinces à la Sardaigne, ni qu'elle soit de nature à donner ombrage aux grandes puissances; une pareille objection ne saurait être admise dans une discussion sérieuse, et il n'est pas nécessaire de s'y arrêter. D'un autre côté, il serait aisé de démontrer que la formation d'un État tel qu'on vient de l'indiquer, et le rétablissement de l'équilibre italien, feront disparaître pour longtemps des causes permanentes de rivalité entre les puissances limitrophes et sauvegarderont le repos de l'Europe en raffermissant celui de l'Italie.

« Du reste, monsieur le ministre, après ce qui s'est passé dans les duchés, il est permis d'envisager la restauration des anciennes dynasties comme une impossibilité morale. Nous le demandons : comment pourraient-elles, ces dynasties, rentrer dans les États qu'elles ont abandonnés, sinon à la tête des troupes autrichiennes? Mais on recommencerait alors ce système d'intervention et d'immixtion dans le régime des États reconnus indépendants, système d'où est sortie la dernière guerre et qui amènerait infailliblement des complications de la même nature.

« D'ailleurs, si la restauration s'accomplissait par ce moyen, comment les princes pourraient-ils gouverner d'accord avec le pays? Les souverains déchus, après être rentrés à la tête des troupes étrangères, ne trouveraient de soutien que dans les baïonnettes autrichiennes. Une restauration faite sous de tels auspices, l'usage immodéré d'un pouvoir sans appui dans l'opinion publique, amènera comme résultat inévitable le triomphe des doctrines démagogiques et des passions révolutionnaires. Il y aura en Italie de nouvelles ténèbres et un nouveau chaos. L'Europe n'a déjà que trop souvent dû assister, dans ces pays, au triste spectacle d'un pouvoir qui semblait avoir pris à tâche d'affaiblir dans la conscience humaine le respect envers l'autorité monarchique. Elle doit y réfléchir et aviser.

« C'est dans ce but, monsieur le ministre, que le gouvernement du roi croit devoir s'adresser aux cabinets. Se prévalant des droits qui lui sont acquis par le vœu général des populations, Sa Majesté aurait pu accepter, au moins provisoirement, le gouvernement des États de l'Italie centrale. Mais il a jugé que, si, comme prince italien, il pouvait ne consulter que sa conscience, comme membre de la famille européenne il avait des devoirs d'une autre nature à remplir.

« Il est nécessaire que l'Europe intervienne pour résoudre les difficultés de la situation italienne. Les actes qui viennent d'avoir lieu dans les Romagnes témoignent que cette nécessité est devenue urgente, et que tout retard serait funeste. Les considérations qui précèdent peuvent s'appliquer en grande partie à ces provinces; mais, si l'autorité collective des puissances doit prendre connaissance des changements survenus dans le droit public des duchés, à plus forte raison elle devra apporter l'attention la plus sérieuse sur la question des Légations. Par le mémorandum de 1831, et par les déclarations du congrès de Paris, les puissances ont contracté des devoirs envers ces contrées malheureuses; elles doivent maintenant donner satisfaction à leurs vœux légitimes.

« La double qualité que revêt le souverain pontife et le respect dû au chef de l'Église catholique nous déconseillent, monsieur le ministre, d'insister sur les conditions anomales des Romagnes; ces conditions sont du reste trop notoires pour qu'il soit nécessaire de faire ressortir encore une fois les conséquences qu'elles devaient avoir et qu'elles ont eues effectivement. Ce n'est qu'au moyen de l'occupation étrangère que le Saint-

Siége a pu conserver le gouvernement des Légations. La dernière occupation durait depuis onze ans ; l'exercice des attributs les plus essentiels de la souveraineté était livré à l'autorité militaire étrangère; le souverain pontife ne régnait plus que de nom ; en fait, ces provinces étaient passées sous la domination autrichienne.

« Ces populations ont conservé jusqu'à ce jour un ordre admirable, maintenant, si elles se voyaient abandonnées, si elles venaient à acquérir la certitude que l'ancien gouvernement sera rétabli, et avec lui les abus criants d'une administration inconciliable avec les besoins de la civilisation moderne, rien n'arrêterait le débordement des passions, et le désespoir entraînerait les masses à des résolutions extrêmes.

« Le gouvernement du roi a pleine confiance dans la généreuse initiative et dans la justice de l'Europe. Le principe invoqué par les populations de l'Italie centrale est consacré par des antécédents diplomatiques; il a été reconnu, en des circonstances moins favorables, en Grèce, en Belgique, et, plus récemment encore, dans les principautés danubiennes; c'est le principe qui a modifié la constitution de l'Angleterre et de la France. Non-seulement il ne trouble pas dans le cas actuel la balance des pouvoirs, mais il détruit les germes latents des discordes futures. Il rend en même temps le repos à l'Italie, à ce noble pays auquel l'Europe a été deux fois redevable des bienfaits des lumières et de la civilisation.

« Violer ce droit, qui a déjà pénétré dans les rapports internationaux, ce serait commettre un attentat contre l'opinion, disons mieux, contre la conscience publique. Aujourd'hui, les gouvernements autant que les individus savent qu'il faut compter avec cette puissance, lorsqu'elle proteste au nom des principes éternels de la justice.

« Je vous prie, monsieur le ministre, de donner lecture de cette dépêche à M. le ministre des affaires étrangères, et je saisis l'occasion de vous renouveler les assurances de ma considération très-distinguée.

« DABORMIDA. »

Deux mois s'écoulent dans les agitations que j'ai signalées, deux mois qui conduisent l'Italie centrale jusqu'à un vote commun en faveur de la régence unique du prince de Carignan. Sous la pression des conseils de la France, la cour de Turin détermine ce prince à refuser cette régence; mais, en agissant ainsi, elle fait acte de déférence envers Napoléon III; et, pour accomplir cet acte de déférence, il faut qu'elle violente ses propres sentiments, ses convictions personnelles, ainsi que le constate une note circulaire émanée du ministère des affaires étrangères de Sardaigne et adressée à ses agents diplomatiques à l'étranger.

Les événements, en marchant vers l'annexion de l'Italie centrale tout entière aux États de la maison de Savoie, emportent dans leur cours le ministère Ratazzi ; et, vers le milieu de janvier 1860, M. de Cavour, dont les vues triomphent par la puissance des faits et la force des choses, reprend la direction des affaires publiques, décidé à réaliser son projet de la formation d'un royaume de la Haute-Italie. Le 27 du même mois de janvier 1860, il publie, sous forme de note aux agents diplomatiques du Piémont à l'étranger, une sorte de manifeste où on lit les déclarations suivantes :

1° Qu'il faut renoncer à l'idée d'une restauration, qui ne serait pas plus possible à Bologne et à Parme qu'à Florence et à Modène,

2° Que la seule solution possible consiste dans l'admission légale de l'annexion, déjà établie en fait dans l'Émilie comme en Toscane ;

3° Qu'enfin les populations italiennes, après avoir attendu longtemps et en vain que l'Europe mît ordre à leurs affaires sur la base des principes de la non-intervention et du respect des vœux populaires, ont le devoir de passer outre et de pourvoir par elles-mêmes à leur gouvernement.

Ce point de vue du cabinet de Turin ne pouvait pas être le point de vue du cabinet de Paris, car Napoléon III ne pouvait oublier que la politique traditionnelle et nationale de notre pays est tout à la fois que l'Autriche n'exerce ni domination ni influence dans la Péninsule et que l'Italie en même temps ne forme pas sur notre frontière des Alpes un royaume assez puissant pour devenir dangereux. Il ne pouvait pas oublier surtout que la coalition victorieuse a donné à la maison de Savoie la province de ce nom, afin de conserver à cette ancienne rivale une entrée libre sur notre territoire, au profit des alliés de 1814 et de 1815, et que les rois de Sardaigne ont jadis accepté le rôle d'avant-garde de l'Europe et de gardiens de l'une des clefs de la France.

On connaît la proclamation du 3 mai qui annonçait que l'armée d'Italie porterait ses conquêtes jusqu'à l'Adriatique. On sait quels motifs puissants ont arrêté la marche de cette armée aux portes de la Vénétie. On a vu par quels engagements le cabinet de Paris se trouvait lié, en vertu du traité de Villafranca. M. le comte Walcski renchérissait encore sur ces engagements, en les considérant comme obligeant la France à une action en faveur des dynasties italiennes déchues, lorsqu'ils ne lui imposaient d'autre devoir que celui de ne pas combattre la restauration de ces dynasties.

L'attitude du cabinet de Paris fut donc, tout d'abord, contraire à celle du cabinet de Turin et presque hostile aux vœux déjà connus ou prévus des populations de l'Italie centrale. Cette attitude resta conforme aux bases de paix stipulées à Villafranca.

Cependant un mouvement d'une autre nature se produisait parallèlement au mouvement politique circonscrit dans les relations extérieures des cours de Paris, de Turin et de Vienne, et dans les faits dont l'Italie centrale était le théâtre.

Ce mouvement, qui offre un caractère religieux et un sentiment catholique, se développa en France, comme fait intérieur, sous l'impulsion des lettres encycliques et des allocutions pontificales dont j'ai déjà donné le texte et qui sont toutes antérieures au mois d'octobre 1859.

Quelques prélats de France s'avisèrent de considérer la papauté comme menacée par la révolution, comme détrônée par la guerre, et parurent disposés à faire peser la responsabilité morale de ces périls du Saint-Siége sur Napoléon III, à raison de l'initiative belliqueuse qu'il avait prise au sujet des affaires d'Italie.

L'attitude de ces prélats était manifestement hostile à l'indépendance italienne et au gouvernement piémontais, et accusait même une nuance d'opposition au pouvoir impérial.

Sous le masque des intérêts religieux, et à l'imitation du Pape qui prétendait que l'intégralité des États de l'Église était une question de foi, des écrivains épiscopaux, fougueux et passionnés, défendaient des intérêts temporels avec le zèle et le dévouement qu'ils auraient pu apporter dans une polémique en faveur des dogmes. Évidemment ce n'était pas le pasteur s'adressant aux fidèles qui parlait par leur bouche ou qui écrivait sous leur plume : c'était le citoyen s'attaquant, non au chrétien dans l'erreur, mais au souverain dont la politique froissait les vues terrestres de la cour de Rome.

Jusqu'à la fin de septembre 1859, l'empereur des Français cependant n'avait rien manifesté de ses sentiments et de ses vues à l'égard de la situation nouvelle où les faits accomplis dans la Romagne avaient placé le pouvoir temporel du pape dans les États de l'Église. Il s'était borné à réclamer du souverain pontife des réformes qu'il jugeait indispensables au repos comme au bonheur des peuples placés sous son autorité, et comme étant le moyen le plus sûr d'empêcher la révolution d'éclater dans son domaine.

Mais, au commencement d'octobre, à son retour de Biarritz, Napoléon III fut reçu solennellement dans la cathédrale de Bordeaux par Son Éminence monseigneur le cardinal Donnet, archevêque de ce diocèse, le jour où il arrivait dans cette ville, qu'il avait à traverser pour se rendre à Paris, et où on lui fit une réception splendide. Cette circonstance lui fournit une occasion naturelle de s'exprimer sur cette question du pouvoir temporel du Pape, question devenue la question intérieure aussi bien que la question extérieure du jour, de façon à laisser entrevoir déjà son opinion favorable à l'émancipation de la Romagne.

Cette opinion fut légèrement indiquée dans une réponse que Napoléon III dut faire à une allocution du prélat. Voici le texte de cette allocution :

« Sire,

« Le clergé de ce diocèse, par l'organe de son archevêque, est heureux de renouveler à Votre Majesté l'hommage sincère de son respect et de son dévouement. C'est avec une fierté toute française qu'il contemple le monarque dont la vaillante épée a élevé si haut la gloire de notre pays. C'est avec bonheur qu'il salue la mère du prince impérial et la noble souveraine qui sait si bien unir la fermeté de l'âme à la bonté du cœur, et qui, pendant des jours difficiles, a porté si virilement la sollicitude des affaires publiques.

« Sire, lorsque, il y a huit ans, la ville de Bordeaux vous faisait un accueil si plein d'enthousiasme, les voûtes de notre vieille basilique s'ébranlaient aux acclamations de la foule, nous étions là, mes prêtres et moi, assistant avec joie à ce qui nous semblait être comme le baptême du nouvel Empire. Nous priâmes alors pour celui qui avait arrêté le flot toujours montant des révolutions, qui avait raffermi au front de l'Église et du sacerdoce l'auréole d'honneur qu'on voulait leur ravir, et qui avait inauguré ses grandes destinées en rendant au vicaire de Jésus-Christ sa ville, son peuple et l'intégrité de sa puissance temporelle.

« Aujourd'hui nous prions encore, sire, avec plus de ferveur, s'il est possible pour que Dieu vous fournisse les moyens, comme il vous en a donné la volonté, de rester fidèle à cette politique chrétienne qui fit bénir votre nom et qui est peut-être le secret de la prospérité et la source des gloires de votre règne.

« Nous prions avec une confiance qui s'obstine, avec une espérance que n'ont pu décourager des événements déplorables et de sacriléges violences ; et le motif de cet espoir dont la réalisation semble aujourd'hui si difficile, après Dieu, c'est vous, sire, vous qui avez été et qui voulez être encore le fils aîné de l'Église, vous qui avez dit ces paroles mémorables : « La souveraineté temporelle du chef vénérable de l'Église est intimement « liée à l'éclat du catholicisme comme à la liberté et à l'indépendance de

« l'Italie ; » belle pensée, conforme aux sentiments que professait le chef auguste de votre dynastie, lorsqu'il disait de la puissance des papes : « Ce sont les siècles qui ont fait cela, et ils l'ont bien fait. »

« Hier, quand Votre Majesté mettait pour la première fois le pied dans la cité gracieuse qui a surgi comme par enchantement sur une plage jadis solitaire ; quand on vous vit agenouillé dans un sanctuaire inachevé, asile béni fermé au bruit du monde et ouvert du côté du ciel pour recevoir les rosées qui en descendent, il semblait à tous que la patronne immaculée de ces lieux vous couvrait, ainsi que votre auguste compagne et votre fils bien-aimé, de sa maternelle protection. Vous acquitterez envers elle la dette de votre reconnaissance en ménageant un triomphe à son fils dans la personne de son vicaire. Ce triomphe est digne de vous, sire ; il mettra un terme aux anxiétés du monde catholique, qui le saluera avec transport. »

Voici maintenant le texte de la réponse impériale :

« Je remercie Votre Éminence des sentiments qu'elle vient de m'exprimer. Elle rend justice à mes intentions sans méconnaître néanmoins les difficutés qui les entravent, et elle me semble bien comprendre sa haute mission en cherchant à fortifier la confiance plutôt qu'à répandre d'inutiles alarmes.

« Je vous remercie d'avoir rappelé mes paroles, car j'ai le ferme espoir qu'une nouvelle ère de gloire se lèvera pour l'Église le jour où tout le monde partagera ma conviction que le pouvoir temporel du Saint-Père n'est pas opposé à la liberté et à l'indépendance de l'Italie.

« Je ne puis ici entrer dans les développements qu'exigerait la grave question que vous avez touchée, et je me borne à rappeler que le gouvernement qui a ramené le Pape sur son trône ne saurait lui faire entendre que des conseils inspirés par un respectueux et sincère dévouement à ses intérêts; mais il s'inquiète avec raison du jour qui ne saurait être éloigné où Rome sera évacuée par nos troupes ; car l'Europe ne peut permettre que l'occupation qui dure depuis dix années se prolonge indéfiniment; et, quand notre armée se retirera, que laissera-t-elle derrière elle? l'anarchie, la terreur ou la paix ? Voilà des questions dont l'importance n'échappe à personne. Mais, croyez-le bien, à l'époque où nous vivons, pour les résoudre, il faut, au lieu d'en appeler aux passions ardentes, rechercher avec calme la vérité, et prier la Providence d'éclairer les peuples et les rois sur le sage exercice de leurs droits comme sur l'étendue de leurs devoirs.

« Je ne doute pas que les prières de Votre Éminence et celles de son clergé ne continuent à attirer sur l'impératrice, mon fils et moi, les bénédictions du ciel. »

Napoléon III pourtant ne songeait pas à la formation d'un royaume de la haute Italie, composée des anciens États sardes augmentés de la Lombardie, de la Romagne, de la Toscane, du Parmesan et du Modenais, peut-être de la Vénétie. Son but n'allait pas, en ce moment-là, au delà de la sécularisation des États de l'Église, à l'exception de Rome. Ses vues n'allaient pas au delà d'un complément de frontières pour le roi de Sardaigne, et il ne demandait d'autre sacrifice que celui du duc de Modène, qui n'avait pas d'héritier mâle et qui était si peu de son siècle, comme on a pu en juger par sa correspondance intime. En effet, à la fin d'octobre 1859, l'empereur des Français exposait son plan au roi de Sardaigne, dans une lettre ainsi conçue :

« Monsieur mon frère, j'écris aujourd'hui à Votre Majesté afin de vous exposer la situation actuelle des affaires, de vous rappeler le passé et de régler avec vous la conduite qu'il faudra suivre dans l'avenir. Les circonstances sont graves; il est nécessaire de laisser de côté les illusions et les regrets stériles, et d'examiner soigneusement le véritable état des choses. Ainsi il ne s'agit pas maintenant de savoir si j'ai bien ou mal fait de conclure la paix à Villafranca, mais bien plutôt de faire produire au traité les résultats les plus favorables à la paix de l'Italie et au repos de l'Europe.

« Avant d'entamer la discussion de cette question, je désire rappeler encore une fois à Votre Majesté les obstacles qui ont rendu si difficiles toute négociation et tout traité définitifs.

« En effet, la guerre offre souvent moins de complications que la paix. Dans la première, deux intérêts seulement sont en présence : l'attaque et la défense. Dans la seconde, au contraire, il faut réconcilier une multitude d'intérêts souvent fort opposés les uns aux autres. C'est ce qui est réellement arrivé au moment de la paix. Il était nécessaire de conclure un traité qui assurât autant que possible l'indépendance de l'Italie, et qui pût satisfaire le Piémont et les vœux des populations sans pour cela blesser le sentiment catholique ou le droit des souverains auxquels s'intéressait l'Europe.

« J'ai donc cru que, si l'empereur d'Autriche voulait s'entendre franchement avec moi dans le but d'amener ce résultat important, les causes d'antagonisme qui pendant des siècles ont divisé les deux empires disparaîtraient, et que la régénération de l'Italie serait effectuée d'un commun accord et sans autre effusion de sang.

« Voici maintenant quelles sont, selon moi, les conditions essentielles de cette régénération :

« L'Italie devra se composer de plusieurs États indépendants, unis par un lien fédéral.

« Chacun de ces États devra adopter un système représentatif et des réformes salutaires.

« La Confédération devra alors ratifier le principe de la nationalité italienne, n'avoir qu'un même drapeau, qu'un même système douanier et monétaire.

« Le centre dirigeant devra être à Rome, et se composera de représentants nommés par les souverains sur une liste préparée par les chambres, afin que dans cette sorte de Diète l'influence des familles régnantes soupçonnées de pencher vers l'Autriche soit contre-balancée par l'élément électif.

« La présidence honoraire de la Confédération accordée au Saint-Père satisferait le sentiment religieux de l'Europe catholique ; l'influence morale du Pape serait augmentée en Italie et lui permettrait de faire des concessions conformes aux vœux légitimes des populations. Aujourd'hui le plan que j'avais formé au moment de conclure la paix peut encore s'exécuter si Votre Majesté veut employer son influence pour le favoriser. D'ailleurs, on a fait un pas considérable dans cette direction.

« La cession de la Lombardie avec une dette réduite est un fait accompli.

« L'Autriche a renoncé à son droit d'avoir des garnisons dans les places fortes de Plaisance, de Ferrare et de Commachio.

« Les droits des souverains, à la vérité, ont été réservés, mais l'indépendance de l'Italie centrale a aussi été garantie, toute idée d'intervention étrangère ayant été formellement écartée; enfin la Vénétie deviendra une province purement italienne. Il est de l'intérêt de Votre Majesté et de la Péninsule de me seconder dans le développement de ce plan, afin qu'il produise les meilleurs résultats possibles, car Votre Majesté ne saurait oublier que je suis lié par le traité, et je ne puis, dans le congrès qui est sur le point de s'ouvrir, me soustraire à mes engagements. Le rôle de la France est tracé d'avance.

« Nous demandons que Parme et Plaisance soient réunies au Piémont, parce que ce territoire, au point de vue stratégique, lui est indispensable.

« Nous demandons que la duchesse de Parme soit appelée au trône de Modène,

« Que la Toscane, augmentée peut-être d'une portion de ce dernier territoire, soit rendue au grand-duc Ferdinand ;

« Qu'un système de sage liberté soit ménagé en Italie ;

« Que l'Autriche se défasse franchement d'une cause permanente d'embarras pour l'avenir, et qu'elle consente à compléter la nationalité de la Vénétie en créant non-seulement une représentation et une administration séparées, mais aussi une armée italienne.

« Nous demandons que les forteresses de Mantoue et de Peschiera soient des forteresses fédérales ; et enfin qu'une Confédération, basée sur les besoins réels autant que sur les traditions de la Péninsule, consolide, à l'exclusion de toute influence étrangère, l'édifice de l'indépendance italienne.

« Je ne négligerai rien pour atteindre ce grand résultat. Que Votre Majesté en soit convaincue, mes sentiments ne varieront pas, et, autant que le permettront les intérêts de la France, je serai toujours heureux de servir la cause pour laquelle nous avons combattu ensemble.

« Palais de Saint-Cloud, le 20 octobre 1859. »

C'était toujours le programme de Villafranca, amélioré dans l'intérêt du Piémont, mais maintenu dans ses clauses générales.

La publication de cette lettre prouva à l'Europe que ce programme restait la ligne de la politique française. Une circonstance secondaire vint raffermir encore l'opinion publique dans cette pensée. Après la signature du traité de Zurich, M. le prince de Metternich, ayant été accrédité définitivement auprès de la cour des Tuileries comme ambassadeur de la cour de Vienne, fut admis à remettre officiellement à Napoléon III ses lettres de créance. En les lui présentant, il prononça les paroles suivantes :

« Sire,

« L'empereur, mon maître, en daignant me nommer son ambassadeur auprès de Votre Majesté Impériale, m'a particulièrement chargé de la convaincre du prix qu'il attache à son amitié personnelle.

« Rien ne serait plus agréable à mon auguste souverain que de voir se compléter et se consolider de plus en plus les relations de bonne entente et d'intimité auxquelles se lient si étroitement les intérêts généraux de l'Europe.

« Heureux et fier, pour ma part, si mes soins pouvaient contribuer au maintien de la plus parfaite intelligence entre les deux gouvernements, j'ose prier Votre Majesté de vouloir bien me conserver la haute bienveillance dont elle a déjà daigné me donner des preuves si précieuses.

« Dans l'espoir que Votre Majesté exaucera ce vœu et continuera à me témoigner la même bonté et la même confiance, j'ai l'honneur de lui remettre mes lettres de créance. »

L'empereur des Français répondit à ce discours en ces termes :

« J'ai le ferme espoir que les relations si heureusement rétablies entre l'empereur d'Autriche et moi ne peuvent que devenir plus amicales par l'examen attentif des intérêts des deux pays. Depuis que j'ai vu l'empereur, j'attache, de mon côté, un grand prix à son amitié personnelle. Une entente sincère entre nous sera facilitée, je n'en doute pas, par le choix qu'il a fait d'un représentant dont l'esprit conciliant est bien connu et qui a tant de titres à ma confiance comme à mon estime. »

Tout autorisait donc l'Europe à croire fermement au rétablissement de relations sincèrement amicales entre la France et l'Autriche, et à un complet accord de vues entre les cours de Paris et de Vienne pour l'exécution du programme de Villafranca, dont une circulaire diplomatique du 10 novembre, émanée du ministre des affaires étrangères de France, constatait que le traité de Zurich était la mise en pratique.

Fidèle aux idées de cette circulaire, le même jour le *Moniteur* publiait la note suivante, qui explique le refus du prince de Carignan d'accepter la régence des quatre États de l'Italie centrale :

« Les assemblées des divers États de l'Italie se sont entendues pour offrir la régence au prince de Carignan. Cette résolution est regrettable en présence de la prochaine réunion d'un congrès européen appelé à délibérer sur les affaires d'Italie, car elle tend à préjuger les questions qui doivent y être traitées. »

On touchait cependant à l'heure où allaient se découvrir des tiraillements ignorés qui se produisaient dans le monde diplomatique, où allaient bientôt éclater de profondes divergences de vues. La France allait s'éloigner de l'Autriche, pour rentrer dans les vues plus libérales où elle se trouvait à la date de la proclamation du 3 mai. En vain le *Moniteur* disait encore, le 22 novembre, que le cabinet de Paris n'avait accédé à la régence de M. Boncompagni, régence qui, du reste, est restée à l'état de projet, qu'après des explications satisfaisantes du cabinet de Turin justifiant cette mesure par des motifs d'ordre public, et protestant qu'elle n'engageait pas la question réservée des duchés. La vérité est que le courant des faits commençait à emporter les gouvernements de France et de Sardaigne hors de l'étroit sentier tracé par les clauses du traité de Villafranca.

Avant que l'année 1859 fût écoulée, ce travail des esprits qui président aux destinées politiques de l'Europe s'était révélé au public par l'apparition d'une brochure intitulée *le Pape et le Congrès*. Au début de la question d'Italie avait paru une autre brochure intitulée *Napoléon III et l'Italie*, attribuée à M. le vicomte de la Guéronnière. Cette brochure, qui se faisait remarquer par l'éclat de la forme et par la hauteur de pensée, eut un immense retentissement et fut un événement, car personne n'ignorait qu'elle avait été inspirée et approuvée par l'Empereur des Français, dont elle indiquait les vues générales au sujet de l'Italie. C'était un éclair précédent le tonnerre au moment de l'orage; c'était la préface de la campagne de 1859.

La nouvelle brochure produisit un effet non moins universel, non moins considérable. Elle avait le même caractère. Or cette brochure, qui était regardée comme exprimant les idées de Napoléon III au sujet de la question romaine, conseillait au Pape de renoncer à la souveraineté temporelle des Romagnes et insinuait même qu'il devrait abdiquer celle des Marches, en se bornant à régner dans la ville et dans la campagne de Rome.

Une telle pensée devait soulever et souleva en effet toutes les colères du parti qui s'intitule catholique. La raison eût accepté les conseils de la brochure. La passion devait s'en irriter et s'en irrita.

Au même moment, le Congrès, qu'on disait appelé à régler les affaires d'Italie, ce Congrès dont on avait tant parlé, ce Congrès enfin qui était déjà convoqué et qui devait ouvrir ses délibérations à Paris avant le 15 janvier 1860, s'évanouit pour toujours comme une ombre. On n'en parla plus du tout, et ce furent les souverains eux-mêmes qui prirent la parole.

Le 2 décembre 1859, le souverain Pontife avait écrit à Napoléon III pour le prier de l'aider à replacer sous son autorité temporelle la Romagne usurpée. Napoléon III ne répondit à cette lettre que le 31 décembre, dans les termes que voici :

« Très Saint-Père,

« La lettre que Votre Sainteté a bien voulu m'écrire le 2 décembre m'a vivement touché, et je répondrai avec une entière franchise à l'appel fait à ma loyauté.

« Une de mes plus vives préoccupations, pendant comme après la guerre, a été la situation des États de l'Église, et, certes, parmi les raisons puissantes qui m'ont engagé à faire si promptement la paix, il faut compter la crainte de voir la révolution prendre tous les jours de plus grandes proportions. Les faits ont une logique inexorable, et, malgré mon dévouement au Saint-Siége, malgré la présence de mes troupes à Rome, je ne pouvais échapper à une certaine solidarité avec les effets du mouvement national provoqué en Italie par la lutte contre l'Autriche.

« La paix une fois conclue, je m'empressai d'écrire à Votre Sainteté pour lui soumettre les idées les plus propres, selon moi, à amener la pacification des Romagnes, et je crois encore que si, dès cette époque, Votre Sainteté eût consenti à une séparation administrative de ces provinces et à la nomination d'un gouverneur laïque, elles seraient rentrées sous son autorité. Malheureusement, cela n'a pas eu lieu, et je me suis trouvé impuissant à arrêter l'établissement du nouveau régime. Mes efforts n'ont abouti qu'à empêcher l'insurrection de s'étendre, et la démission de Garibaldi a préservé les Marches d'Ancône d'une invasion certaine.

« Aujourd'hui le Congrès va se réunir. Les puissances ne sauraient méconnaître les droits incontestables du Saint-Siége sur les Légations : néanmoins il est probable qu'elles seront d'avis de ne pas recourir à la violence pour les soumettre. Car, si cette soumission était obtenue à l'aide de forces étrangères, il faudrait encore occuper les Légations militairement pendant longtemps. Cette occupation entretiendrait les haines et les rancunes d'une grande portion du peuple italien, comme la jalousie des grandes puissances : ce serait donc perpétuer un état d'irritation, de malaise et de crainte.

« Que reste-t-il donc à faire? car enfin cette incertitude ne peut pas durer toujours. Après un examen sérieux des difficultés et des dangers que présentaient les diverses combinaisons, je le dis avec un regret sincère et quelque pénible que soit la solution, ce qui me paraîtrait le plus conforme aux véritables intérêts du Saint-Siége, ce serait de faire le sacrifice des provinces révoltées. Si le Saint-Père, pour le repos de l'Europe, renonçait à ces provinces, qui, depuis cinquante ans, suscitent tant d'embarras à son gouvernement, et qu'en échange il demandât aux puissances de lui garantir la possession du reste, je ne doute pas du retour immédiat de l'ordre. Alors le Saint-Père assurerait à l'Italie reconnaissante la paix pendant de longues années et au Saint-Siége la possession paisible des États de l'Église.

« Votre Sainteté, j'aime à le croire, ne se méprendra pas sur les sentiments qui m'animent; elle comprendra la difficulté de ma situation; elle interprétera avec bienveillance la franchise de mon langage, en se souvenant de tout ce que j'ai fait pour la religion catholique et pour son auguste chef.

« J'ai exprimé sans réserve toute ma pensée, et je l'ai cru indispensable avant le congrès. Mais je prie Votre Sainteté, quelle que soit sa décision, de croire qu'elle ne changera en rien la ligne de conduite que j'ai toujours tenue à son égard.

« En remerciant Votre Sainteté de la bénédiction apostolique qu'elle a envoyée à l'Impératrice, au Prince Impérial et à moi, je lui renouvelle l'assurance de ma profonde vénération.

« De Votre Sainteté,

« Votre dévot fils,

« NAPOLÉON.

« Palais des Tuileries, le 31 décembre 1859. »

Le 1er janvier 1860, le souverain Pontife, qui n'avait pas encore reçu la réponse impériale, fit, en réponse aux félicitations d'usage que le général comte de Goyon offrit à Sa Sainteté, une allocution où perçaient les sentiments d'irritation qui animaient la cour de Rome. Voici le texte de cette allocution :

« Monsieur le général,

« Si chaque année nous avons reçu avec plaisir les vœux que vous nous avez présentés au nom des braves officiers et de l'armée que vous commandez si dignement, ces vœux nous sont doublement chers aujourd'hui à cause des événements exceptionnels qui se sont succédé, et parce que vous nous assurez que la division française qui se trouve dans les États pontificaux y est placée pour la défense des droits de la catholicité. Que Dieu vous bénisse donc, vous et toute l'armée française! qu'il bénisse également toutes les classes de cette généreuse nation!

« En nous prosternant aux pieds de ce Dieu qui fut, est et sera dans l'éternité, nous le prions, dans l'humilité de notre cœur, de faire descendre abondamment ses grâces et ses lumières sur le chef auguste de cette armée et de cette nation, afin qu'éclairé de ces lumières il puisse marcher sûrement dans sa route difficile et reconnaître encore la fausseté de certains principes qui ont été produits ces jours derniers dans un opuscule qu'on peut appeler un monument insigne d'hypocrisie et un tissu ignoble de contradictions. Nous espérons qu'à l'aide de ces lumières, disons plus, nous sommes persuadé qu'avec l'aide de ces lumières il condamnera les principes contenus dans cet opuscule ; nous en sommes d'autant plus convaincu que nous possédons quelques pièces qu'il y a quelque temps Sa Majesté eut la bonté de nous faire parvenir et qui sont une véritable condamnation de ces principes. C'est avec cette conviction que nous implorons Dieu pour qu'il répande ses bénédictions sur l'Empereur, sur son auguste compagne, sur le Prince Impérial et sur toute la France. »

Quelques jours plus tard, Pie IX répondait directement à Napoléon III dans les termes suivants :

« Sire,

« J'ai reçu la lettre que Votre Majesté a eu la bonté de m'écrire, et j'y réponds sans détours, et, comme on dit, à cœur ouvert. Et, avant tout, je ne me dissimule pas la position difficile de Votre Majesté, qu'elle-même ne me cache pas, et que je vois dans toute sa gravité. Votre Majesté pourrait sortir de cette position par quelque mesure décisive, qui peut-être excite sa répugnance, et c'est précisément parce que vous vous trouvez dans cette position que vous me conseillez de nouveau, pour la paix de l'Europe, de céder les provinces insurgées, en m'assurant que les puissances garantiront au Pape celles qui lui restent.

« Un projet de cette nature présente des difficultés insurmontables, et, pour s'en convaincre, il suffit de réfléchir à ma situation, à mon caractère sacré et aux droits du Saint-Siége, droits qui ne sont pas ceux d'une dynastie, mais de tous les catholiques. Les difficultés sont insurmontables, parce que je ne puis céder ce qui ne m'appartient pas, et parce que je vois fort bien que la victoire qu'on veut donner aux révolutionnaires des Légations servira de prétexte et d'encouragement aux révolutionnaires indigènes et étrangers des autres provinces pour jouer le même jeu, en voyant le succès des premiers ; et, quand je dis les révolutionnaires, j'entends la partie la moins considérable et la plus audacieuse des populations.

« Les puissances, dites-vous, garantiront le reste ; mais, dans les cas graves et extraordinaires que l'on doit prévoir, vu les nombreux appuis que les habitants reçoivent du dehors, sera-t-il possible que ces puissances emploient la force d'une manière efficace ? Si cela ne se fait pas, Votre Majesté sera persuadée comme moi que les usurpateurs des biens d'autrui et les révolutionnaires sont invincibles alors qu'on ne se sert avec eux que des moyens de la raison.

« Quoi qu'il en soit, du reste, je me vois obligé de déclarer ouvertement à Votre Majesté que je ne puis céder les Légations sans violer les serments solennels qui me lient, sans produire un malheur et une secousse dans les autres provinces, sans faire tort et scandale à tous les catholiques, sans affaiblir les droits non-seulement des souverains de l'Italie injustement dépouillés de leurs domaines, mais encore des souverains de tout le monde chrétien, qui ne pourraient voir sans indifférence la destruction de certains principes.

« Votre Majesté fait dépendre le repos de l'Europe de la cession de la part du Pape des Légations, qui, depuis cinquante ans, auraient suscité tant d'embarras au gouvernement pontifical; mais, comme j'ai promis, en commençant cette lettre, de parler à cœur ouvert, qu'il me soit permis de revenir sur cet argument. Qui est-ce qui pourrait compter les révolutions survenues en France depuis soixante et dix ans? Mais, en même temps, qui est-ce qui oserait dire à la grande nation française que, pour le repos de l'Europe, il serait nécessaire de restreindre les limites de l'empire? L'argument prouve trop, aussi me permettrez-vous de ne pas l'admettre. Et puis Votre Majesté n'ignore pas par quelles personnes, avec quels deniers, avec quels appuis ont été commis les derniers attentats de Bologne, de Ravenne et des autres villes. La presque totalité des populations est restée épouvantée de ce mouvement auquel elle ne s'attendait pas, et qu'elle ne se montrait pas disposée à suivre.

« Votre Majesté dit que, si j'avais accepté le projet exprimé dans la lettre qu'elle m'expédia par l'intermédiaire de M. Menneval, les provinces insurgées seraient actuellement sous mon autorité. A vrai dire, cette lettre était en opposition avec celle dont vous m'aviez honoré avant de commencer la campagne d'Italie et dans laquelle vous me donniez des assurances consolantes sans me causer des afflictions.

« La lettre à laquelle vous faites allusion me proposait dans sa première partie un projet inadmissible, comme la présente; et, quant à la seconde partie, je crois l'avoir adoptée, ainsi que peuvent le démontrer les documents consignés à Rome entre les mains de votre ambassadeur.

« Je réfléchis aussi à cette phrase de Votre Majesté que, si j'avais accepté ce projet, j'aurais conservé mon autorité sur ces provinces, ce qui semble vouloir dire qu'au point où nous en sommes elles sont perdues pour toujours. Sire, je vous prie au nom de l'Église, et aussi au point de vue de votre propre intérêt, de faire en sorte que mon appréhension ne soit point justifiée. Certains mémoires, que l'on dit secrets, m'apprennent que l'empereur Napoléon Ier a laissé aux siens d'utiles avertissements dignes d'un philosophe chrétien qui, dans l'adversité, ne trouva que dans la religion des consolations et des apaisements.

« Il est certain que tous nous devons bientôt comparaître devant le tribunal suprême pour rendre un compte sévère de tous nos actes, de toutes nos paroles et pensées. Tâchons donc de comparaître devant ce grand tribunal de Dieu de manière à pouvoir éprouver les effets de sa miséricorde et non ceux de la justice.

« Je vous parle ainsi en ma qualité de père, laquelle me donne le droit de dire la vérité toute nue à mes fils, quelque élevée que soit leur position dans le monde. Du reste, je vous remercie de vos expressions bienveillantes à mon égard et de l'assurance que vous me donnez de vouloir me continuer la sollicitude que vous dites avoir toujours eue pour moi jusqu'ici. Il ne me reste plus qu'à prier Dieu de répandre sur vous, sur l'Impératrice et sur le jeune Prince Impérial l'abondance de ses bénédictions.

« Au Vatican, le 8 janvier 1860.

« PIE IX. »

La situation s'aggravait par cette résistance du souverain Pontife aux conseils de la prudence et de la sagesse, résistance dans laquelle Sa Sainteté s'efforçait d'entraîner l'épiscopat et le clergé de France, aussi bien que les cabinets européens. Elle publiait en effet, à la date du 19 janvier 1860, une nouvelle encyclique, dont voici le texte :

ENCYCLIQUE DE NOTRE SAINT-PÈRE LE PAPE PIE IX.

A nos vénérables Frères, les patriarches, primats, archevêques, évêques et autres ordinaires des lieux, unis par la grâce et la communion au Siége apostolique,

PIE IX, SOUVERAIN PONTIFE.

Vénérables Frères, salut et bénédiction apostolique. Nous ne trouvons aucune parole, vénérables Frères, qui puisse vous expliquer quelle consolation et quelle joie vous Nous avez fait éprouver, au milieu de nos amères tribulations, vous et les fidèles confiés à vos soins, par la vive et admirable expression de votre foi, de votre piété et de votre soumission envers Nous et ce Siége apostolique, ainsi que par l'éclat de votre accord, de votre empressement, de votre zèle et de votre constance à venger les droits du Saint-Siége et à défendre la cause de la justice. En effet, aussitôt que notre encyclique du 18 juin de la précédente année, qui vous a été adressée, et plus tard notre double allocution consistoriale vous ont, à votre grande douleur, fait connaître la déplorable gravité de la situation religieuse et civile en Italie ; dès que vous avez appris les criminelles et audacieuses manœuvres de rébellion contre les princes légitimes de l'Italie, contre les droits sacrés de notre souveraineté et de la souveraineté du Saint-Siége, incontinent, secondant nos vœux et notre sollicitude, vous avez mis tous vos soins à ordonner des prières publiques dans vos diocèses. Non-seulement vous nous avez envoyé des lettres pleines de soumission et d'amour, mais encore, au grand honneur de votre ordre et de votre nom, élevant votre voix épiscopale, tantôt dans des lettres pastorales, tantôt dans des écrits publics pleins de foi et de science, vous avez vaillamment vengé la cause de notre sainte religion et de la justice, et flétri avec force les sacriléges attentats contre la souveraineté civile de l'Église romaine. Dans votre courageuse défense de cette souveraineté, vous vous êtes fait gloire de confesser et d'enseigner que, par un dessein particulier de la Providence divine, qui régit et gouverne toutes choses, elle a été donnée au Pontife romain, afin que, n'étant soumis à aucune puissance civile, il puisse, avec une entière liberté et sans aucun obstacle, exercer dans tout l'univers la charge suprême du ministère apostolique qui lui a été divinement confiée par le Christ Notre-Seigneur.

Nourris de vos enseignements, entraînés par votre admirable exemple, les bien-aimés fils de l'Église catholique ont déployé et déploient encore une généreuse ardeur à nous témoigner les mêmes sentiments. Car, de toutes les contrées de l'univers catholique, nous avons reçu, et d'ecclésiastiques et de laïques de toute dignité, ordre, rang et condition, un nombre presque incalculable de lettres, quelquefois signées par des centaines de mille de catholiques, dans lesquelles ils confirment avec éclat leur dévouement et leur vénération filiale envers nous et ce siége de Pierre, réprouvant avec indignation les actes audacieux de rébellion commis dans quelques-unes de nos provinces, se prononcent pour l'entier et inviolable maintien du patrimoine du bienheureux Pierre et sa défense contre toute atteinte. C'est ce que plusieurs d'entre eux ont spécialement établi avec savoir et convenance dans des écrits publics. Ces éloquents témoignages de votre dévouement et du dévouement des fidèles, qu'on ne saurait trop louer et publier, et qui seront gravés en lettres d'or dans les fastes de l'Église catholique, nous ont tellement ému, que nous n'avons pu nous empêcher de nous écrier avec joie : « Béni soit Dieu, Père de Notre-Seigneur Jésus-Christ, Père des miséricordes et Dieu de toute consolation, qui nous console dans toutes nos tribulations. » Au milieu des terribles épreuves qui nous accablent, rien de plus doux, de plus consolant, de plus conforme à nos vœux que le spectacle de cet unanime et admirable zèle qui vous inspire et vous enflamme dans la défense des droits du Saint-Siége, et de cette énergique volonté avec laquelle les fidèles confiés à vos soins embrassent la même cause. Vous pouvez donc facilement comprendre avec quelle ardeur et à combien de justes titres s'accroît chaque jour pour eux et pour vous notre paternelle bienveillance.

Mais tandis que, de votre part et de la part des fidèles, ces admirables témoignages de zèle et d'amour envers nous et le Saint-Siége apportaient un adoucissement à notre amertume, voici qu'une nouvelle cause d'affliction nous est arrivée d'ailleurs. Aussi vous écrivons-nous cette lettre pour que, dans une si grave affaire, vous connaissiez parfaitement encore les sentiments de notre cœur. Naguère, comme l'ont déjà appris plusieurs d'entre vous, la feuille parisienne intitulée le *Moniteur* a publié une lettre de l'Empereur des Français, en réponse à notre lettre où nous conjurions Sa Majesté de vouloir bien, dans le congrès de Paris, assurer son puissant patronage à l'intégrité et à l'inviolabilité de la souveraineté temporelle du Saint-Siége, et la soustraire au pouvoir d'une criminelle révolte. Dans sa lettre, après avoir rappelé un conseil qu'il nous avait proposé peu de temps avant au sujet des provinces rebelles de notre domination pontificale, le très-haut Empereur nous conseille de vouloir bien renoncer à la possession de ces provinces, attendu qu'il ne voit que ce moyen de remédier aux bouleversements actuels.

Chacun de vous, Vénérables Frères, comprend très-bien qu'en présence de cette lettre le souvenir de notre charge importante nous défendait de nous taire. Aussi nous sommes-nous hâté de répondre à l'Empereur. Avec la liberté apostolique de notre cœur, nous lui avons clairement et ouvertement déclaré que nous ne pouvions en aucune façon accéder à son conseil, parce qu'il « est hérissé d'obstacles insurmontables à raison de notre dignité et de celle du Saint-Siége, de notre sacré caractère et des droits de ce siége qui appartiennent non à la succession d'une famille royale, mais à tous les catholiques. » Nous avons en même temps déclaré « que nous ne pouvons céder ce qui n'est pas à nous; que nous comprenions parfaitement que le triomphe qu'on voulait assurer aux révoltés de l'Émilie pousserait les perturbateurs indigènes et étrangers des autres provinces à commettre les mêmes attentats, lorsqu'ils verraient l'heureux succès des rebelles. » Entre autres choses, nous faisons connaître à l'Empereur « que nous ne pouvons abdiquer ces provinces de l'Émilie qui relèvent de notre domination pontificale sans violer les serments solennels qui nous lient, sans exciter des plaintes et des soulèvements dans le reste de nos provinces, sans causer un préjudice à tous les catholiques, enfin sans affaiblir les droits, non-seulement des princes italiens qui ont été injustement dépossédés de leurs trônes, mais de tous les princes de la chrétienté entière, qui ne pourraient voir d'un œil indifférent l'avénement de certains principes très-pernicieux. Comme le sérénissime Empereur était d'avis que nous devions abdiquer ces provinces à cause des tentatives de rébellion qui parfois y ont éclaté, nous avons répondu, avec raison, nous avons répondu que cet argument n'avait aucune valeur, vu qu'il prouvait trop; car de semblables soulèvements ont eu lieu très-souvent, et en Europe, et ailleurs. Il n'est personne qui ne voie qu'on peut tirer de là un légitime argument pour diminuer les États. Nous n'avons pas omis de rappeler à l'Empereur qu'avant la guerre civile il nous avait écrit une lettre bien différente de sa dernière lettre, qui nous apporta la consolation, non l'affliction. Or, comme quelques paroles de la lettre impériale, publiée par la susdite feuille, nous donnaient lieu de craindre que nos provinces de l'Émilie ne fussent considérées comme déjà séparées de notre domination pontificale, nous avons, au nom de l'Église, prié Sa Majesté que, eu égard à son bien et à ses intérêts, elle dissipât complétement nos craintes. Animé de cette paternelle charité avec laquelle nous devons nous préoccuper du salut de tous, nous lui avons rappelé que tous, un jour, nous devrons rendre un compte rigoureux, en face du tribunal du Christ, et subir un jugement sévère; qu'en conséquence chacun doit faire les plus sérieux efforts pour éprouver un jour les effets de la miséricorde plutôt que ceux de la justice.

Telles sont, entre autres, les choses que nous avons répondues au puissant Empereur des Français. Nous avons cru devoir, Vénérables Frères, vous en donner communication, afin que vous, d'abord, et tout l'univers catholique appreniez de plus en plus que, Dieu aidant et conformément à l'obligation de notre très-grave ministère, nous faisons tous nos efforts, et que nous n'omettons rien pour défendre courageusement la cause de la religion et de la justice; pour maintenir avec fermeté intacts et inviolables le pouvoir civil de l'Église romaine, ses possessions temporelles et ses droits, qui appartiennent à tout l'univers catholique; aussi, pour garantir la juste cause des autres princes, comptant sur le secours de Celui qui a dit : *Vous serez opprimés dans le monde, mais ayez confiance, j'ai vaincu le monde* (Jean, XVI, 33), et : *Bienheureux ceux qui souffrent persécution pour la justice* (Matth., V, 10), nous sommes prêt à suivre les illustres traces de nos prédécesseurs, à imiter leurs exemples à souffrir les épreuves les plus rudes et les plus amères, à sacrifier même la vie plutôt que d'abandonner en aucune manière la cause de Dieu, de l'Église et de la justice. Mais vous pouvez aisément deviner, Vénérables Frères, combien amère est notre douleur en voyant à quelle détestable guerre notre très-sainte religion est en proie, au grand détriment des âmes, et quels orages agitent l'Église et le Saint-Siége. Vous comprenez aussi facilement quelles sont nos angoisses en apprenant quel est le péril des âmes dans nos provinces troublées par la révolte, où la piété, la religion, la foi, l'honnêteté des mœurs sont déplorablement ébranlées de plus en plus par des écrits pernicieux. Vous surtout, Vénérables Frères, qui êtes appelés à partager notre sollicitude, et qui avez pris en main avec tant de foi, de constance et de courage la cause de la religion, de l'Église et de ce siége apostolique, continuez à défendre cette même cause avec plus de cœur et de zèle encore ; enflammez chaque jour davantage les fidèles confiés à vos soins, afin que, sous votre conduite, ils ne cessent d'employer tous leurs efforts, leur zèle et leurs pensées à la défense de l'Église catholique et du Saint-Siége, et au maintien du pouvoir civil de ce même siége, de ce patrimoine du bienheureux Pierre, que tous les catholiques ont intérêt à protéger. Nous vous demandons principalement et avec les plus vives instances, Vénérables Frères, de vous unir à nous pour adresser sans relâche au Dieu très-bon et très-grand les plus ferventes prières, de concert avec les fidèles confiés à vos soins, afin qu'il commande aux vents et à la mer, qu'il nous assiste de son secours le plus efficace, qu'il protége son Église, qu'il se lève et juge sa cause ; que, dans sa miséricorde, il éclaire de sa grâce céleste tous les ennemis de l'Église et de ce siége, et daigne les ramener, par sa vertu toute-puissante, aux sentiers de la vérité, de la justice et du salut. Et pour que Dieu invoqué prête plus facilement son oreille à nos prières, aux vôtres, à celles de tous les fidèles, demandons surtout, Vénérables Frères, les suffrages de l'immaculée et très-sainte Mère de Dieu, la vierge Marie, qui est la mère la plus tendre de nous tous et notre espérance la plus certaine, la protection efficace et la colonne de l'Église et dont le patronage est le plus puissant auprès de Dieu. Implorons aussi les suffrages du bienheureux prince des apôtres, que le Christ Notre-Seigneur a établi la pierre de son Église, contre laquelle les portes de l'enfer ne pourront jamais prévaloir, et de Paul, son frère dans l'apostolat, et de tous les saints qui règnent avec le Christ dans les cieux. Nous ne doutons pas, Vénérables Frères, eu égard à la rare piété et au zèle sacerdotal qui vous distinguent, que vous ne vous empressiez de vous conformer à nos vœux et à nos demandes. Et en attendant, comme gage de notre charité très-ardente pour vous, nous vous accordons affectueusement à vous, Vénérables Frères, à tous les clercs et à tous les laïques confiés à votre vigilance, la bénédiction apostolique partie du plus profond du cœur et jointe au vœu de toute vraie félicité.

Donné à Rome, à Saint-Pierre, le 19 janvier de l'an 1860, de notre pontificat le quatorzième.

Le gouvernement impérial se chargea lui-même de réfuter cette dernière encyclique, dans une circulaire diplomatique de M. Thouvenel, devenu ministre des affaires étrangères de France en remplacement de M. le comte Walewski. Voici le texte de cette circulaire, adressée à nos agents à l'étranger :

« Monsieur,

« Vous connaissez la lettre encyclique que le Pape a adressée à tous les patriarches, évêques et primats de la catholicité, et dans laquelle Sa Sainteté, exposant à un point de vue exclusif l'origine et la nature des difficultés que présente la situation actuelle des Romagnes, exhorte les pasteurs et les fidèles dans le monde entier à concourir de tous les efforts de leur zèle au maintien et à la défense du droit du Saint-Siége sur ces provinces.

« Ne doutant pas que ce document n'ait attiré la sérieuse attention du gouvernement, je crois devoir vous mettre en mesure de faire connaître comment le gouvernement de Sa Majesté l'a lui-même apprécié.

« Je ne m'arrêterai pas, pour le moment, à relever les reproches plus ou moins articulés qui sont dirigés par l'encyclique contre la ligne de conduite suivie par l'Empereur à l'égard du Saint-Siége, dans les difficiles conjonctures de ces derniers temps. L'histoire, dans son impartialité, dira un jour à qui doit appartenir la responsabilité des événements, ou du souverain dont les efforts ont constamment tendu à les prévenir, ou de ceux qui, se refusant à toute concession et à toute réforme, et se renfermant dans une inexplicable inaction, ont laissé l'état des choses empirer jusqu'à ce point où le mal devient souvent irrémédiable.

« Ce qui a surtout frappé d'une façon pénible le gouvernement de Sa Majesté, c'est l'oubli que, dans une circonstance aussi importante, la cour de Rome a fait des usages diplomatiques, en transportant directement sur le terrain de la religion une question qui appartient avant tout à l'ordre temporel. Nous voyons avec un sentiment de regret aussi sincère que profond le Saint-Père faire appel à la conscience du clergé et exciter l'ardeur des fidèles à l'occasion d'une affaire dont la discussion ne saurait utilement avoir lieu que de gouvernement à gouvernement.

« Il ne s'agit point, en effet, de porter la plus légère atteinte à la puissance spirituelle du souverain Pontife, ni à l'indépendance dont elle a besoin pour s'exercer dans la limite de ses droits. La question des Romagnes, aujourd'hui comme à d'autres époques, est née de circonstances politiques; c'est également sous son aspect politique qu'il convient de l'examiner, en recherchant les meilleurs moyens de satisfaire à des nécessités en présence desquelles le gouvernement pontifical ne se trouverait pas fatalement amené, je le répète, si, au lieu d'attendre avec imprévoyance le développement de la situation, il eût écouté nos conseils et secondé nos efforts. Non, quoi qu'en puisse dire l'esprit de parti qui ne craint pas d'affecter les apparences du zèle religieux, non, quoi que l'on fasse pour laisser croire que les intérêts de la foi sont en péril, il ne se traite, Dieu merci, entre le gouvernement de Sa Sainteté et celui de l'Empereur, qu'une question purement temporelle. Nous pouvons donc la discuter sans manquer aux sentiments de déférence et de respect que la France entière s'honore de porter au père commun des fidèles, et dont Sa Majesté est toujours heureuse d'être la première à donner l'exemple.

« Je n'hésite pas à le dire, monsieur, la cour de Rome n'a pas été bien inspirée en essayant d'établir, ainsi que le fait l'encyclique, une sorte de connexité indissoluble entre deux ordres d'intérêts qui ne sauraient être mêlés et confondus sans danger. Dans les premiers âges de l'Église, alors que les tendances de la civilisation étaient théocratiques, cette confusion était naturelle et possible; elle était sans peine acceptée par tout le monde, parce qu'elle répondait à l'état des esprits et des consciences. C'est ainsi qu'elle fut dans l'origine un des éléments de la puissance de la papauté et qu'elle concourut à la formation et au développement de sa souveraineté territoriale. Cependant, si l'on voulait interroger l'histoire avec attention, on verrait bien que ce ne fut pas uniquement en invoquant des motifs empruntés à sa mission divine et en réclamant en quelque sorte au nom du ciel, que la papauté, tantôt avec l'appui des populations, tantôt avec le secours de souverains étrangers, parvint à se mettre en possession d'une partie de l'Italie. On reconnaîtrait en même temps, il faut le proclamer à l'honneur du Saint-Siége, que les papes trouvèrent dans leur sagesse, leurs lumières, leur amour de l'ordre et de la justice, en un mot dans le gouvernement meilleur qu'ils offraient aux peuples, dans ces temps de violences et d'anarchie, un des éléments essentiels de leur autorité politique.

« Je n'insisterai pas sur ce point de vue, craignant, si je m'y arrêtais davantage, de laisser croire que j'ai voulu chercher dans le contraste une allusion et emprunter au passé une leçon applicable au temps présent : rien n'est plus loin de ma pensée. Il me sera toutefois permis de dire que, de nos jours, par suite d'un progrès que le gouvernement de l'Empereur ne saurait considérer autrement que comme un bienfait réciproque irrévocablement acquis aux sociétés modernes, la séparation s'est accomplie entre les deux domaines de l'ordre religieux et de l'ordre politique et civil. Le Saint-Siége ne s'est donc pas moins mis en désaccord avec l'esprit général de l'époque qu'avec les règles internationales, en faisant appel aux consciences, au nom de la foi, pour un intérêt qui, à le bien prendre, est simplement temporel.

« J'ajoute que cette tentative est loin d'avoir pour elle l'autorité et les précédents de l'histoire. En effet, ce n'est pas la première fois que, dans des temps voisins de nous, la situation des Romagnes et leur état de possession ont été l'objet d'un débat politique. En 1797, à la suite d'événements dont il lui fallait bien, comme souverain, accepter la responsabilité, le Pape cédait ces provinces à la France par le traité de Tolentino, en même temps qu'il renonçait aux anciens droits du Saint-Siége sur le territoire d'Avignon; et, si vif que fût pour lui le regret d'une diminution de ses domaines, Pie VI croyait sans doute pouvoir souscrire à cette convention sans manquer à ses devoirs comme souverain Pontife et gardien de la foi. Les deux parties contractantes ne furent pas seules à ne voir dans cette transaction qu'un fait temporel, nullement attentatoire à la religion. Les préliminaires signés à Léoben, deux mois plus tard, entre la France et l'Autriche, attestent que la cour de Vienne ne pensait pas autrement que la France à ce sujet. Après avoir entretenu pendant la guerre des relations étroites avec la cour de Rome, elle se prêta néanmoins à une combinaison qui, lui attribuant une partie des États de Venise, indemnisait cette république en lui transférant la possession des trois légations de la Romagne, de Ferrare et de Bologne. Les traités de Campo-Formio et de Lunéville vinrent encore consacrer, sous une autre forme, la séparation de ces provinces, et dans les divers arrangements qui furent alors convenus on n'aperçoit jamais que les gouvernements qui y prenaient part aient eu à se préoccuper des prérogatives du Saint-Siége au point de vue de son pouvoir spirituel et des intérêts religieux.

« Si l'on voulait interroger sur d'autres points l'histoire contemporaine, qui ne se rappellerait qu'au commencement de ce siècle des territoires ecclésiastiques, tels que l'évêché de Salzbourg, la prévôté de Berchtelsgaden, les évêchés de Trente, de Brixen et d'Eichstædt servirent, à la demande de l'Autriche, à indemniser ses archiducs dépossédés en Italie? A l'égard de ces territoires comme pour les Légations, comme pour l'électorat de Mayence, aucune solidarité ne fut reconnue entre le droit temporel du possesseur et l'intérêt de la religion; le caractère ecclésiastique des souverains ne fut pas un obstacle aux combinaisons que les circonstances avaient rendues nécessaires. La participation de la cour de Vienne à ces diverses transactions ne permet pas assurément d'y voir une application de nouveaux principes à l'usage de la France. Rien ne saurait mieux l'attester que ce qui s'est passé quelques années plus tard. Le pape Pie VII rentrait à Rome et reprenait l'exercice de son pouvoir temporel lorsque, par un traité secret signé à Naples le 11 janvier 1814, l'empereur François, dans le but d'attacher le roi Joachim à la cause de la coalition européenne, s'engageait, « afin de lui procurer une forte frontière militaire *en accord avec les besoins politiques des deux puissances*, à lui assurer une acquisition calculée sur le pied de quatre cent mille âmes, à prendre sur l'État romain, et à prêter ses bons offices pour faire admettre et sanctionner cette concession par le Saint-Père. »

« Ainsi donc le principe du partage des Légations et même des Marches entre le royaume de Naples et l'Autriche se trouvait franchement posé, et l'application en semblait tellement indépendante de toute circonstance particulière, que l'on vit, l'année suivante, le roi des Deux-Siciles, restauré à Naples sur son trône, essayer de maintenir, à son bénéfice, la clause que nous venons de citer. L'Autriche, de son côté, était plus heureuse dans ses prétentions, puisqu'elle conservait, aux dépens du Saint-Siége, une partie de la légation de Ferrare, sur la rive gauche du Pô, territoire qui n'avait pas appartenu à l'État de Venise. Le Pape protesta vainement contre cette disposition, de même qu'il protesta contre la non-restitution du comté d'Avignon et du territoire de Parme au Saint-Siége. Ses réclamations, qu'il fondait à la fois sur ses droits anciens et sur des motifs d'utilité pour l'Église, ne furent point admises par les puissances, et nous ne serons pas démenti par les documents relatifs aux négociations de 1815, si nous ajoutons qu'il ne s'en fallut pas de beaucoup que les Romagnes ne demeurassent alors séparées des États pontificaux. Plus d'une combinaison, conçue dans ce sens, fut agitée au sein du congrès de Vienne, et l'on sait que la Prusse, par exemple, proposa de disposer des Légations en faveur du roi de Saxe, qui les aurait reçues à titre de compensation. Ce ne fut pas sans difficulté que le Pape parvint à les conserver, et à faire prévaloir le droit qu'il invoquait contre l'opinion, si digne de remarque, adoptée par les plénipotentiaires, que les Légations étaient, par droit de conquête, tombées à la disposition des alliés. Quoi qu'il en soit, la discussion, par rapport aux États romains, fut constamment maintenue, même par les puissances catholiques, dans un ordre de considérations exclusivement temporelles.

« C'est là, monsieur, le seul enseignement que je veuille tirer des exemples que j'ai rappelés et qui établissent à quel point la doctrine exposée dans la dernière encyclique, si elle est aujourd'hui conforme aux idées de la cour de Rome, se trouve en contradiction avec les données les plus positives de la politique. Mon intention n'est nullement d'en faire ressortir des arguments contre les droits reconnus du Saint-Siége; mais j'ai tenu à vous fournir le moyen de rectifier autour de vous les impressions erronées qui tendraient à faire considérer une opinion émise sur une question temporelle comme une atteinte aux prérogatives imprescriptibles et sacrées de l'Église catholique.

« Agréez, monsieur, l'assurance de ma haute considération,

« *Signé :* THOUVENEL. »

Au même moment, un nouveau projet d'arrangement des affaires d'Italie, formulé par l'Angleterre, était soumis à la France et à la Sardaigne, ainsi qu'à l'Autriche, à la Prusse et à la Russie. Ce projet, qui, du reste, ne devait pas avoir de suite, contenait quatre propositions distinctes ainsi conçues :

« 1° La France et l'Autriche renonceraient à intervenir désormais dans les affaires intérieures de l'Italie, à moins d'y être appelées par l'assentiment unanime des grandes puissances;

« 2° Le gouvernement de l'Empereur s'entendrait avec le Saint-Père pour évacuer les États romains, lorsque l'organisation de son armée le permettrait et que nos troupes pourraient être retirées de Rome sans danger pour le maintien de l'ordre. Notre armée quitterait également le nord de l'Italie dans un délai convenable;

« 3° L'organisation intérieure de la Vénétie serait laissée en dehors des négociations entre les puissances;

« 4° Enfin le roi de Sardaigne serait invité par le gouvernement de l'Empereur et celui de Sa Majesté Britannique, agissant de concert, à ne point envoyer de troupes dans l'Italie centrale, jusqu'à ce que ces divers États et provinces eussent, par un nouveau vote de leurs assemblées, après une nouvelle élection, solennellement déclaré leurs vœux, et si ces assemblées se prononçaient en faveur de l'annexion, la France et la Grande-Bretagne ne s'opposeraient plus à l'entrée des troupes sardes. »

M. Thouvenel transmit ce projet au cabinet de Vienne par l'intermédiaire du marquis de Moustier, nommé ambassadeur de France à la cour d'Autriche, en remplacement de M. le baron de Bourqueney. Quelques jours après, il adressait à ce même diplomate la lettre suivante :

« Paris, le 31 janvier 1860.

« Monsieur le marquis, ma dépêche précédente vous a fait connaître les propositions dont le gouvernement de Sa Majesté Britannique a pris l'initiative au sujet de l'Italie, ainsi que l'accueil qu'elles ont reçu de moi, conformément aux ordres de l'Empereur. Nous avons le ferme espoir que le cabinet de Vienne appréciera le caractère de nos réponses, et les sentiments de franchise et de loyauté qui nous les ont inspirées.

« En prenant possession de mes fonctions dans les conjonctures actuelles, je me trouve en présence d'une situation difficile dont la prolongation offrirait les plus graves dangers pour l'Europe, et j'ai dû me préoccuper, avant tout, des moyens d'y mettre un terme. Des entretiens que j'ai eus avec mon prédécesseur, et de l'étude attentive des documents à laquelle j'ai apporté un esprit dégagé de toute prévention, il est résulté pour moi une conviction que mon devoir était de ne pas dissimuler à l'Empereur, et Sa Majesté m'a autorisé à m'en ouvrir sans détour avec vous.

« Sans remonter plus loin dans le passé, je prends les faits à la date même de la signature des préliminaires de Villafranca.

« Au lendemain de cet événement mémorable, l'Empereur, encore tout plein, si j'ose ainsi parler, des souvenirs de son entrevue avec son auguste adversaire de la veille, caractérisait, dans une proclamation adressée à son armée, le résultat qu'il croyait avoir obtenu, sans pousser plus loin la guerre, grâce à la modération des deux souverains.

« Les bases de la paix sont arrêtées avec l'empereur d'Autriche, disait « Sa Majesté, le 15 juillet dernier. Le but principal de la guerre est atteint : « l'Italie va devenir pour la première fois une nation... La Vénétie reste, il « est vrai, sous le sceptre de l'Autriche ; elle sera néanmoins une province « italienne... Les gouvernements restés en dehors du mouvement ou rap- « pelés dans leurs possessions comprendront la nécessité de réformes sa- « lutaires... L'Italie, désormais maîtresse de ses destinées, n'aura plus qu'à « s'en prendre à elle-même si elle ne progresse pas régulièrement dans « l'ordre et la liberté ! »

« En prononçant ces paroles, monsieur le marquis, l'Empereur nourrissait l'espoir que l'organisation nouvelle de l'Italie pourrait se concilier avec la restauration, sous certaines conditions déterminées, des anciennes dynasties. Sa Majesté aimait surtout à penser que les chefs de ces dynasties iraient eux-mêmes au-devant des difficultés qu'il leur fallait surmonter pour ramener les dispositions de leurs sujets, et qu'un temps précieux ne serait point perdu. Au contraire, que s'est-il passé? Les anciens gouvernements, demeurés en possession de leurs États, n'ont opéré aucune des réformes que l'Empereur avait en vue. Le Saint-Siége, tout en se montrant plus disposé à déférer sur ce point à nos conseils, a cru devoir ajourner indéfiniment la réalisation de ses promesses. Le gouvernement autrichien a gardé le silence sur les intentions généreuses qui avaient été manifestées à l'Empereur à l'égard du gouvernement de la Vénétie. Le duc de Modène a voulu rentrer de force dans ses États, et le grand-duc de Toscane, avant de prendre une résolution que les intérêts de sa maison le pressaient d'adopter sans retard, a attendu qu'une assemblée se fût réunie pour proclamer sa déchéance. La situation générale, en un mot, se trouvait déjà gravement compromise, lorsque les négociations pour la signature du traité de paix se sont ouvertes à Zurich.

« Le gouvernement de l'Empereur, néanmoins, fidèle à ses promesses, a hautement admis la réserve des droits dynastiques en Toscane, à Modène et même à Parme, bien que rien n'eût été convenu à Villafranca en faveur du duc Robert.

« Pendant que ce gage était donné par le gouvernement de l'Empereur dans les stipulations de Zurich, deux envoyés, M. le comte de Reiset d'abord, et un peu plus tard M. le prince Poniatowski, que ses relations anciennes en Toscane accréditaient particulièrement pour cette mission, étaient chargés de se rendre dans l'Italie centrale afin d'y porter des conseils et d'y prodiguer des exhortations. L'impression que leur langage et leurs démarches ont causée suffit assurément pour en démontrer la sincérité. J'en appelle sans crainte sur ce point aux informations que la cour de Vienne a pu recueillir. Pénétré du vif désir, non-seulement de remplir ses promesses, mais de travailler efficacement au succès d'une combinaison qui lui semblait propre à assurer la tranquillité et l'indépendance de l'Italie, le gouvernement de l'Empereur n'a pas hésité à compromettre sa popularité. Le langage qu'il tenait à la même époque à Turin était empreint d'une égale fermeté. Tous ses efforts ont échoué devant la résistance des populations.

« Après avoir ainsi multiplié ses démarches pour amener la réconciliation des princes avec leurs peuples, le gouvernement de Sa Majesté, en présence de l'inefficacité de ces diverses tentatives, et voyant la combinaison qu'il avait promis de seconder plus vivement repoussée, en raison même de son insistance à la faire accepter, avait pensé que l'autorité de l'Europe assemblée aurait réalisé l'objet qu'il se proposait. Voulant, avant toute chose, accomplir ses engagements et désespérant de triompher, sans le concours des autres cabinets, de l'opposition qu'il rencontrait dans l'Italie centrale, il avait donc provoqué la réunion d'un congrès. Mieux qu'aucune autre puissance, l'Autriche connaît la persévérance avec laquelle nous avons poursuivi ce plan de conduite. Elle sait aussi combien nous avons regretté les objections que la convocation des plénipotentiaires a soulevées quand déjà ils étaient sur le point de se réunir.

« Le gouvernement de l'Empereur, monsieur le marquis, s'est ainsi trouvé en face de l'hypothèse que la cour de Vienne savait depuis longtemps que nous ne pouvions ni ne voulions aborder, celle de l'emploi de la force pour imposer une solution.

« Je ne dirai rien qui étonne l'Autriche, encore moins voudrais-je laisser échapper un seul mot susceptible de la blesser ; mais cette puissance pourrait-elle être chargée de procéder elle-même à la restauration des dynasties dépossédées sans que le résultat de la guerre fût anéanti et son but désavoué? La France, à son tour, pourrait-elle, sans démentir ses principes, faire violence aux populations? Je laisse à la loyauté de M. le comte de Rechberg le soin de répondre à ces questions. Ainsi, dans les deux sens, impossibilité morale d'agir.

« C'est ici le lieu, au surplus, de signaler un fait nouveau. On aurait pu croire, par le souvenir de ce qui s'est passé il y a dix ans, que l'anarchie déborderait dans l'Italie centrale et que l'esprit dissolvant de la démagogie ne tarderait pas à tout envahir. Ces appréhensions ne sont pas encore vérifiées, et, à quelque influence que ce résultat, selon les opinions diverses, puisse être attribué, ce qui est certain, c'est que l'ordre, en définitive, a généralement régné nonobstant l'excitation des circonstances et l'irrégularité des pouvoirs. Le spectacle inattendu offert par l'Italie, en surprenant les uns, a inspiré aux autres des sympathies, et ce dernier sentiment s'est fait jour dans une partie de l'Europe avec une force qu'il n'y a pas à méconnaître. De là une situation que ni le gouvernement de l'Empereur, ni l'Autriche, à raison des conséquences qui découleraient d'une appréciation erronée des dispositions de l'opinion publique, ne sauraient ne pas prendre en très-sérieuse considération.

« A Dieu ne plaise, monsieur le marquis, que nous ne soyons aussi convaincus que personne de la sainteté des engagements. Mais la France s'est-elle obligée à rétablir à tout prix et par tous les moyens possibles sur leurs trônes les dynasties de Parme, de Modène et de Toscane? Les stipulations de Villafranca ni celles de Zurich n'ont assurément une telle portée. La France n'a promis que son concours moral, concours dont il lui faut bien, après six mois d'efforts, constater l'impuissance. Son regret, que le cabinet de Vienne n'en doute point, est sincère et profond ; le gouvernement de l'Empereur l'exprime sans hésitation ; mais force lui est de compter avec des difficultés insurmontables et dont le gouvernement autrichien lui-même, comme l'atteste une communication récente de M. le prince de Metternich, renonce à espérer la solution par l'influence d'un congrès.

« Faut-il s'arrêter indéfiniment devant un tel obstacle ? Faut-il fermer les yeux sur les dangers que cet état d'incertitude fait peser sur l'Europe entière? Faut-il laisser tout au hasard, au risque de voir des sentiments purement révolutionnaires se substituer forcément à des sentiments que nous ne demandons pas à l'Autriche d'approuver, mais qu'elle ne saurait demander non plus à un gouvernement sorti du suffrage populaire, de condamner d'une manière absolue? A ce jeu périlleux, les idées monarchiques, qui n'ont cessé jusqu'ici de caractériser le mouvement italien, feraient bientôt place à des idées d'une autre nature. Les populations finiraient par s'habituer à un régime auquel il ne manquerait plus que son vrai nom, régime qui trouverait comme une raison d'être dans des traditions anciennes dont la trace n'est pas encore effacée dans certaines parties de la Péninsule.

« Je ne suppose pas, monsieur le marquis, que ces considérations ne se soient jamais présentées à l'esprit de l'empereur François-Joseph, et elles ne devaient pas échapper à celui de l'empereur Napoléon.

« Du moment où l'emploi d'une force étrangère est exclue de toutes les combinaisons, comment donc sortir de cette impasse? La conviction profonde du gouvernement de l'Empereur est que la dernière des quatre propositions anglaises peut servir à en indiquer le moyen. Il sait que cette conviction, fût-elle partagée par la cour de Vienne, elle ne saurait la proclamer. Ce qu'il espère de sa sagesse, c'est que si la différence des principes peut et quelquefois doit conduire à des appréciations différentes, il n'est pas nécessaire qu'il en résulte, lorsque l'honneur est sauf des deux parts, des conflits désastreux et si éloignés des intentions de la France et de l'Autriche.

« Écartons pour un instant les incidents, et allons droit au point de fait qui domine la situation. L'Italie, pendant des siècles, a été un champ ouvert à une lutte d'influence entre la France et l'Autriche; c'est ce champ qu'il faut à jamais fermer. Si l'une des deux puissances anciennement rivales faisait un sacrifice qui dût profiter directement à l'autre; si la domination de l'Italie, changeant seulement de mains, devait encore nous appartenir pour un temps, la question se présenterait sous un aspect qui rendrait toute discussion oiseuse et stérile. Ce n'est pas ainsi que le débat est posé. La France ne cherche pas à se substituer à l'Autriche en Italie; c'est l'Italie elle-même qu'il s'agit de constituer comme un intermédiaire, comme une sorte de terrain désormais impénétrable à l'action tour à tour prédominante et toujours précaire de l'une ou l'autre des deux puissances.

« En dehors d'une pareille solution, qui, je ne fais aucune difficulté d'en convenir, n'est pas, sinon quant à son esprit, du moins quant à sa modalité, celle qui avait été prévue à Villafranca et à Zurich, j'en cherche vainement une autre qui ne contienne pas les éléments de nouveaux orages pour l'avenir. Que cette solution, au contraire, s'accomplisse, je ne dirai pas avec l'assentiment du cabinet de Vienne, assentiment que le gouvernement de l'Empereur ne cherche pas à obtenir, mais sans son opposition formelle, et l'œil le plus pénétrant ne saurait désormais découvrir une cause de conflit ultérieur entre la France et l'Autriche; il n'est plus en effet un seul intérêt considérable en Europe au sujet duquel il ne leur soit facile de s'entendre. A cette identité d'intérêts, je suis autorisé par l'Empereur à le proclamer, il se joindrait de sa part le sentiment d'une estime particulière pour le souverain et le gouvernement qui, dans des circonstances aussi délicates et aussi solennelles, feraient preuve à son égard d'un bon vouloir que Sa Majesté saurait toujours apprécier. Je n'ai pas besoin d'ajouter que, s'il s'associait à la combinaison proposée par le gouvernement de Sa Majesté Britannique, le gouvernement de l'Empereur tiendrait à honneur d'en entourer l'exécution de toutes les garanties de sincérité désirables, et que, si une chance quelconque de restauration restait encore aux dynasties dépossédées, nous veillerions scrupuleusement à ce qu'elle ne leur fût point enlevée.

« Vous remarquerez, monsieur le marquis, que je ne vous ai point parlé jusqu'ici de la situation des Romagnes; c'est que cette question n'a pas été l'objet, comme celle des duchés, de stipulations expresses entre la France et l'Autriche. Je me réserve de la traiter dans une prochaine dépêche. Je n'hésite pas, toutefois, à vous dire, dès aujourd'hui, que si, en se reportant aux actes internationaux auxquels la cour de Vienne a été partie au même titre que nous, le gouvernement de l'Empereur ne peut considérer la possession des Légations par le Saint-Siége que sous un point de vue temporel, il n'en déplore pas moins amèrement que la cour de Rome, sourde à ses avis, et l'on peut même dire avec plus de raison, indifférente aux conseils unanimes de l'Europe depuis 1831, comme à la leçon des événements, ait laissé les choses arriver au point où elles sont, et que nous nous prêterions encore, à la seule condition que le principe de non-intervention de la part des puissances étrangères fût maintenu, à tous les tempéraments et à toutes les combinaisons qui seraient jugés propres à préparer une solution moins radicale que le démembrement.

« Vous voudrez bien, monsieur le marquis, donner lecture de cette dépêche à M. le comte de Rechberg, et lui en remettre copie s'il vous en exprime le désir.

« Agréez, monsieur le marquis, l'assurance de ma haute considération.

« THOUVENEL. »

Le 24 du mois de février, M. Thouvenel expédiait simultanément à Londres et à Turin deux dépêches identiques expliquant et commentant les résolutions suivantes arrêtées par le cabinet de Paris et qui pouvaient être considérées comme formant un contre-projet des propositions anglaises :

« 1° Annexion complète des duchés de Parme et de Modène à la Sardaigne ;

« 2° Administration temporelle des légations de la Romagne, de Ferrare et de Bologne sous la forme d'un vicariat exercé par Sa Majesté Sarde au nom du Saint-Siége ;

« 3° Rétablissement du grand-duché de Toscane dans son autonomie politique et territoriale. »

M. Thouvenel chargeait en outre notre ministre plénipotentiaire à la cour de Turin de communiquer au ministre des affaires étrangères du roi de Sardaigne les réflexions suivantes relatives aux provinces de Nice et de Chambéry :

« Le gouvernement de l'Empereur a regretté la discussion prématurée et inopportune dont la question de l'annexion de la Savoie et du Niçois à la France a été l'objet de la part des journaux ; mais il ne saurait ne pas la prendre pour l'expression d'une opinion qui se fortifie chaque jour et avec laquelle il lui faut compter. Des traditions historiques qu'il est inutile de rappeler ont accrédité l'idée que la formation d'un État plus puissant au pied des Alpes serait défavorable à nos intérêts, et, bien que dans la combinaison développée dans cette dépêche l'annexion de tous les États de l'Italie centrale à la Sardaigne ne fût pas complète, il est certain qu'au point de vue des relations extérieures elle équivaudrait en réalité à un résultat analogue.

« Les mêmes prévisions, si éloignées qu'elles soient assurément, réclament les mêmes garanties ; et la possession de la Savoie et du comté de Nice, sauf les intérêts de la Suisse, que nous désirons toujours prendre en considération, se présente aussi à nous, dans cette hypothèse, comme une nécessité géographique pour la sûreté de nos frontières. Vous devrez donc appeler sur ce point l'attention de M. le comte de Cavour, mais vous lui déclarerez en même temps que nous ne voulons pas contraindre la volonté des populations, et que le gouvernement de l'Empereur, en outre, ne manquerait pas, lorsque le moment lui paraîtrait venu, de consulter préalablement les grandes puissances de l'Europe, afin de prévenir une fausse interprétation des raisons qui dirigeraient sa conduite. »

La dépêche du 31 janvier avait nettement caractérisé la situation que les événements avaient faite à la France, à l'Autriche et à l'Italie, et démontré avec la dernière évidence la loyauté avec laquelle Napoléon III s'était efforcé, bien qu'infructueusement, de rendre possible l'exécution littérale des stipulations de Villafranca et du traité de Zurich.

Il était donc naturel d'espérer que le cabinet de Vienne apprécierait comme elle devait l'être la conduite du cabinet de Paris, et que, de leur côté, les cabinets de Pétersbourg et de Berlin, reconnaissant l'impossibilité de restaurer les anciens pouvoirs de Parme, de Modène et de Bologne, se prêteraient à une nouvelle distribution des territoires de la Péninsule.

Les deux dépêches du 24 février formulaient, en termes précis, la solution que la France voulait donner à la question d'Italie.

On devait croire également que le cabinet de Turin se montrerait dans ses prétentions aussi modéré qu'il était heureux, et que, facilitant à la France son œuvre de pacification, il écouterait ses conseils en ne fournissant pas inopportunément à l'Autriche et à l'Europe des motifs de guerre.

On devait croire enfin que le roi de Sardaigne, d'une part, admettrait les empêchements qui pouvaient s'opposer à un trop considérable agrandissement de ses États, et, d'autre part, reconnaîtrait les droits de son allié à une compensation de nos sacrifices.

En un mot, le sentiment public désirait et espérait que des négociations qui se suivaient entre la France, l'Angleterre, le Piémont, le Saint-Siége, l'Autriche, la Prusse et la Russie, il résulterait une transaction qui, laissant au roi de Sardaigne la Lombardie, y ajouterait la province de l'Émilie, comprenant la Romagne, le Parmesan et le Modenais, et qui nous restituerait le duché de Savoie et le comté de Nice, en même temps que la Toscane formerait un État séparé.

En effet, l'annexion de la Toscane, ajoutée à celle de la Lombardie et de l'Émilie, peut faire du Piémont un État menaçant, même pour la France, et aura, du reste, l'inconvénient de rendre impossible la réalisation de la pensée d'une confédération italienne, pensée conforme aux traditions comme aux intérêts de la Péninsule.

La restitution du duché de Savoie et du comté de Nice à la France n'est pas seulement de toute justice; elle devient de toute nécessité. Ce sera du reste revenir au traité de 1814, qui nous avait laissé nos frontières de 1792, que le traité de 1815 nous a ensuite enlevées.

Le roi de Piémont, devenu l'allié et l'obligé d'un Napoléon, ne pourrait garder des provinces qu'il n'a reçues de la coalition victorieuse que pour tenir toujours ouverte à nos ennemis l'une des portes de la France, le jour où cette même France lui donne, au prix de son sang et de son or, cinq millions de nouveaux sujets, des contrées fertiles, des limites beaucoup plus vastes dans la Péninsule; c'est bien le moins qu'il cesse son rôle de gardien de cette porte et qu'il en rende la clef à celui qui l'a si puissamment aidé à vaincre et à affaiblir l'Autriche, devenue son irréconciliable ennemie.

Telles étaient les pensées et les préoccupations du pays la veille de l'ouverture de la session de 1860, la veille enfin du jour où Napoléon III allait, dans son discours, faire connaître aux grands corps de l'État où en était la question d'Italie.

Voici le texte de ce discours, qui complète l'histoire politique de la campagne de 1859 :

« Messieurs les sénateurs,

« Messieurs les députés,

« A l'ouverture de la dernière session, confiant dans le patriotisme de la France, je tenais à prémunir vos esprits contre les appréhensions exagérées d'une guerre probable. Aujourd'hui j'ai à cœur de vous rassurer contre les inquiétudes suscitées par la paix même. Cette paix, je la veux sincèrement, et je ne négligerai rien pour la maintenir.

« Je n'ai qu'à me féliciter de mes relations amicales avec toutes les puissances de l'Europe. Les seuls points du globe où nos armes soient encore engagées sont dans l'extrême Orient; mais le courage de nos marins et de nos soldats, aidé du loyal concours de l'Espagne, amènera, bientôt sans doute, un traité de paix avec la Cochinchine.

« Quant à la Chine, une expédition sérieuse, combinée avec les forces de la Grande-Bretagne, lui infligera le châtiment de sa perfidie.

« En Europe les difficultés touchent, je l'espère, à leur terme, et l'Italie est à la veille de se constituer librement. Sans revenir sur les longues négociations qui se traînent depuis tant de mois, je me bornerai à quelques points principaux.

« La pensée dominante du traité de Villafranca était d'obtenir l'indépendance presque complète de la Vénétie au prix de la restauration des archiducs. Cette transaction ayant échoué malgré mes plus vives instances, j'en ai exprimé mes regrets à Vienne comme à Turin, car la situation, en se prolongeant, menaçait de demeurer sans issue. Pendant qu'elle était l'objet d'explications loyales entre mon gouvernement et celui de l'Autriche, elle inspirait à l'Angleterre, à la Prusse et à la Russie, des démarches dont l'ensemble atteste clairement, de la part des grandes puissances, le désir d'arriver à la conciliation de tous les intérêts.

« Pour seconder ces dispositions, il importait à la France de présenter la combinaison dont l'adoption avait le plus de chance d'être acceptée par l'Europe. Garantissant par mon armée l'Italie contre l'intervention étrangère, j'avais le droit de marquer les limites de cette garantie. Aussi n'ai-je pas hésité à déclarer au roi de Sardaigne que, tout en lui laissant l'entière liberté de ses actes, je ne pourrais pas le suivre dans une politique qui avait le tort de paraître, aux yeux de l'Europe, vouloir absorber tous les États de l'Italie, et menaçait de nouvelles conflagrations.

« Je lui ai conseillé de répondre favorablement aux vœux des provinces qui s'offraient à lui, mais de maintenir l'autonomie de la Toscane et de respecter en principe les droits du Saint-Siége. Si cet arrangement ne satisfait pas tout le monde, il a l'avantage de réserver les principes, de calmer les appréhensions, et il fait du Piémont un royaume de plus de neuf millions d'âmes.

« En présence de cette transformation de l'Italie du nord, qui donne à un État puissant tous les passages des Alpes, il était de mon devoir, pour la sûreté de nos frontières, de réclamer les versants français des montagnes. Cette revendication d'un territoire de peu d'étendue n'a rien qui doive alarmer l'Europe et donner un démenti à la politique de désintéressement que j'ai proclamée plus d'une fois, car la France ne veut procéder à cet agrandissement, quelque faible qu'il soit, ni par une occupation militaire, ni par une insurrection provoquée, ni par de sourdes manœuvres, mais en exposant franchement la question aux grandes puissances.

« Elles comprendront sans doute, dans leur équité, comme la France le comprendrait certainement pour chacune d'elles en pareille circonstance, que l'important remaniement territorial qui va avoir lieu nous donne droit à une garantie indiquée par la nature elle-même.

« Je ne puis passer sous silence l'émotion d'une partie du monde catholique : elle a cédé subitement à des impressions si irréfléchies, elle s'est jetée dans des alarmes si passionnées ; le passé, qui devait être une garantie de l'avenir, a été tellement méconnu, les services rendus tellement oubliés, qu'il m'a fallu une conviction bien profonde, une confiance bien absolue dans la raison publique, pour conserver, au milieu des agitations qu'on cherchait à exciter, le calme qui seul nous maintient dans le vrai.

« Les faits cependant parlaient hautement d'eux-mêmes : depuis onze ans je soutiens seul à Rome le pouvoir du saint-père, sans avoir un seul jour cessé de révérer en lui le caractère sacré du chef de notre religion. D'un autre côté, les populations de la Romagne, abandonnées tout à coup à elles-mêmes, ont subi un entraînement naturel et cherché à faire dans la guerre cause commune avec nous.

« Devais-je les oublier à la paix et les livrer de nouveau, pour un temps illimité, aux chances de l'occupation étrangère? Mes premiers efforts ont été de les réconcilier avec leur souverain, et, n'ayant pas réussi, j'ai tâché du moins de sauvegarder dans les provinces soulevées le principe du pouvoir temporel du pape.

« D'après ce qui précède, vous voyez que, si tout n'est pas encore terminé, comment il est permis, du moins, d'espérer maintenant une solution prochaine. Le moment semble donc venu de mettre un terme à de trop longues préoccupations et de rechercher les moyens d'inaugurer hardiment en France une nouvelle ère de paix.

« Déjà l'armée a été réduite de cent cinquante mille hommes, et cette réduction eût été plus considérable sans la guerre de Chine, l'occupation de Rome et de la Lombardie.

« Mon gouvernement va immédiatement vous soumettre un ensemble de mesures qui ont pour but de faciliter la production, d'accroître, par la vie à bon marché, le bien-être de ceux qui travaillent, et de multiplier nos rapports commerciaux.

« Le premier pas à faire dans cette voie était de fixer l'époque de la suppression de ces barrières infranchissables qui, sous le nom de prohibitions, en excluant de nos marchés beaucoup de produits étrangers, contraignaient les autres nations à une réciprocité fâcheuse pour nous. Mais quelque chose de plus difficile nous arrêtait encore : c'était le peu de penchant pour un traité de commerce avec l'Angleterre.

« Aussi ai-je pris résolûment sur moi la responsabilité de cette grande mesure. Une réflexion bien simple en démontre l'avantage pour les deux pays. L'un et l'autre n'auraient pas manqué certainement, au bout de quelques années, de prendre, chacun dans son propre intérêt, l'initiative des mesures proposées; mais alors l'abaissement des tarifs n'étant pas simultané, il aurait eu lieu de part et d'autre sans compensation immédiate.

« Le traité n'a donc fait qu'avancer l'époque de modifications salutaires, et donner à des réformes indispensables le caractère de concessions réciproques, destinées à fortifier l'alliance de deux grands peuples.

« Afin que ce traité puisse produire ses meilleurs effets, je réclame votre concours le plus énergique pour l'adoption des lois qui doivent en faciliter la mise en pratique.

« J'appelle surtout votre attention sur les voies de communication, qui seules, par leur développement, peuvent nous permettre de lutter avec l'industrie étrangère ; mais, comme les moments de transition sont toujours pénibles et que notre devoir est de faire cesser l'incertitude, si nuisible aux intérêts, je réclame de votre patriotisme le prompt examen des lois qui vous seront soumises.

« En affranchissant les matières premières de tous droits et en réduisant ceux qui pèsent sur les denrées de grande consommation, les ressources du Trésor se trouveront sensiblement diminuées ; néanmoins les recettes et les dépenses de l'année 1861 seront en équilibre sans qu'il soit besoin de faire appel au crédit, ou d'avoir recours à de nouveaux impôts.

« En vous traçant un fidèle tableau de notre situation politique et commerciale, j'ai voulu vous inspirer pleine confiance dans l'avenir et vous associer à l'accomplissement d'une œuvre féconde en grands résultats.

« La protection de la Providence, si visible pour nous pendant la guerre, ne manquera pas à une entreprise pacifique qui a pour but l'amélioration du sort du plus grand nombre.

« Continuons donc fermement notre marche dans le progrès, sans nous laisser arrêter ni par les murmures de l'égoïsme, ni par les clameurs des partis, ni par d'injustes défiances.

« La France ne menace personne ; elle désire développer en paix, dans la plénitude de son indépendance, les ressources immenses que le ciel lui a données, et elle ne saurait éveiller d'ombrageuses susceptibilités, puisque de l'état de civilisation où nous sommes ressort, de jour en jour plus éclatante, cette vérité qui console et rassure l'humanité : c'est que *plus un pays est riche et prospère, plus il contribue à la richesse et à la prospérité des autres.* »

La pensée du gouvernement se trouvait d'accord avec le sentiment du pays, car le discours qu'on vient de lire ne pouvait plus laisser aucun doute dans les esprits sur la résolution de l'Empereur d'obtenir de la Sardaigne la cession à la France de l'ancien duché de Savoie et de l'ancien comté de Nice.

Mais l'opinion se demandait aussitôt après la séance d'ouverture de la session de 1860, ce qu'allait faire le Piémont à l'égard de la Toscane, et ce qu'allait faire le Pape au sujet de la Romagne.

Cette même opinion se demandait aussi quel serait le souverain qui serait donné au peuple de Florence, et comment ce peuple d'ailleurs allait répondre aux désirs de la France.

En effet, on apprenait d'une part que M. de Cavour avait déclaré à

M. Thouvenel que le cabinet de Turin ne pourrait pas repousser les vœux de la population de Florence, si cette population persistait dans ses premières résolutions, et d'autre part que MM. Farini et Ricasoli, partisans décidés de la création d'un royaume d'Italie au profit de la maison de Savoie, venaient de convoquer, l'un les électeurs de l'Émilie, l'autre les électeurs de la Toscane, pour les consulter, d'après le mode du suffrage universel et direct, au scrutin secret, sur l'annexion ou la séparation. Ceux de l'Émilie pouvaient réclamer l'annexion sans péril et sans inconvénient. Mais ceux de la Toscane, en formulant un vote annexioniste, se mettraient en opposition avec le programme de la France.

D'un autre côté, l'Autriche avait, depuis la dépêche française du 31 janvier, déclaré s'en tenir à la convention de Villafranca et au traité de Zurich, se réservant d'agir selon les circonstances. Elle disait bien qu'elle ne ferait aucun appel à la force, pour maintenir les clauses de cette convention et de ce traité. Mais elle se reconnaissait en même temps le droit de le faire. Du reste, elle élevait moins d'objection contre l'annexion de la Savoie à la France que contre celle de la Toscane au Piémont.

Enfin l'Angleterre proclamait chaque jour à la face de l'Europe sa résolution d'exiger qu'on laissât les Toscans libres, eux aussi, de disposer d'eux selon leur volonté; mais elle regrettait l'annexion à la France des provinces de Nice et de Savoie.

La Russie réservait son opinion et son action; la Prusse pensait comme l'Angleterre sur la question des provinces de Nice et de Savoie; le Pape, enfin, repoussait même la transaction proposée par la France.

Au fond, toutes les vues étaient divergentes, tous les intérêts étaient en désaccord, toutes les volontés étaient à la merci des événements.

Ainsi, à la date du 1er mars 1860, toutes les questions étaient franchement posées par le discours de Napoléon III; mais aucune n'était résolue.

XII

ÉTAT DE LA QUESTION

Trois semaines seulement se sont écoulées depuis l'ouverture de la session de 1860, et cependant les faits, des faits irrécusables et irrésistibles, ont déjà déchiré le programme du 1er mars.

La presque unanimité des Toscans et des Romagnols ont déclaré, à l'exemple des Parmesans et des Modénais, qu'ils veulent devenir sujets du roi Victor-Emmanuel II.

Ce vote condamne mes opinions et dément mes prévisions sur ce que je croyais être la pensée réelle des Toscans.

Je m'incline.

Puisque l'Italie de 1860 renonce volontairement et librement au fédéralisme, qui est sa tradition et sa foi, qui a rempli son histoire de tant de pages sublimes et terribles, qui a fait son passé et son individualité, je respecte son sentiment d'aujourd'hui, et il ne me reste qu'à apprécier la situation telle que ce sentiment vient de la faire.

Contre le vœu des Toscans solennellement exprimé il n'y a pas d'argumentation logique possible.

Ceux qui prétendent que la Toscane a le droit de repousser la restauration de l'ancienne famille souveraine de ce pays, parce que ce n'est là qu'une révolution intérieure, mais qu'elle n'a pas celui de se donner à la maison de Savoie et de renoncer à son autonomie, parce que l'intérêt de l'Europe s'y oppose, raisonnent dans le faux et dans le vide.

Un peuple s'appartient ou ne s'appartient pas ; il dispose ou il ne dispose pas de sa destinée.

Du moment qu'on reconnaît qu'une nation peut légitimement changer son souverain, si telle est sa volonté, on admet qu'elle peut aussi changer ses conditions d'existence, si telle est sa fantaisie.

D'ailleurs la Toscane n'est pas une nation, mais seulement une fraction de nation, relativement à la Péninsule.

Cette situation spéciale de la Toscane au sein de la grande nation italienne rendrait donc l'intervention de l'Europe encore plus inopportune et plus injuste que s'il s'agissait de la Belgique voulant, dans un mouvement d'opinion irrésistible, se réunir à la France.

Dans cette dernière hypothèse, cependant, la Belgique elle-même serait dans son droit, et quiconque tenterait de s'opposer à la réalisation de ses vœux par la force commettrait le crime de lèse-nation.

On peut regretter la décision des Toscans; on peut prédire qu'eux-mêmes se repentiront un jour de l'avoir prise.

C'est encore ma croyance, ou plutôt c'est toujours ma crainte.

Mais on ne peut pas contester aux habitants de Florence plus qu'à ceux de Parme et de Modène la faculté de disposer d'eux comme ils l'entendent.

Seulement, chaque système a sa logique inexorable.

Du moment que l'Italie rejette le fédéralisme, il faut qu'elle tende fatalement à l'unité.

Victor-Emmanuel II ne peut refuser ni aux Toscans ni aux Romagnols, qui se donnent à lui librement, spontanément, de les accepter comme sujets : sous peine de déchoir dans l'esprit et dans l'opinion des Italiens, il faut qu'il devienne, à ses risques et périls, roi de la Haute-Italie.

Mais le fils de Charles-Albert ne pourra s'arrêter ni sur les bords du Mincio ni sur les confins de la Romagne.

A la vue du drapeau aux couleurs nationales italiennes flottant sur les murs de Bologne, porté par des soldats du roi Victor-Emmanuel II, les populations d'Ancône et de Pérouse se sentiront infailliblement prises d'une excitation soudaine et d'une indomptable fièvre de liberté civile et religieuse; elles renverseront le gouvernement pontifical et se placeront sous la protection du roi de la Haute-Italie, qui ajoutera les Marches, qui ajoutera l'Ombrie à ses États, parce qu'il ne lui sera pas possible d'éluder cette annexion nouvelle.

La révolte heureuse des Marches sera inévitablement une excitation pour les Abruzzes; la dynastie des Bourbons tombera bientôt sous l'exécration publique, et Naples se placera comme Ferrare, comme Bologne, comme Ancône, comme Pérouse, sous l'égide de Victor-Emmanuel II, qui, pour ne pas redescendre, devra monter jusqu'au trône d'Italie.

Ces événements s'accompliront peut-être avant que l'année soit écoulée.

Sans parler de Rome, que la force seule pourra maintenir sous l'autorité du Souverain Pontife, que deviendra Venise?

Émue des cris de triomphe et de joie de l'Italie entière, la Vénétie se soulèvera, un jour plus tôt, un jour plus tard, résolue à vaincre ou à mourir.

Devenu roi d'Italie, Victor-Emmanuel II pourra-t-il voir Venise expirer sous le bâton des Autrichiens, sans tenter un suprême effort pour la délivrer du joug de l'étranger?

La conséquence des faits d'aujourd'hui, c'est donc, un peu plus tôt, un peu plus tard, la reprise des hostilités entre François-Joseph Ier et Victor-Emmanuel II.

Ces deux souverains d'ancienne race sont prédestinés à se retrouver face à face sur de nouveaux champs de bataille.

Que fera la France?

Sans doute la politique du cabinet de Paris se trouve dégagée de toute solidarité avec la politique du cabinet de Turin, puisque Victor-Emmanuel II n'aura ni suivi les conseils, ni exaucé les désirs de Napoléon III, qu'aucune obligation ne condamne à risquer de nouveau l'or et le sang de son empire pour servir la cause de l'Italie.

La France aura recueilli, pour fruits de sa campagne de 1859, la possession des provinces de Nice et de Savoie, possession qui régularise sa ligne de frontières du côté des Alpes; elle aura la faculté de rester simple spectatrice des luttes futures de l'Italie et de l'Autriche.

Mais, ici, la puissance des événements ne sera-t-elle pas plus forte que la volonté des hommes?

Je le crois.

Je ferme cette histoire sur le double fait, devenu certain, de la création du royaume de la Haute-Italie, s'étendant du Mincio à Bologne, et de l'annexion à la France des provinces de Nice et de Savoie, mais je laisse sans solution dernière et définitive la question d'Italie.

Cette question n'est pas finie : elle renaîtra pour enfanter une nouvelle guerre.

Tel est du moins mon sentiment.

NOUVELLE CA
DU NORD DE
INDIQUANT LES LIMITES
ET DES ÉTATS DE LA CONFÉDÉR
Dressée par A. VUILLEMIN
PARIS, 1860.
GARNIER FRÈRES, ÉDIT
Signes Indicatifs.
CAPITALE
GOLFE DE GÊNES
MER MÉDITERRANÉE

TABLE DES MATIÈRES

CLASSEMENT DES GRAVURES

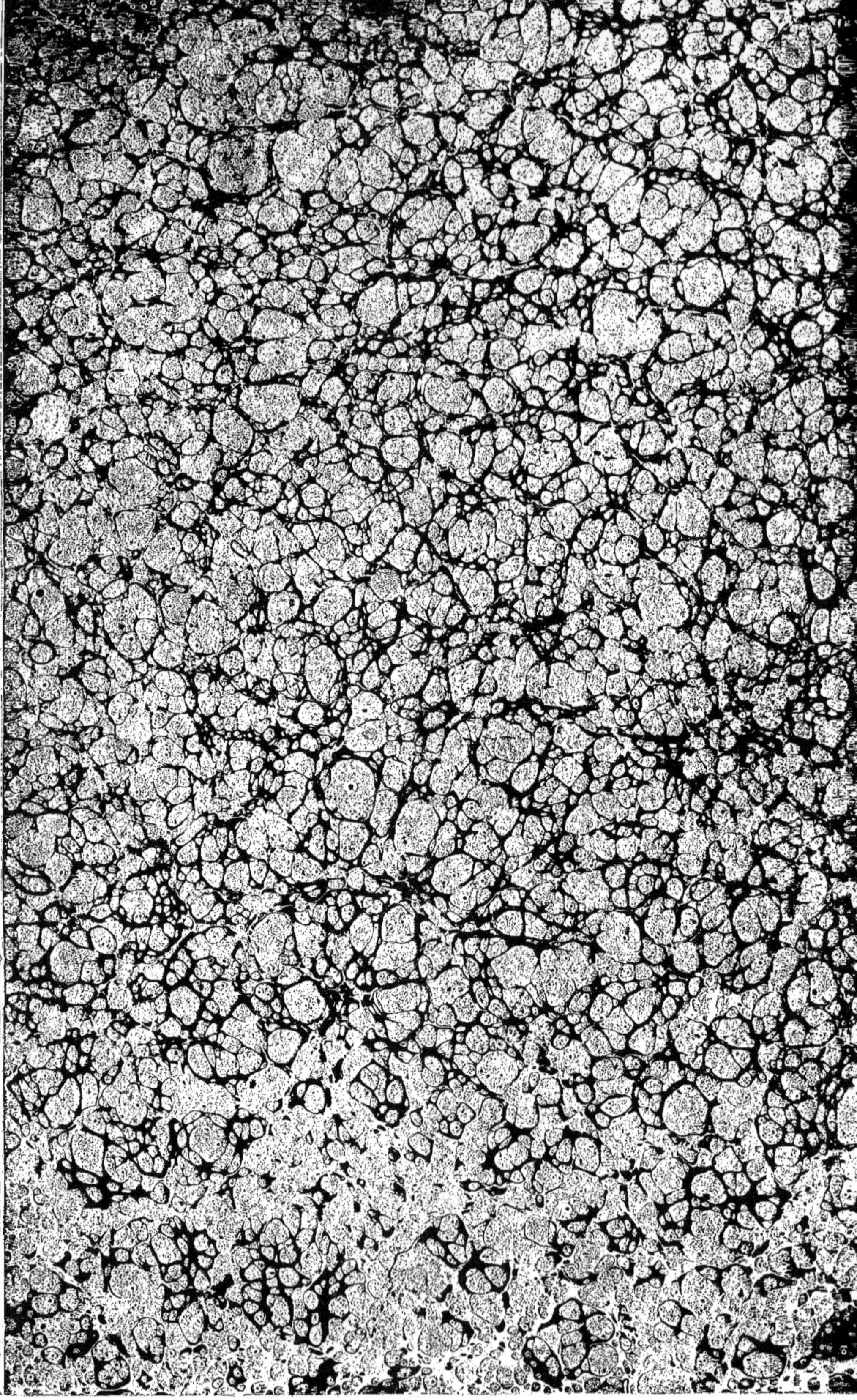